中经昌泰智库

城市更新项目
CHENGSHI GENGXIN XIANGMU

法税实务指南与案例精解
FASHUI SHIWU ZHINAN YU ANLI JINGJIE

马晓艳 ◎ 主编
蔡　昌 ◎ 主审

中国财经出版传媒集团
中国财政经济出版社

图书在版编目（CIP）数据

城市更新项目法税实务指南与案例精解／马晓艳主编. --北京：中国财政经济出版社，2021.10
ISBN 978-7-5223-0770-1

Ⅰ.①城… Ⅱ.①马… Ⅲ.①城市建设-法律-中国-指南 Ⅳ.①D922.297.5-62

中国版本图书馆 CIP 数据核字（2021）第 187810 号

责任编辑：马 真　　责任校对：徐艳丽
封面设计：智点创意　　责任印制：党 辉

城市更新项目法税实务指南与案例精解
CHENGSHI GENGXIN XIANGMU FASHUI SHIWU ZHINAN YU ANLI JINGJIE

中国财政经济出版社 出版
URL：http：//www. cfeph. cn
E-mail：cfeph@ cfeph. cn

社址：北京市海淀区阜成路甲 28 号　邮政编码：100142
营销中心电话：010-88191522
天猫网店：中国财政经济出版社旗舰店
网址：https：//zgczjjcbs. tmall. com
北京时捷印刷有限公司印刷　各地新华书店经销
成品尺寸：185mm×260mm　16 开　15 印张　363 000 字
2021 年 10 月第 1 版　2021 年 10 月北京第 1 次印刷
定价：75.00 元
ISBN 978-7-5223-0770-1
（图书出现印装问题，本社负责调换，电话：010-88190548）
本社质量投诉电话：010-88190744
打击盗版举报热线：010-88191661　QQ：2242791300

编 委 会

主　　　编：马晓艳

主　　　审：蔡　昌

副 主 编：黄洁瑾　郑敬维　邓奕羿　范作妍

编委会成员：马晓艳　黄洁瑾　林晓君　郑敬维

邓奕羿　范作妍　吴文林　任正勇

郭　敏　胡　柳　黄凤怡　冀思钰

序　言

城市更新是最近十多年来提出的新概念，以我国华南经济发达地区的深圳、广州为代表，这一地区率先进入城市更新领域。城市更新，是指在本市建成区内开展持续改善城市空间形态和功能的活动，具体包括：(1) 加强基础设施和公共设施建设，提高超大城市服务水平；(2) 优化区域功能布局，塑造城市空间新格局；(3) 提升整体居住品质，改善城市人居环境；(4) 加强历史文化保护，塑造城市特色风貌；(5) 其他城市更新活动。

城市更新涉及很多业务内容，涵盖工业区、城中村、商品房等所有旧改领域的更新规划、政策引导、拆迁回迁……城市更新对于加快转变城市发展方式、统筹城市规划建设管理、推动城市空间结构优化和品质提升，具有重大现实意义。近年来，各地政府出台了一系列政策文件，在实践中也积累了一定的有益经验，有必要从地方性法规层面进行制度创新，破解实践难题，为有效推进城市更新工作，建设宜居、绿色、韧性、智慧、人文城市，提供法治保障。

当然，城市更新必须坚持“留改拆”并举、以保留保护为主，遵循规划引领、成片推进，政府推动、市场运作，数据赋能、绿色低碳，民生优先、共建共享的原则。对于城市更新，具体要求如下：一是建立区域更新统筹机制，由更新统筹主体负责推动达成区域更新意愿、整合市场资源、编制区域更新方案，统筹推进更新项目实施；二是建立更新统筹主体遴选机制，公开、公平、公正地遴选统筹主体，风貌保护、产业园区转型升级、基础设施整体提升等特定情形可以由政府直接指定统筹主体；三是对区域内更新项目所涉及的审批流程进一步优化、简化，并在用地性质、容积率、建筑高度等规划指标方面提供更大的保障力度。

城市更新还有一项重要的工作，那就是构建全方位监督管理体系，形成信息共享、协调监管。其中，税收管理也是一项重要的工作。《上海市城市更新条例（草案)》规定，上海市城市更新项目，依法享受行政事业性收费减免和税收优惠政策。这是上海市关于城市更新的税收政策。关于城市更新的税收政策，散见于中央财税部门和地方政府的税收政策之中，尤其在企业所得税、增值税、土地增值税、契税、印花税、土地使用税、个人所得税等税种的具体规定中。

本书关于地方税收政策，更多的是引用广东省、深圳市的税收政策及对其深入解读。

本书的重点在于探讨城市更新法税实务与典型案例，主要包括六篇：第一篇是城市更新基础，论述我国城市更新的背景与特征；第二篇是被拆迁主体相关法税实务，主要探讨被拆迁主体的法税具体操作实务；第三篇是城市更新项目成本费用法税实务，主要探讨成本费用财税处理的法税操作实务；第四篇是城市更新项目中重点关注情形的税务处理，诸如视同销售、委托代建、留用地、城市更新合作开发的税务处理，这些都属于特殊性问题，也是困扰我国城市更新的重要方面；第五篇是综合案例与疑难问题，通过案例解读城市更新的法税操作实务；第六篇是城市更新相关税收政策摘编，收录中央及地方政府关于城市更新的税收政策。

本书是由国内一批具有专业素养、开拓精神的律师和税务师联合完成的一部关于城市更新的法税实务操作工具书，具有较高的实用价值，对城市更新业务的理论研究与实践创新具有较高的指导意义。希望本书的出版，能为我国城市更新法税操作实务提供指南，能为政府机关、金融机构、商务机构、企事业单位、中介机构等参与城市更新的各类主体释疑解惑，对城市更新的社会经济实践发展有所裨益，高质量、高效率推进我国的城市更新业务。

是为序。

中央财经大学财税学院教授、博士生导师
中央财经大学税收筹划与法律研究中心主任
蔡　昌
2021 年 8 月 12 日于北京

目　录

第一篇　城市更新基础

第二篇　被拆迁主体相关法税实务

第三篇　城市更新项目成本费用法税实务

第四篇 城市更新项目中重点关注情形的税务处理

第五篇 综合案例与疑难问题

第六篇 城市更新相关税收政策摘编

第一篇

城市更新基础

【导言】

随着我国经济高速发展，城市更新紧随城镇化进程，如雨后春笋般涌现在各个城市。本篇结合城市更新项目的基本特征，特别是城市更新项目需要进行拆迁安置补偿的情形，总结城市更新项目涉及的主体多、环节多、周期长、模式多、补偿类型多样等特点，梳理城市更新项目涉及的拆迁补偿、不同层级政策文件的影响等事项，归纳城市更新项目税务处理的基本原则和政策衔接，提出解决城市更新项目税收实务的基本思路，并结合不同层面的政策规定，归纳城市更新项目的税收优惠政策，以及结合增值税、土地增值税、企业所得税等税种的规定，做好实务衔接分析，以期能够更好地理解和掌握城市更新项目的税收实务工作。

第一章　城市更新法税实务的基本概要

第一节　城市更新法税问题的提出

中国经济近30年的高速发展，城镇化要求越来越高，城市人口越来越多，而土地供应量却越来越少，并且原有的城市规划已经不能满足现代化城市建设的要求，城市中的基础设施、公共服务设施亟须完善，城市中存在旧村庄、旧工厂等，不合理的城市布局在一定程度上制约了城市的进一步发展。

20世纪末期，我国从国家征收改造、棚户区改造、“三旧”改造开始了城市更新方式的探索，2009年广东省政府颁布《关于推进“三旧”改造促进集约用地的若干意见》（粤府〔2009〕78号），允许采用协议出让土地方式供地。2009年，深圳借鉴我国香港、台湾地区的经验，率先出台了《深圳市城市更新办法》，划定城市更新区域，确认更新改造实施主体，之后又出台了关于土地整备利益统筹的多项规定。2015年，广州市发布了《广州市城市更新办法》，确定了由政府、土地权属人、其他符合规定的主体参与，对低效存量建设用地进行盘活利用和危破旧房整治。广东省、广州市、深圳市提出了城市更新的创新举措，出台了多项政策，在近十年的城市建设中发挥了非常重要的作用。

城市更新的进程逐年加快，从地方政策、先行先试逐渐走向国家战略。《广东省人民政府关于深化改革推动“三旧”改造促进高质量发展的指导意见》（粤府〔2019〕71号）提出，从创新规划管理制度、创新审查报批机制、支持降低用地成本、支付优化利益分配等十个方面推进“三旧”改造工作。2021年3月1日《广东省旧城镇旧厂房旧村庄改造管理办法》正式实施，确立“三旧”改造应当遵循政府引导、市场运作、尊重历史、分类施策、统筹规划、共建共享的原则。2021年3月12日发布的《中华人民共和国国民经济和社会发展第十四个五年规划和2035年远景目标纲要》提出，深入推进以人为核心的新型城镇化战略，继续推进新型城镇化建设。提升城镇化发展质量，全面提升城市品质，实施城市更新行动，推动城市空间结构优化和品质提升。规划中明确提出要加快推进城市更新，改造提升老旧小区、老旧厂区、老旧街区和城中村等存量片区功能，推进老旧楼宇改造，积极扩建新建停车场、充电桩。“十四五”期间计划完成2000年年底前建成的21.9万个城镇老旧小区改造，基本完成大城市老旧厂区改造，改造一批大型老旧街区，因地制宜改造一批城中村。

城市更新进入国家战略层面，引起广泛关注，也是房地产企业转型的重要抓手。城市更新项目与一般房地产开发项目在开发流程和税务处理方面既有相同的地方，又存在差异之处。

一、从开发流程角度看城市更新项目的特点

（一）一般房地产项目开发流程

一般房地产项目的开发流程，主要包括：

1. 取得土地使用权阶段。获取土地使用权是房地产开发的基础阶段，一般房地产项目的土地使用权获取方式有：土地招拍挂、并购公司股权、土地或在建工程收购、置换、项目合作等。

2. 项目的立项和前期准备阶段。在获取土地使用权后，房地产企业要从收益分析层面对项目进行可行性分析和经济测算，确定项目的整体设计方案，确定项目投入的资金体量和来源；从技术层面和合规层面办理项目的立项手续、环境影响性评价手续、报批报建等相关手续。

3. 建设施工阶段。该阶段也是房地产项目的产品生产阶段，具体的产品建造过程、质量把控是该阶段的核心。

4. 房地产销售阶段。在项目达到预售条件时，制定营销方案，确定产品定价，通过销售获取项目的现金流。

5. 自持物业持续经营。根据项目的特点和产品的特性，对于不符合销售条件，或不适合销售，或承诺自持的物业，要做好自持物业的经营管理。如长期持有，则要考虑现金流的回收期；如阶段性持有，则考虑选择合适的时机予以处置的安排。

6. 项目清算。达到税法规定的清算条件时，要对项目进行分期或整体清算。

（二）城市更新项目与一般房地产项目的相同之处

1. 获取土地后，可售房地产的开发建设、销售等流程是基本一致的。

2. 涉及的主要税种、税目、税率等是一样的，均涉及增值税、企业所得税、土地增值税、城市维护建设税、契税、房产税、城镇土地使用税、印花税、个人所得税等。

（三）城市更新项目与一般房地产项目的不同之处

1. 城市更新项目资金安排复杂。城市更新项目融资额大、资产负债率高，多数项目会引入资金方，对贷款利息等费用支出的安排、融资费用的归集和合理调配现金流的要求较高。

2. 城市更新项目获取土地流程复杂。与一般房地产项目的业务流程相比，土地使用权获取阶段更加复杂，大量在前期土地成本、拆迁补偿阶段产生的成本、费用在进行财务归集和税务处理时相对复杂。

3. 城市更新项目前置性工作多。项目立项、拆迁安置、实施方案等需要合法的表决程序，在正式启动前，要完成入户测量、数据调查、实施方案审批、片区策划、合作主体引入等相关前置性工作，工作量大且存在不确定性，从而导致土地获取阶段的耗时较长。

4. 城市更新项目开发周期较长。城市更新项目因体量大，且受拆迁进度影响，往往要分期开发，回迁地块（复建地块）、开发地块（融资地块）滚动开发建造，因此，开发周期普遍较长。

5. 城市更新项目回迁安置涉及复杂税务处理。安置过程中，要考虑是原地回迁，还是异地安置的情形，安置房建设成本费用如何衔接融资地块项目的成本费用处理等复杂情形。

6. 城市更新项目合作安排复杂。城市更新项目的后期收益较高，合作企业如在前期介

入，在意愿征集、政府规划和立项完成后，会与有实力的房地产企业合作或以全部转让的方式退出。后介入的房地产企业一般会以巨额资金或优厚的溢价条件收购前期介入企业的股权。相比一般房地产项目，城市更新项目的股权并购和税务处理的合法合规要求，以及在不同主体间的利益安排，更为复杂，在合作企业进入的时点和方式等方面更依赖于当地的政策性规定。

二、从税务处理角度看城市更新项目的特点

城市更新是复杂的系统工程，从宏观方面和政府层面，城市更新区域的划定、更新方案的规划，要考虑城市发展、生态环境、社会公共利益多维因素综合平衡协调。而从微观方面，城市更新是利益平衡和利益再分配的过程，参与城市更新的主体更关注的是城市更新过程中合理利益实现。在这个过程中，税务处理的合理合规尤为重要。

从税务处理的视角观察，城市更新项目有以下特点：

（一）多主体参与

城市更新中的主体多。早期的“三旧”改造项目，限制房地产企业参与，城市改造由政府投资和建设，城市更新项目往往资金投入量大，政府财政难以支撑。2006 年后，政府允许引入社会资金参与，由政府主导，允许市场主体参与，社会资金参与更新改造以缓解资金压力。同时，城市更新项目在正式开发建设前，要首先做好村民的拆迁安置工作。

城市更新项目中三个主要的利益主体是政府、市场主体、权利主体，各主体以不同的身份参与到城市更新项目中去，同时，又分享城市更新项目产生的增值收益或利益分配。政府是主导方，城市更新规划编制、改造实施方案的批复、改造方案实施过程的监督、公共利益的安排，通过城市更新项目实现完善城市功能、改善人居环境、优化产业结构、促进社会和经济可持续发展。市场主体是城市更新中的实施方，往往从权利主体取得实施权，解决的是经营、资金问题，在保障权利主体的利益前提下，实现经济利益的最大化。权利主体往往是配合公共利益的需要进行搬迁或拆迁，通过补偿获取更优的生存条件，城市更新项目往往给权利主体创造更优的生活条件，并获取较大的利益。由此可见，参加城市更新项目的三方主体如能有较高的配合度，则项目推进的结果是三赢局面。在兼顾利益均衡的情况下，不同主体形成的法律关系也将影响到城市更新项目的整体税务安排和不同主体的税务处理。

（二）开发环节多，成本费用复杂

城市更新项目的环节多，包括前期服务阶段、片区划定、入户测量和数据公示、实施方案编制和报送、拆迁补偿、申请用地转化、村集体物业建设（复建安置物业建设）、申请融资地块供地、融资地块建设等。

城市更新项目的成本费用类型多，成本组成复杂，在成本归集、具体的税务处理等方面存在较大难度。以《广州市旧村庄全面改造成本核算办法》为例，其中可纳入改造成本的费用包括前期费用（含基础数据调查费、片区策划方案编制费、实施方案编制费、融资楼面地价评估费、审批时测算的土地出让金、土地勘测定界费等）、拆迁费用（含临迁费、房屋拆运费、搬家补偿、房屋建安成本补偿、祠堂等历史建筑的修缮费和迁建费等）、复建费用（含住宅、办公楼、商场、教学楼、市政基础设施复建费用等）、其他费用（含地质处理、土地农转用费用、拆补奖励等）。

（三）时间跨度大，拆迁和开发周期较长

由于城市更新项目改造范围大，项目建设阶段会采取分期开发。按广州现有城市更新政策，旧村庄改造分期实施，安置地块和融资地块可以按照改造方案的分期计划进行合理的分期开发，按照安置地块优先于融资地块的顺序安排，也可每期将安置地块与融资地块结合安排，但首期应当优先安排建设安置房。项目各期收入、成本、费用的摊销处理，会影响项目各期损益的计量和最终利润的测算。有些项目时间跨度超过十年，前期土地成本和回迁安置投入形成的成本支出大，前期存货价值高，收入在后期确认，各期税款核算不同步，加之中间还可能面临财税政策的调整，对项目整体税务安排产生不确定性影响。

（四）拆迁补偿情况复杂

拆迁补偿安置是城市更新项目最复杂、存在不确定因素最多的环节。如广州市的城市更新政策明确，各区可按“一村（社）一策”原则，根据实际情况以“栋”或“户”为基数核算住宅复建安置量。2019 年 4 月 18 日，广州市人民政府发布《广州市深入推进城市更新实施细则》，鼓励采用“先收购后回购”的方式实施补偿，被拆迁主体依此方式可享受相关税收优惠。

拆迁补偿方案的制定要以当地政策为基础，由村集体表决通过后实施。拆迁补偿协议是原权属人分得多少补偿款或回迁安置面积的书面约定，核心依据是补偿安置方案。拆迁补偿方案确定后，与具体被拆迁主体的拆迁补偿协议也很有可能与拆迁补偿方案不一致，往往超出方案规定的补偿标准。为尽快推动拆迁补偿协议的签署、交房，房地产企业还要支付签约和交房奖励金、临迁费、超建面积处理、附属物补偿、住改商补偿、停产停业补偿、搬迁补助、权益面积房款等，为村集体支付相关的费用。按“先安置后拆迁”“先补偿后拆迁”的原则，拆迁补偿协议中往往对回迁安置房的交付及相关税费作出约定。拆除完成后，建造安置房和安置区域的配套设施等，这些成本和费用涉及归集和分摊，在分期开发情况下的税务处理问题非常复杂。

（五）多种改造模式，税务处理差异性大

城市更新改造的模式包括半市场化的社区型改造模式、市场化的房地产开发模式、集体经济主导的企业化模式和典型的异地安置改造模式①。不同的改造模式对税务处理产生重大影响。比如，村集体用地的性质在改造过程中的多样性选择，对城市更新项目的税务处理产生重大影响。城市更新项目中，村集体可通过集体表决，决定是将村集体用地转为国有建设用地，还是保留集体用地性质。保留集体用地性质的，对集体土地上的物业建设，村集体可选择独立建设，或与合作单位合作建设。转为国有集体用地的，有以下处理方式：（1）可通过住建部门以划拨决定书的方式，将国有建设用地划拨于村集体或其全资子公司名下；（2）以村集体下属子公司的名义取得整个改造地块的土地使用权，自主改造；（3）以村集体下属子公司和合作企业联名的方式，取得改造地块。比如，《广州市旧村庄更新实施办法》第二十五条第六项规定，安置地块由村集体申请划拨使用，村集体也可申请将地块转为国有土地。《广东省国土资源厅关于印发〈深入推进“三旧”改造工作实施意见〉的通知》第五条第十二项规定，自行改造或者合作改造的，可以直接出让给集体经济组织或由

---

① 黄山．城市更新项目法律实务及操作指南［M］．北京：法律出版社，2020：103.

其成立的全资子公司、农村集体与公开选择的市场主体成立的合作公司、农村集体与公开选择的市场主体作为开发建设单位的一方。

由于上述不同的改造模式，在回迁安置物业的建造过程中，在项目内开发还是委托代建，会产生不同的法律关系和税务处理安排；在安置房交付环节，是否存在权属变更，是否存在视同销售行为等，因此而产生的相应税务处理都是有较大差异的。

（六）存在留用地和自留物业多种经营的税务处理

村留用地是国家在征收村集体土地后，按一定比例另行安排给村集体用于村生产经营的建设用地。村集体对于留用土地，可将土地租给第三方经营，也可将留用地上的物业出租经营。或与房地产企业合作，村集体出地，房地产企业建设，建成物业后分配物业的使用权，对于村集体持有的物业使用权，村集体出租或委托给房地产企业经营，或由村集体自主经营。村留用地还可以通过由政府收储后公开挂牌出让，由村获取一定比例的出让金分成和一定比例的配建方式，与土地竞得人进行合作。

自留物业的安排、出租物业的经营或合作建设下的物业分成，不同的方式，在税务处理方面也明显不同。

（七）项目配套建设影响税务处理

城市更新项目往往有产业配套的要求。《广州市人民政府关于提升城市更新水平节约集约用地的实施意见》（穗府规〔2017〕6 号）明确，保留村集体用地性质的，应当按照控制性详细规划要求用作产业发展，不得进行房地产开发，且将不低于 15% 的用地用于城市基础设施、公共服务设施或其他公益性项目建设，建成后无偿移交政府。无偿移交建设项目及产业配套要求等特殊安排，与一般房地产开发产生不同的税务处理方式。

第二节　城市更新税务处理政策和税法的衔接

城市更新项目是随着城市建设的发展而发展，但与城市更新项目相关的税收政策相对滞后。我国已经进入第四阶段的税制改革，税制改革的目标是建立适应比较完善的社会主义市场经济体制需要的现代化税制①。城市更新项目的税收制度也需要结合实际情况不断完善。在税收问题的处理上，整体上遵循一般房地产项目税务处理方式进行税务核算，但由于城市更新涉及的主体、环节、改造模式和经营模式较一般房地产项目复杂多样，其税务处理在细节上具有特殊性。目前，我国在法律和行政法规层面并没有专门针对城市更新的税收规定，基本散落在各个税种的税收政策规定或针对特定事项通过的单行文件中，导致出现某些事项如何进行税务处理不太清晰的情况，成为城市更新过程中困扰项目推进的难点。

城市更新税务处理是一个较新领域，存在政策不明确的问题，一些特殊的事项在实际操作中如何处理还颇有争议。如旧村改造项目当中，改造合作方介入模式、项目前期的成本费用支出、实物补偿视同销售等具体事项，在不同的税种处理方面，存在模糊地带，需要政府部门出具相关文件加以明确。

---

① 刘佐．中国税制概览［M］．北京：经济科学出版社，2016：4.

一、以国家层面税收规范性文件方式对城市更新税务处理予以规定

（一）被拆迁主体取得拆迁补偿款的个人所得税处理原则

城市更新项目中，被拆迁主体将原房屋交由改造主体重建，并按相应的补偿标准取得拆迁补偿，拆迁补偿可采用原地重建的房屋或异地建设的房屋，也可采用货币补偿的方式，或者房屋加货币补偿的方式。根据《财政部 国家税务总局关于城镇拆迁有关税收政策的通知》（财税〔2005〕45号）规定，对被拆迁主体按照国家或当地有关拆迁补偿的标准取得的拆迁补偿款，免征个人所得税。

（二）房地产企业实物补偿的土地增值税处理原则

旧村改造项目中，首先需要满足村民的回迁安置问题，回迁安置用房的建设和处理，所涉及的成本费用如何在整个项目中进行核算，对土地增值税的计算影响非常大。因此，税务总局专门就回迁安置问题作出专门规定：

确定回迁安置房视同销售处理，具体规定为《国家税务总局关于房地产开发企业土地增值税清算管理有关问题的通知》（国税发〔2006〕187号）第三条第一款，“非直接销售和自用房地产的收入确定：（一）房地产企业将开发产品用于职工福利、奖励、对外投资、分配给股东或投资人、抵偿债务、换取其他单位和个人的非货币性资产等，发生所有权转移时应视同销售房地产，其收入按下列方法和顺序确认：1. 按本企业在同一地区、同一年度销售的同类房地产的平均价格确定；2. 由主管税务机关参照当地当年、同类房地产的市场价格或评估价值确定”。

在视同销售的同时，确认为房地产开发项目的拆迁补偿费，具体规定为《国家税务总局关于土地增值税清算有关问题的通知》（国税函〔2010〕220号）第六条第（一）项，“房地产企业用建造的本项目房地产安置回迁户的，安置用房视同销售处理，按《国家税务总局关于房地产开发企业土地增值税清算管理有关问题的通知》（国税发〔2006〕187号）第三条第（一）款规定确认收入，同时将此确认为房地产开发项目的拆迁补偿费。房地产企业支付给回迁户的补差价款，计入拆迁补偿费；回迁户支付给房地产企业的补差价款，应抵减本项目拆迁补偿费”。

（三）拆迁补偿支出成为房地产企业土地获取成本的重要构成

土地增值税处理中，土地获取成本是开发成本的重要组成部分。城市更新项目中，原村集体土地上房屋的拆迁、补偿成本，往往作为改造主体获取供开发部分土地的主要土地成本。比如，按《广州市旧村庄更新实施办法》，融资地块办理出让手续时按市场评估价的20%计收土地出让金，之所以按20%计收，是因为大量土地成本已体现在拆迁补偿相关支出中。

依据《中华人民共和国土地增值税暂行条例》《中华人民共和国土地增值税暂行条例实施细则》《土地增值税清算管理规程》，以及《国家税务总局关于房地产开发企业土地增值税清算管理有关问题的通知》（国税发〔2006〕187号）等相关规定，扣除取得土地使用权所支付的金额、房地产开发成本和费用等，应提供合法有效凭证。但在城市更新项目中，获取土地的成本构成相当复杂，项目在启动审核时，往往通过核定项目全面改造成本的方式确定开发部分地块（或融资地块）的地价，以及其对项目作片区策划、实施方案编制的影响；而实际开发过程中，实际发生的改造成本和方案阶段的成本会产生差异，实务中，哪些成本

可以作为获取土地成本扣除，应提供哪些合法凭证，比如补偿类合同、支付凭证、补偿款的流向、收据的出具等，这些都直接关系到拆迁补偿费用能否纳入土地获取成本，相较一般房地产项目处理更为复杂。

（四）房地产企业拆迁补偿支出的企业所得税、土地增值税、增值税处理原则

一般情况下，房地产项目的开发产品计税成本支出中，包含了土地征用费及拆迁补偿费，具体有拆迁补偿支出、安置及动迁支出、回迁房建造支出、农作物补偿费、危房补偿费等。

根据《财政部 国家税务总局关于明确金融、房地产开发、教育辅助服务等增值税政策的通知》（财税〔2016〕140号）第七条规定，拆迁补偿款（现金补偿）可在计算销售额时扣除。

按《国家税务总局关于土地增值税清算有关问题的通知》（国税函〔2010〕220号）第六条，房地产企业支付给回迁户的补偿差价款，计入拆迁补偿费。货币安置拆迁的，房地产企业凭有效凭据计入拆迁补偿费。因此现金补偿可作为拆迁补偿费，直接在土地增值税、企业所得税税前扣除。

（五）房地产企业取得土地使用地权的契税处理原则

为了推进旧村改造项目，房地产企业承担了很多改造过程中的其他费用，从而在取得土地使用权时缴纳的土地出让金远远低于市场价格，或者按照正常市场价格计算土地出让金后进行一定金额的减免。一般而言，契税的计税依据为其交易价格，但由于此过程中存在的以其他方式冲减交易价格的情形，因此，国家层面通过具体税收政策文件对契税处理作出相应规定。

1. 减免土地出让金，不能减少契税的计算依据。《国家税务总局关于免征土地出让金出让国有土地使用权征收契税的批复》（国税函〔2005〕436号）规定，根据《中华人民共和国契税暂行条例》[①] 及其细则的有关规定，对承受国有土地使用权所应支付的土地出让金，要计征契税。不得因减免土地出让金而减免契税。

2. 取得土地支付的安置费、补偿费等作为契税的计算依据。《财政部 国家税务总局关于国有土地使用权出让等有关契税问题的通知》（财税〔2004〕134号）第一条规定，出让国有土地使用权的，其契税计税价格为承受人为取得该土地使用权而支付的全部经济利益。以协议方式出让的，其契税计税价格为成交价格。成交价格包括土地出让金、土地补偿费、安置补助费、地上附着物和青苗补偿费、拆迁补偿费、市政建设配套费等承受者应支付的货币、实物、无形资产及其他经济利益。对于后续如果还存在缴纳城市基础设施配套费等费用的情形，即使已经缴纳了土地出让金并取得了不动产权证，也需要将城市基础设施配套费等费用作为契税的计税依据。

3. 土地前期开发成本应作为契税计算依据。根据《国家税务总局关于明确国有土地使用权出让契税计税依据的批复》（国税函〔2009〕603号），出让国有土地使用权契税计税价格为承受人为取得该土地使用权而支付的全部经济利益。对通过“招、拍、挂”程序承受国有土地使用权的，应按照土地成交总价款计征契税，其中的土地前期开发成本不得

---

① 《中华人民共和国契税法》已由中华人民共和国第十三届全国人民代表大会常务委员会第二十一次会议于2020年8月11日通过，自2021年9月1日起施行。

扣除。

（六）房地产企业项目建设用地范围外支出的土地增值税处理原则

旧村改造的特殊性在于，除了项目建设用地范围内的建筑，还涉及与旧村改造相关的其他配套事项，这些支出成为房地产企业必须承担的成本费用，实质仍是取得项目建设地块所对应负担的成本。

按照一般的税收政策规定，项目建设用地红线范围外的成本费用支出，不允许作为计算土地增值税的土地成本，但房地产企业确实承担了政府部门或者村集体所要求的承担红线外的道路建设及提升周边环境的义务，不允许作为土地成本扣除，将影响项目建设的进展，也违反改造的实质。因此，《国家税务总局关于房地产开发企业土地增值税清算管理有关问题的通知》（国税发〔2006〕187号）第四条第（一）项，以及《广州市地方税务局关于印发2014年土地增值税清算工作有关问题的处理指引的通知》（穗地税函〔2014〕175号）第三条规定，纳税人为取得土地使用权，在项目建设用地红线外为政府建设公共设施或其他工程发生的支出，根据《国家税务总局关于房地产开发企业土地增值税清算管理有关问题的通知》（国税发〔2006〕187号）第四条第（一）项确定的相关性原则，纳税人如果能提供国土房管部门的协议、补充协议，或者相关政府主管部门出具的证明文件的，允许作为取得土地使用权所支付的金额予以扣除。

该政策是广州市地方税务局于2014年就土地增值税清算工作有关问题作出的指引，该指引从税收原理出发，确定与取得土地相关的合理的支出，应允许作为取得土地使用权所支付的金额予以扣除。尽管目前没有上位法对此有更明确的指引，笔者认为，该处理模式比较符合城市更新项目的实际情形。广州市税务局在《广州市城市更新税收指引（2021年版）》中，也基本确定了该原则，明确在项目建设用地红线外为政府建设公共设施或其他工程发生的支出，如能提供城市更新主管部门批复的片区策划方案、项目实施方案，或者政府主管部门证明文件的，允许作为取得土地使用权所支付的金额予以扣除。

二、地方政策中与对城市更新税务处理的相关规定

对于城市更新项目，并没有国家层面明确具体的统一规定，往往是由地方根据不同情况制定适合当地发展的规定，一城一策，一区一策，政策法规存在多样性和不确定性。

（一）《广东省“三旧”改造税收指引（2019年版）》

以广东省为例，广东省人民政府在《关于提升“三旧”改造水平促进节约集约用地的通知》（粤府〔2016〕96号）中，对财政、金融、住建等部门的配套政策提出了要求，要求制定“三旧”改造相关税收指引。广东省税务局依据上述安排，发布了《广东省“三旧”改造指引》的通知（粤地税发〔2017〕68号）。

随着城市更新工作的进一步发展，广东省人民政府发布了《关于深化改革推动“三旧”改造促进高质量发展的指导意见》（粤府〔2019〕71号），明确指出，支持降低用地成本，降低改造项目税收负担。对于在改造项目中承担了原来应由政府承担的补偿安置、土地平整工作，在改造后无偿移交公益性用地或物业的，允许在缴纳地价款中扣除前期投入；政府收益允许以建筑分成或收取公益用地方式，替代土地价款；对于经政府确认由市场主体承担拆迁工作的单一归宗改造项目，定性为政府征收（收回）房产、土地并出让的行为，可享受增值税、土地增值税、所得税的优惠政策。

根据上述指导意见，《国家税务总局广东省税务局 广东省财政厅 广东省自然资源厅关于印发〈广东省"三旧"改造税收指引（2019年版）〉的通知》（粤税发〔2019〕188号）（以下简称《粤税发〔2019〕188号税收指引》），系统梳理了广东省"三旧"改造模式，并区分不同模式下具体情形，提出税务事项的具体处理意见。按《粤税发〔2019〕188号税收指引》，广东的"三旧"改造分为两大类：政府主导模式和市场主导模式；在两大类模式下，又区分为九小类模式，即政府主导模式下的收储模式、统租模式、综合整治模式、合作改造模式，市场主导模式下的农村集体自行改造模式、村企合作改造模式、企业自改模式、企业收购模式和单一归宗改造模式。其中在合作改造模式下，又划分了土地整理后出让、土地整理后租赁经营、土地整理后以复建地块集中安置、土地整理后回购物业、土地整理后合作经营的五种具体情形。

《粤税发〔2019〕188号税收指引》同时还针对每一改造模式下涉及的不同主体的税务事项作了详细分析，包括被征收人（原权属人）、受让方、工程施工方、土地出租方、承租方、农村集体经济组织、合作方、项目公司等。

从《粤税发〔2019〕188号税收指引》的体例安排和具体内容不难看出，城市更新项目税务处理的复杂性。

（二）《广州市城市更新税收指引（2021年版）》

在城市更新项目推进较快的南粤地区，除《粤税发〔2019〕188号税收指引》专门针对"三旧"改造项目进行税收指引外，广州市税务局和广州市住建局于8月23日正式对外发布《广州市城市更新税收指引（2021年版）》（穗税发〔2021〕93号），结合城市更新的不同情形，对"三旧"改造、"三园"转型、"三乱"整治等不同应用场景改造环节涉及的税收处理作出指引。

《广州市城市更新税收指引（2021年版）》在《粤税发〔2019〕188号税收指引》不同改造模式的基础上，更具体细化6类情形的12个应用场景，包括村企合作改造、村集体经济组织留用地转让；旧街区微改造、全面改造；旧厂房自行改造、收购改造、合作改造、单一主体归宗改造；村集体经济组织租赁改造、政府直接收储；违法建设、河涌水环境、"散乱污"场所整治；政府收储后"限地价、竞配建、竞自持"方式出让土地。通过不同改造场景的各个环节，梳理广州城市更新过程中涉及的增值税、土地增值税、契税、房产税、城镇土地使用税、印花税、企业所得税、个人所得税等税收规定，指导城市更新项目的税务处理。

三、结合税法原理和具体情形参照适用相关税收规定

（一）房地产企业实物补偿的增值税处理原则

房地产企业向被拆迁主体进行实物补偿，针对该种情形，目前国家和地方层面均没有具体政策文件详细描述其税务处理。结合房地产企业无偿移交回迁安置用房的情形以及增值税原理，多数认为该情形适用《财政部 国家税务总局关于全面推开营业税改征增值税试点的通知》（财税〔2016〕36号）附件1第十四条的规定，需认定为视同销售的行为："下列情形视同销售服务、无形资产或者不动产：（一）单位或者个体工商户向其他单位或者个人无偿提供服务，但用于公益事业或者以社会公众为对象的除外。（二）单位或者个人向其他单位或者个人无偿转让无形资产或者不动产，但用于公益事业或者以社会公众为对象的除

外。（三）财政部和国家税务总局规定的其他情形。”

（二）房地产企业实物补偿的企业所得税处理原则

房地产企业向被拆迁主体进行实物补偿，目前亦无国家和地方层面政策文件详细规范其税务处理。但该情形与非货币性资产交换极为相似。根据《中华人民共和国企业所得税法实施条例》的规定，企业发生非货币性资产交换，以及将货物、财产、劳务用于捐赠、偿债、赞助、集资、广告、样品、奖励、职工福利或者利润分配等用途的，应当视同销售货物、转让财产或者提供劳务，但国务院财政、税务主管部门另有规定的除外。《国家税务总局关于企业处置资产所得税处理问题的通知》（国税函〔2008〕828 号）规定，企业将资产移送他人的下列情形，因资产所有权属已发生改变而不属于内部处置资产，应按规定视同销售确定收入：（1）用于市场推广或销售；（2）用于交际应酬；（3）用于职工奖励或福利；（4）用于股息分配；（5）用于对外捐赠；（6）其他改变资产所有权属的用途。

同时，根据《国家税务总局关于印发〈房地产开发经营业务企业所得税处理办法〉的通知》（国税发〔2009〕31 号）第二十七条第一款，土地征用费及拆迁补偿费，指为取得土地开发使用权（或开发权）而发生的各项费用，主要包括土地买价或出让金、大市政配套费、契税、耕地占用税、土地使用费、土地闲置费、土地变更用途和超面积补交的地价及相关税费、拆迁补偿支出、安置及动迁支出、回迁房建造支出、农作物补偿费、危房补偿费等。其中，回迁房建造支出，明确列入开发产品的计税成本。

（三）村自留土地上的建造成本往往由村集体自行承担，由房地产企业参与实施，产生委托代建问题

认定委托代建项目一般应具备以下条件：由委托方自行立项；不发生土地使用权或产权转移；受托方不垫付资金，只收代建手续费；受托方事先与委托方签订代建合同；施工企业的建筑发票全额开给委托方。

在城市更新项目中，村集体一方往往缺乏资金，建设资金均由房地产企业承担，在物业建成后，由村集体与房地产企业进行物业分成，房地产企业分取的物业相当于垫付资金获取的收益，村集体分取的物业也可能将使用权让渡给房地产企业。根据城市更新代建项目的业务实质，该部分成本存在能否纳入房地产企业项目成本的问题。若作为村集体自有物业的建造成本，建造模式不符合委托代建的相关特征，可能会被认定为合作建房，房地产企业分取利润。关于村集体物业代建相关问题，本书将在以后的章节中进一步探讨。

第三节　城市更新法税实务处理的思路和原则

城市更新项目税务处理复杂，还存在政策与税法衔接不清晰等问题，笔者在城市更新项目实务中的经验是，要深刻理解项目实质，以理顺业务关系和法律关系为基础，在现有税法体系框架下，合理运用和把握好处理原则，在面临争议问题时，充分运用税法原理，通过流程管控形成过程中的支持性文件，及时与相关部门做好沟通、解释和论证工作。

一、以“业财法税”相互融合为原则

在城市更新项目里，参与主体多元，改造模式较多，存在着不同的业务关系和法律关

系，而改造过程中形成的事实关系、法律文件、资金流向等，是业务关系的起点，也是判断法律关系的支持性材料，业务关系和法律关系最终体现在对财务处理和税务安排上，均有较大差异。

城市更新项目的顺利推动要考虑如何平衡各方利益，在进行税务处理时，要考虑所有参与主体的税收诉求，相关成本费用的支出，不仅局限在税收成本上，还要考虑非税因素，是综合权衡经济利益和社会利益前提下的税收利益。

蔡昌教授在《业财法税融合：理论框架与行动指南》一文中指出，法律融入“业财税”已经成为一种必然，“业财法税”融合是一种新趋势。“各项业务活动形成的会计信息为税务管理等税务决策提供依据”，“除税务活动来源的发票证据链作为法务活动的支持外，较为重要的还有业务经营形成的合同。合同是商业活动、交易结构的主要载体，合同锁定了交易结构，同时也成为影响财务结果和税务风险管理的重要证据。企业在财务规划和税务安排时，往往以合同文本为依据，合同自然成为财务规划、税务安排证据链的关键证据”。“法务对于‘业财法税融合’有着特殊贡献，没有法律规制与事实甄别的过程，就没稳固的税务安排与风险控制行动”。

城市更新项目中，更能体现出“业财法税”融合的重要性。在目前欠缺针对城市更新活动的专门税收法规政策的情形下，从业务活动的本质和法律关系的实质，在现有税收法规的框架下，理解和解析具体活动的财务处理，显得尤为重要。比如：

第一，在正式获得土地使用权前，会发生大量的前期费用，而参与前期工作的合作意向企业，未必最终成为项目实施主体的合作企业。从不同主体是独立的纳税义务人的角度，这些前期费用很有可能在合作意向企业发生后，无法在成为实施主体的合作企业中获得确认，直接结转也存在财务处理上的障碍。如果将城市更新项目理解为一个整体改造项目，土地整理和开发建设分阶段进行，那么，真实合理的前期费用的产生，往往是基于项目整体改造而必须发生的费用，只是由于各地政策的限制，市场主体能够介入被认可资格的时间节点和要求不同而已。笔者认为，基于这些必须产生的费用，经村集体确认，并约定在项目实施主体合作企业确认后，可以作为前期费用由合作企业承接，纳入项目成本，是符合城市更新项目特点的。

尽管目前对跨主体产生的真实合理的前期费用是否最终能纳入项目成本，在财务处理和税务安排上还存在争议，如果根据业务的实质，在前期的合同中设置权利义务概括转移条款，并在实际运营中保持满足合同流、资金流、收据（发票）“三流”一致的原则形成证据链，在最终的税务处理方面，是可以确认的。

第二，关于配建物业的税务处理，城市更新项目中往往将为政府配建一定的基础设施或物业作为拿地条件。实践中，根据配建地块与开发地块的初始权属关系不同，在税务处理方面有差异：

1. 配建地块登记在房地产企业名下，在物业建成后直接移交给政府指定接收单位。因产权发生了转移登记，在税务处理上，房地产企业应作视同销售处理。

2. 配建地块直接登记在政府指定单位名下，建成后直接移交。配建物业支付的建筑安装成本，本质上是房地产企业为获取土地而付出的代价，应作为土地成本处理。

3. 配建地块登记在房地产企业名下，物业建成后由政府回购方式登记到政府指定接收单位名下，应作为正常销售处理。

由于不同情形税务关系与税负不同，在与政府签订的协议中，或从政府获取的具有法律效力的文件中，应特别明确配建地块的权属、配建的性质、移交的方式等，通过法律文件的支撑，为后期财务税务处理提前做好安排。

二、实质重于形式、合理商业目的原则

税法中的实质重于形式原则，适用于形式与实质不一致的交易，并且按交易的经济实质而不是外在法律形式进行税务处理。当一些交易方式并不是通常所采用的交易形式，也不是税法所规定的明确的交易形式，如何进行处理更取决于交易的商业目的。现有实质重于形式的原则往往是在基于不合理商业目的进行避税的情况下，税务机关运用实质课税原理进行处理。

在城市更新项目中，由于存在着新型的交易模式，在现行税法框架下还不能找到完全一一匹配的税务处理规定，而按税法原理和行为表现又属于应税行为，按相关规定适用时存在不确定性，往往也是城市更新项目中存在的争议问题。具体处理过程中，适用实质重于形式的原则来处理，一方面与会计准则的要求相一致，另一方面也能反映业务的真实情况。比如：

城市更新项目中，对原有土地上房屋或物业的被拆迁主体进行拆迁补偿或安置，原则是拆一补一，就是拆迁人把原地复建的房屋或在异地建设的房屋补偿给被拆迁主体，或一部分折算为货币补偿，其实质是经济利益的交换。对于补偿标准内的物业交付，不论是以何种方式结算该物业的价款，应视同销售不动产，纳入增值税、土地增值税和企业所得税的征税范围。同时，该部分物业交付又是拆迁人支付给被拆迁主体的物业补偿，就该拆一补一过程而言，拆迁人是没有额外获取来自被拆迁主体支付的收益的，因此，该部分物业的相应成本应作为计算增值税、企业所得税和土地增值税销售额的依据，并同时确认为房地产开发项目的拆迁补偿费。

在现有税收处理规定中，增值税、土地增值税、企业所得税对于视同销售应税行为的定价标准不一样，可能导致在不同税种计算过程中的计税标准存在差异。比如，对于增值税应税行为，发生视同销售行为而无销售额时，主管税务机关有权按照下列顺序确定销售额：（1）按照纳税人最近时期销售同类服务、无形资产或者不动产的平均价格确定；（2）按照其他纳税人最近时期销售同类服务、无形资产或不动产的平均价格确定；（3）按组成计税价格确定，组成计税价格 = 成本 × （1 + 成本利润率）。而企业所得税和土地增值税在发生视同销售行为而无销售额时，则采用不同的销售额认定标准。因此，笔者认为在上述情形下按实质重于形式的原则，具体操作中应以拆迁补偿或安置实际发生的成本为基准，三个税种采用同一标准计算拆迁补偿费。

三、合理经济测算和过程风险监控相结合原则

城市更新项目中，往往存在利益平衡问题。对房地产企业而言，城市更新项目时间长、投入大，企业整体利润受到很大影响。如何获取合理的现金流，税收起着决定性作用。房地产企业需要从战略上整体考虑，提前做好规划。如编制改造实施方案时，对于合理测算改造成本，精准预测融资地块获取成本、复建安置面积、融资地块可售建筑面积、村留用地和权益面积建造成本等，对项目整体税收安排影响非常大。销售和回迁安置阶段，销售定价影响

回迁安置视同销售的拆迁补偿成本的确认，应进行税负测算，合理规划收入确认和成本归集工作。

按交易真实性原则，控制过程中文件，做好风险监控。城市更新中，提前规范好操作流程，形成法律支持文件，控制现金流，同时做好过程中的风险监控。签订合同协议时要明确，在支付给个人或企业拆迁补偿时，要注意保管和全面获取相关的拆补方案表决意愿签名文件、拆迁补偿协议、收据、转让凭证、签收记录、花名册、个人身份证复印件等，以备税务部门核查。

第二篇

被拆迁主体相关法税实务

【导言】

本篇主要介绍城市更新项目中被拆迁主体取得拆迁补偿的相关政策规定和税收处理问题。拆迁补偿最高层级的上位法为土地管理法，而具体的补偿方式和标准散落在各省、市、区的地方性规定中。第二章根据城市更新进行拆迁补偿的现实状态，梳理不同层面拆迁补偿的政策规定，总结不同的拆迁补偿方式以及具体的拆迁补偿项目，并结合实务操作介绍相关项目拆迁补偿的实务案例。城市更新项目中，取得拆迁补偿是否需要缴纳税款和缴纳哪些税款，是被拆迁主体非常关心的事项，第三章重点介绍被拆迁主体取得拆迁补偿的相关税收问题，从不同的被拆迁主体取得补偿的角度出发，根据补偿的具体类型和情形，对应分析其具体适用的税收政策规定和优惠政策。

第二章　拆迁补偿制度总览

城市更新过程即为土地一级开发的过程，土地一级开发包括农用地征收、旧城改造（含城中村、棚户区、工矿区）、土地整理工程等①。市场主体需要对原权属人的物业进行更新改造，然后取得土地，并根据法定程序将土地规划转性，再取得开发可用的地块，这就是整个城市更新进程的第一部分的主要费用——拆迁补偿。

拆迁补偿环节，一般会按照前期基础数据摸底和核查的情况，制定和完善项目拆迁计划，并对被拆迁房屋进行测绘，然后进入复杂的拆迁谈判过程。一旦正式的拆迁补偿方案通过表决后，市场主体与被拆迁主体签订拆补协议，市场主体向被拆迁主体支付拆迁补偿款项，并对拟被拆迁的房屋进行拆除和注销原产权证的工作。由此可见，在城市更新过程中，被拆迁主体的搬迁、补偿、安置，是前期极其重要且矛盾频发的环节。

《中华人民共和国土地管理法》第四十八条规定："征收土地应当依法及时足额支付土地补偿费、安置补助费以及农村村民住宅、其他地上附着物和青苗等的补偿费用，并安排被征地农民的社会保障费用。征收农用地的土地补偿费、安置补助费标准由省、自治区、直辖市通过制定公布区片综合地价确定。制定区片综合地价应当综合考虑土地原用途、土地资源条件、土地产值、土地区位、土地供求关系、人口以及经济社会发展水平等因素，并至少每三年调整或者重新公布一次。征收农用地以外的其他土地、地上附着物和青苗等的补偿标准，由省、自治区、直辖市制定。对其中的农村村民住宅，应当按照先补偿后搬迁、居住条件有改善的原则，尊重农村村民意愿，采取重新安排宅基地建房、提供安置房或者货币补偿等方式给予公平、合理的补偿，并对因征收造成的搬迁、临时安置等费用予以补偿，保障农村村民居住的权利和合法的住房财产权益。"

补偿是拆迁的基础，是市场主体顺利进入开发阶段的决定性因素。在大湾区城市更新项目中，各个城市根据其不同的城市发展阶段，对城市更新项目中拆迁补偿的模式和标准作出了具体的规定。

以深圳市为例，深圳市是最早实施市场主体参与城市更新改造的大湾区城市，且目前已经确立了多种城市更新模式。根据2020年12月30日最新发布的《深圳经济特区城市更新条例》，该条例进一步拓宽了城市更新的合作方式，规定："拆除重建类城市更新单元规划经批准后，物业权利人可以通过签订搬迁补偿协议、房地产作价入股或者房地产收购等方式将房地产相关权益转移到同一主体，形成单一权利主体。属于城中村拆除重建类城市更新项目的，除按照前款规定形成单一权利主体外，原农村集体继受单位可以与公开选择的单一市

① 李华．征地及拆迁补偿支出财税处理研讨［J］．商业会计，2019（14）．

场主体合作实施城市更新，也可以自行实施。市级城市更新部门应当制定并发布搬迁补偿协议示范文本，包括协议生效时间、生效条件、搬迁补偿标准和方式、协议有效期、权利义务、预告登记约定、不得加改扩建、违约责任等内容。”此外，该条例还在国内率先作出如下规定：“城中村原物业权利人签订拆迁补偿协议比例已经达到百分之九十五，可由区人民政府对未签约住宅类房屋依法启动和实施征收程序。”这也是国内第一个将政府征收纳入城市更新法规立法的城市，法规和政策的设置均以快速推进为原则。

广州市的城市更新项目主要步骤如下：城市更新片区划定、实施方案表决、选取市场主体、拆迁补偿、申请用地转化、申请供地、开发建设等。对于可纳入城市更新年度计划、进行标图建库的项目，由区政府组织编制城市更新项目实施方案，根据《广州市实施方案报批程序规定（征求意见稿）》附件1和附件1-2的要求，项目实施方案应包含拆迁补偿方案。完成拆迁补偿安置后，村集体可通过表决，申请办理集体用地转为国有用地手续。在批准转为国有用地后，安置房的复建地块可以国有划拨方式交村集体，而融资地块则是市场主体进行后续开发的土地，由政府协议出让给房地产企业。

此外，笔者还对大湾区其他城市的拆迁补偿政策进行了检索，由于大湾区各个城市启动城市更新的进度、出台相关规定的时间、推进旧改的力度不同，各城市对旧改的拆迁补偿形式、拆补要求和补偿标准的规定也各有不同。笔者经检索后简要梳理成表2-1，供各位读者查阅。

表2-1　　大湾区重点城市的拆迁补偿类政策法规

<table>
<tr><th>序号</th><th>文件发布地域</th><th>政策法规名称</th><th>主要内容</th></tr>
<tr><td>1</td><td rowspan="2">广东省</td><td>《关于提升“三旧”改造水平促进节约集约用地的通知》
发布时间：2016年</td><td>1. 对旧厂房、旧城镇改造涉及将工业用地等土地用途改变为商业、旅游、娱乐和商品住宅等经营性用地的“三旧”改造项目，规定土地所得出让收益可按规定用于补偿原土地权利人
2. 如果是由原权利人自行改造的，除应当按规定补缴地价款及相关税费外，应当按照城乡规划要求，将不低于该项目用地总面积15%的土地无偿移交政府用于城市基础设施、公共服务设施建设或者其他公益性项目建设
3. 对于旧村改造项目，上述通知没有明确规定补偿的标准，而是鼓励和引导农村集体自愿申请办理土地征收手续将集体建设用地转为国有建设用地，自行实施改造或合作改造
4. 当地政府征收农村集体土地的，应当建立健全“三旧”改造利益共享机制，可因地制宜采取货币补偿与实物补偿相结合的方式安置失地农民，充分保障农民利益</td></tr>
<tr><td>2</td><td>《广东省旧城镇旧厂房旧村庄改造管理办法》
发布时间：2021年</td><td>1. 明确将拆迁补偿标准分为依据法律法规规定、各方协商一致和地级以上市人民政府规定三种情形，实际上进一步拓宽了拆迁补偿标准确定范围
2. 如果改造项目涉及政府征收、收回、收购土地及房屋的，可以按照法律法规和有关规定给予补偿安置；除前款情形以外的改造项目，可以按照协商一致原则给予补偿安置，也可以按照地级以上市人民政府的相关规定给予补偿安置</td></tr>
<tr><td>3</td><td>广州市（1+N）</td><td>《广州市城市更新办法》
发布时间：2015年</td><td>1. 强调建立城市更新项目退出机制的必要性
2. 要求加强对城市更新项目的时限管理，城市更新项目实施主体未按时限完成拆迁安置或办理土地出让手续或完成移交土地的，项目实施方案需报市城市更新领导机构重新审定
3. 城市更新项目涉及房屋拆迁安置的，应当坚持先安置、后拆迁的原则。城市更新片区应当同步推进市政、公建、公用、公交等配套设施建设，积极引进优质的教育、医疗、商业等社会资源</td></tr>
</table>

续表

序号	文件发布地域	政策法规名称	主要内容
4	广州市（1+N）	《广州市旧村庄更新实施办法》 发布时间：2015年	1. 旧村庄的改造模式分为三类，每一类对应的支付补偿人不同 2. 征收储备，补偿实际是政府支付，政府做完土地平整工作，负责村民住宅和村集体物业复建安置补偿，村集体不参与土地出让收益分成 3. 自主改造，补偿主体是村集体，由村集体根据批复的项目实施方案自行拆迁补偿安置，由村集体或其全资子公司申请以协议出让方式获得融资地块开发融资 4. 合作改造，名义补偿主体是村集体，实际费用由房地产企业承担，该种模式是由村集体根据批复的项目实施方案和制定的拆迁补偿安置方案，引进房地产企业合作参与改造，村集体可申请将融资地块协议出让给原村集体与市场主体组成的合作企业，或通过融资地块公开出让引入合作企业进行改造 5. 此外，拆迁补偿安置方案的补偿安置原则、标准应当参照农民集体所有土地征收补偿办法和本市村庄规划建设管理的有关规定执行
5		《广州市旧城镇改造办法》 发布时间：2015年	1. 全面改造项目由市、区政府安排财政资金组织拆迁补偿安置，房屋拆迁完毕，可通过公开出让融资地块土地使用权回笼资金 2. 如项目需要引入社会资金用于拆迁补偿安置和土地整理的，应当通过公开方式，选择市场主体具体实施 3. 被选定的投资实施主体按协议约定投资完成拆迁补偿安置和土地整理后，政府通过市公共资源交易中心平台公开出让土地，同级财政部门按照协议约定统筹安排资金，支付相应费用给投资实施主体 4. 由政府统筹实施的微改造项目由市、区财政安排资金。由权利主体或者街道（社区）与权利主体共同完成的微改造，可由市、区财政安排资金补贴，并在现行法规政策允许的前提下，吸引社会力量参与
6		《广州市旧厂房更新实施办法》 发布时间：2015年	1. 国有土地上的旧厂房改为保障性住房外的居住用地的，由土地储备机构收购，政府组织公开出让 2. 除花都区、从化区、增城区外，用地规划容积率在2.0以内的，按照土地公开出让成交价款的40%计算补偿款，超出2.0部分不再计算补偿款 3. 花都区、从化区、增城区的用地规划容积率（毛容积率，下同）在2.0以内的，按照土地公开出让成交价款的50%计算补偿款，超出2.0部分不再计算补偿款 4. 土地出让成交后因规划调整使土地价款发生增减的，收益补偿不再调整 5. 国有土地上旧厂房改造为居住用地方式的，由企业自行搬迁整理土地，原土地使用权人的土地整理、修复费用不再另行补偿
7	深圳市	《深圳经济特区城市更新条例》 发布时间：2020年	1. 城市更新搬迁补偿可以采用产权置换、货币补偿或者两者相结合等方式，由物业权利人自愿选择 2. 政策性住房原则上采取产权置换方式，补偿与被拆除住房产权限制条件相同的住房 3. 已登记的商品性质住宅物业采用原地产权置换的，按照套内面积不少于一比一的比例进行补偿；产权置换的实际面积不得少于约定面积，因误差导致超出面积在百分之三以内的，物业权利人可以不再支付超出面积部分的房价。安置补偿费最迟应当在物业权利人搬离之日起按约定给付 4. 前款规定以外的其他合法建筑和历史违建的搬迁补偿标准，由市场主体与物业权利人参照本市房屋征收相关规定协商确定

续表

序号	文件发布地域	政策法规名称	主要内容
8	东莞市	《关于深化改革全力推进城市更新提升城市品质的意见》 发布时间：2018 年	1. 根据"基础建筑面积＋奖励建筑面积＋补偿建筑面积"的计算公式，公开透明地计算更新单元开发建设量 2. 基础建筑面积是在密度分区确定的基准容积率基础上，根据组团特征、规模、交通条件等系数进行修正后计算出来的建筑面积；奖励建筑面积是指城市更新项目无偿贡献公共设施用地、产业用房、保障房等所获得的建筑面积奖励；补偿建筑面积是指城市更新项目因为拆除旧村、旧城而给予的建筑面积补偿 3. 根据更新单元所在的区位，可以查询到相应的基础容积率，计算出基础建筑面积。在更新单元划定阶段，对公共设施提出规划要求，确定公共设施用地规模，据此可以算出奖励建筑面积 4. 在满足更新单元划定中列明的公共设施用地规模的基础上，改造主体编制规划设计方案时，对更新单元划定确定的公共设施项目增加公共用地面积的，可相应增加奖励建筑面积，更新单元的开发建设量相应作出修正，并在前期研究报告中予以说明。前期研究报告校核确定的单元开发建设量，经市政府批准后，为最终合法的开发建设量
9		《进一步完善土地收储整备补偿和利益共享机制的意见》 发布时间：2020 年	涉及土地出让收入分成，有如下不同的计算方式： 1. 针对集体土地收储和利益共享规范，土地出让收入扣除计提资金、土地收储整备成本（含基础补偿、前期开发成本、相关税费等）后，由市级全额出资的，市、镇按 4∶6 比例分成；由镇街全额出资的，市、镇按 2∶8 比例分成；市、镇各自出资的，镇街分成比例为 60%＋镇街出资比例×20% 2. 针对产业项目的基础补偿标准和利益共享机制，土地出让收入扣除市级计提资金后，全部返还镇街。其中，新型产业用地需要提供物业给政府的，按照相关政策执行。农村集体获得的增值共享按照镇街所分得土地出让纯收益的一定比例进行核算，以支农补贴补偿农村集体，具体按照市农业农村局会同市财政局制定的操作细则执行。对于普通工业用地项目和不可分割销售的新型产业用地、科研用地项目，原则上按照 100% 进行核算；对于可分割销售的新型产业用地、科研用地项目，原则上按照不低于镇街所得土地出让纯收益的 50% 进行核算 3. 公共服务设施建设项目的补偿标准，对列入近期规划建设或者年度建设计划的交通、能源、环保、水务、军事、医疗、电力、通信、文化教育及其他社会功能性配套工程等公共服务设施的，原则上依据 111 号文进行包干结算补偿 4. 实施大片区连片收储整备统筹补偿，在大片区连片收储整备项目范围内，采用统筹补偿模式，按各农村集体在该范围内交储土地面积的比例，将新增出让国有建设用地的农村集体应得增值共享统筹统分，在土地出让后逐宗分摊计算，不受地块所处位置的原有权属影响，以支农补贴等形式补偿出让宗地原所属农村集体
10	佛山市	《关于推动拆除重建类旧村居改造项目实施的指导意见》 发布时间：2021 年	1. 实施方案及拆迁补偿安置方案表决与报批。由市场改造主体编制项目实施方案及拆迁补偿安置方案，经镇人民政府（街道办事处）初审报市自然资源局各分局组织审查通过后，由村（居）集体经济组织召开成员大会（或成员代表会议）公开表决，达到 2/3 以上同意的，实施方案及拆迁补偿安置方案依权限报市、区人民政府审批 2. 明确预告登记有关规定。市场改造主体与土地房屋权利人签订补偿安置协议后，可按协议约定向不动产登记机构申请办理被拆迁房屋的相关预告登记

续表

序号	文件发布地域	政策法规名称	主要内容
11	佛山市	《佛山市"三旧"改造专项规划》发布时间：2018 年	对土地出让收益处理方式、拆迁补偿选用原则和政府储备的闲置土地作出了如下规定： 1. 土地出让收益应建立土地储备基金用于拆迁保障、支付征地补偿安置和拆迁补偿费用。结余资金应逐步提高用于基础设施以及廉租房建设。同时在储备基金中确定一定比例的资金作为储备风险基金，预防可能的资金风险 2. 明确拆迁补偿方式选用原则 (1) 按照同地同价原则，及时给予失地农村集体组织和农民合理补偿。原村集体在旧村改造范围内的留用地、工业用地允许免交有关费用，纳入统一规划、改造，土地升值的收益由村集体、旧村居民和房地产企业共同享有 (2) 城郊旧村改造采取实物补偿方式。实现农民宅基地与承包地分开、搬迁与土地流转分开，以宅基地置换城镇房产，以土地承包经营权置换社会保障，保障农民的就业和生活 (3) 政府在市区建回迁房，恢复并延续社区环境，避免中心城区阶层空心化 3. 政府通过储备的闲置土地作为专用的"空转"指标用于建设拆迁安置房，待回迁房或改造项目建设完成后再回迁
12	惠州市	《关于加强土地征收征用盘整补偿及出让项目评审管理工作的实施意见》发布时间：2020 年	1. 土地征收、征用、盘整补偿及出让项目（以下简称补偿及出让项目），涉及评审事项的应委托有资质的中介机构进行评审 2. 评审事项包括：补偿项目审计、工程投入审核、土地价值评估、地上建（构）筑物评估、补偿标准以外青苗的评估等。委托中介机构进行评审的费用列入土地征收征用盘整出让成本 3. 没有建筑物、附着物的空地盘整，已有明确补偿标准的，不需再进行评审，由自然资源部门直接按程序报政府审批后给予补偿

第一节 拆迁补偿的方式

在城市更新过程中，旧村改造通过村民表决生效的改造方案确定补偿安置方案，确定村民获取物业补偿的具体情况，包括补偿面积、补偿金额、补偿物业类型等具体内容。目前，在大湾区各个城市的改造实践中，回迁安置补偿主要为物业补偿、货币补偿或者"货币+物业"补偿。

一、物业补偿

物业补偿，也称产权调换。由房地产企业为村民提供复建地块或者房地产企业在其他地块上建设的房屋用于置换①，并与村集体和村民计算、结清被征收房屋价值与置换产权房屋价值的差价，主要涉及搬迁人与被搬迁人两个主体。时间轴上，在搬迁补偿安置过程中共发生两次财产转让，第一次是被搬迁人的房屋转让给搬迁人（以下称为"土地整合阶段"），

① 杨健，新收入准则下回迁安置房的收入确认探讨［J］．财务与会计，2018（9）．

第二次是产权调换情形下搬迁人将自建房屋按搬迁补偿安置协议的约定转让给被搬迁人（以下称为“补偿安置阶段”）。

二、货币补偿

货币补偿的明细包括正常建筑面积补偿、超建面积补偿、附属物补偿、住改商补偿、搬迁补偿、签约奖励、提前交房奖励、停产停业补偿等补偿款项。

货币补偿是大湾区城市更新中较为主流的补充性补偿形式，在有些城市更新项目拆迁补偿方案中，补偿方式可能并不包括单纯的货币补偿。一般而言，货币补偿常见的形式共有六类，笔者将在后面的行文中详细论述。

三、“货币＋物业”补偿

按照城市更新项目中需要拆迁的房屋建筑面积数量，其中一部分房屋面积的拆迁补偿形式为房地产企业在复建地块上建造的回迁安置房屋，或者为房地产企业异地自建的回迁安置物业，其余面积按照重置价格折合货币支付给原房屋的权属人。

“货币＋物业”补偿是较为灵活的补偿方式，主要解决的是复建安置区容积率和建筑面积可能不足以满足复建总量的问题，或是被拆迁人拟选择弃产补偿的情况。《广州市南沙区旧村庄更新改造项目补偿安置标准指引（试行）》规定，被补偿人可选择复建安置方式和货币补偿（弃产）方式，或者以两种补偿方式结合进行补偿。选择货币补偿（弃产）的按照房屋的重置价加区位补偿价确定，或者由改造主体委托第三方机构以市场评估方式确定，不再安排回迁；补偿价格应不低于相邻地段同类型房屋市场评估价，最终价格由改造主体与被补偿人协商确定。《深圳经济特区城市更新条例》也明确，城市更新搬迁补偿可以采用产权置换、货币补偿或者两者相结合等方式，由物业权利人自愿选择。政策性住房原则上采取产权置换方式，补偿与被拆除住房产权限制条件相同的住房。

第二节　拆迁补偿的类型

在城市更新过程中，拆迁补偿的类型以及相应的标准散见在各省、市的相关政策文件中，涉及的拆迁补偿类型主要有以下几项：

一、搬迁费

搬迁，指市场主体应当对被拆迁主体或者原物业承租人支付的搬家补助费用，包括“搬进、搬出两次费用和电话、有线电视迁移费用”。搬迁费的支付标准会体现在拆迁补偿方案中，一般来说，搬家补偿按户进行核算，如果屋内装有电话、有线电视、宽带网等设施需迁移的，按当地农民集体所有土地征收补偿的有关规定计算迁移费。被拆迁人签订拆迁补偿协议后，必须在搬迁通知书限定的时间内将房屋整体腾空并向村集体或者市场主体交付房屋产权证明和钥匙。

根据《广州市农民集体所有土地征收补偿试行办法的通知》（穗府办规〔2017〕10号）的规定：“如果为征收集体所有土地上的房屋，应当先安置、后搬迁。作出征收行为的主体应当向被征收房屋权利人支付搬迁费；选择复建安置或产权调换的，在复建安置或产权调换房屋交付前，征收部门应当向被征收房屋权利人支付临时安置费或提供周转用房，具体补偿标准可以参照国有土地上房屋征收。”

二、临迁费

临迁费具体涵盖两大方面费用，一是住宅临迁费用，二是集体物业临迁费用。负责城市更新项目的主体向被拆迁人支付的临迁费用，计算时一般采用被拆迁人按照拆迁补偿方案计算的回迁安置面积为基数，不包含权益面积和违法建筑面积。城市更新项目中需要支付临迁费的项目主要有两类，一类是对于合法住宅建筑，另一类则是集体物业。

比如按《广州市旧村庄全面改造成本核算办法》（穗建规字〔2019〕13 号）的相关规定，合法住宅建筑临迁费单价可在每平方米每月 20 元至 40 元范围内浮动。合法的房屋建筑与 2009 年 12 月 31 日前建成的准予复建的建筑，旧村规模较大、整体实施改造、一次性搬迁的，可按 5 年时间核算临迁费用，即“准予复建的住宅建筑面积 × 临迁费单价 ×60 个月”；旧村规模较大、分期实施改造、分步搬迁的，可按 4 年时间核算临迁费用，即“准予复建的住宅建筑面积 × 临迁费单价 ×48 个月”。

集体经济物业临迁费单价可在每平方米每月 30 元至 60 元范围内浮动。合法的房屋建筑与 2009 年 12 月 31 日前建成的准予复建的建筑，旧村规模较大、整体实施改造、一次性搬迁的，可按 5 年时间核算临迁费用，即“准予复建的集体物业建筑面积 × 临迁费单价 ×60 个月”；旧村规模较大、分期实施改造、分步搬迁的，可按 4 年时间核算临迁费用，即“准予复建的集体物业建筑面积 × 临迁费单价 ×48 个月”。

临迁费支付的具体标准一般会约定在拆迁补偿协议和拆迁补偿方案中，支付条件和搬迁费类似，在被拆迁人签订拆迁补偿安置协议后并收到房屋搬迁通知后，原物业权利人必须在限定的搬迁时间内将房屋整体腾空、撤离所有人员并向村集体或市场主体交付产权证和房屋钥匙，临迁费用将在房屋整体腾空后一段时间内一次性支付或者分期支付。在笔者经历的某些项目的拆迁补偿方案中，某些区城市更新监管部门为加快改造主体的复建安置进度，还会在拆迁补偿方案中要求设置临迁费逐年递增的条件。

临迁费的支付期限会一直延续至被拆迁人完成选房并收到书面《收楼通知》之后，如果在收到《收楼通知》一定期间内，被拆迁人只完成了部分选房，临迁费可以按照剩余回迁安置面积继续发放。如果被拆迁人选择的是货币补偿，则可以根据补偿安置对象选择货币补偿的实测房屋面积，则按月根据一定面积的标准一次性发放临迁补助费。

三、集体物业的建筑物结构和收益补偿

集体物业主要为村集体所有的经营性或公益性物业，在实践中，集体物业的收益分配，一般是向村集体经济组织成员进行分红。在城市更新项目中，除了村委会等非经营性的场所，具有商业性质的集体物业一般处于租赁状态，可能为村集体或村民建造的厂房、酒店、市场、学校等，所以相较于宅基地来说，集体物业的清拆涉及补偿主体多，例如次承租人的违约补偿责任、员工的遣散安置费用等，且补偿的项目较宅基地复建安置也复杂，特别是个别补偿标准是具有极大不确定性的。因此，在拆迁过程中，市场主体作为主要负责改造的一方，需要事先和村集体对集体物业的拆补标准进行沟通，与集体物业清拆相关费用的支出也

应取得村集体的确认，并争取在和政府部门有关的会议纪要等文件中明确费用支出。

以广州市为例，广州市的集体物业补偿标准根据《广州市农民集体所有土地征收补偿试行办法》规定："征收有合法产权的农村集体物业，可以进行复建安置，不具备复建安置条件的，重置价加区位补偿价实行货币补偿。对征收农村集体所有的物业造成所有人等停产停业损失的，参照国有土地上房屋征收的停产停业损失补偿标准予以补偿。"

目前，集体经济物业复建总量可按现有建筑面积或用地范围两种方式核定：一是以现有建筑面积方式核定的，集体经济组织物业合法建筑面积按1:1核定复建量；2009年12月31日前建成的无合法证明的建筑，全部按照现有建筑面积2:1核定复建量，或全部按照保障改造后集体经济物业收入不降低的原则折算准予复建的总量，剩余面积可按房屋建安成本补偿，计入改造成本；2009年12月31日后建成的无合法证明的建筑，不予核定；二是以用地范围方式核定的，包括纳入旧村庄改造范围的村级工业园、堆场、货仓、露天停车场等用地，按现有用地面积和容积率1.8（毛）计算权益建筑面积，其建安费用由村集体自筹，不计入改造成本。

如果是2009年12月31日前建成的无合法证明村集体物业，其建安成本价可按每平方米1500元核算，具体补偿标准由村集体在不突破房屋建安成本补偿核定总额的前提下自行统筹实施。且根据广州市相关规定，2009年12月31日后建成的无合法证明的建筑，原则上不计入改造成本。

四、回迁房安置面积补偿

回迁安置补偿较多存在于城市更新、旧村改造和旧棚户区改造项目中，也是城市更新项目中矛盾和冲突最为集中、利益衡平最难实现的一环。

（一）旧村改造中的回迁安置补偿

城市更新项目属于企业所得税"政策性搬迁"和个人所得税"拆迁补偿免税"的范畴，除增值税的缴纳存在地方差异外，被拆迁主体在满足政策性搬迁的前提下需缴纳的税费最少，即税收优惠最多，因此回迁安置补偿一般都会成为获取更新项目的首选方式。

1. 广州市有关规定。以广州市为例，《广州市旧村庄全面改造成本核算办法》对广州市内"三旧"改造项目的物业补偿作出了规定，针对复建安置总量和改造成本的核定，广州市规定旧村庄改造范围内安置住宅复建总量应按照"栋""户"或者"人"三种方式进行核定，同一项目只可以采用其中一种方式核算安置住宅复建总量。合法住宅建筑与2009年12月31日前建成经村集体批准的三层半以下住宅建筑的总量不超过核定复建总量的，准予按照1:1复建，并计入改造成本。

一般而言，广州市的旧村改造项目中，回迁安置补偿面积主要按照如下几个部分进行计算。

首先，市场主体和村集体需要核算一个城市更新项目的复建总量。核算时需要考虑的项目如下：

（1）合法的住宅建筑。即有房屋产权证、村镇建房许可证、宅基地证，或是在2009年12月31日（或按照具体拆迁补偿方案规定的日期）前批准使用房屋宅基地证明、区政府实施村民建房登记管理证明文件的住宅建筑，此类建筑可以按照1:1进行回迁安置，回迁安置的建筑面积等于按一定层数比例（可能为三层半或四层，见具体拆迁补偿方案规定）计算的证载合法建筑面积。

如果证载合法建筑面积小于证载首层建筑基底面积和层数的乘积数，可以把差额部分作为回迁安置的权益面积，由原物业权利人按照1500元/平方米进行购买。如果合法建筑面积超出了层数，在广州市不同的旧村改造项目中有着不同的处理方式，某些项目在有证面积超出部分给予原物业权利人货币补偿，不再纳入回迁安置补偿面积，而某些项目则采用有证面积超出部分由原物业权利人按照一定金额购买的方式，给予回迁安置补偿面积。

（2）2009年12月31日（或按照具体拆迁补偿方案规定的日期）前建成的建筑，或是持有建房批文但违建房屋的空地。该类建筑和第一类合法住宅建筑的补偿标准相同，即按照一定层数比例和首层建基面积的乘积作为界限，在不同项目中可能会再加上一定比例的阳台面积补偿和飘楼面积补偿。合法面积不足前述乘积数的，可以补至乘积数，但需原物业权利人自筹1500元/平方米的建安费用；合法面积超出前述乘积数按照货币补偿，不再给予回迁安置面积。针对批文经村集体核定确认的未建空地，在广州市某些项目的拆迁补偿方案中，可直接以批文记载的用地面积为依据计算权益面积，并由原物业权利人自筹1500元/平方米的建安费用，但在广州市某些项目的拆迁补偿方案中，则认定证载房屋面积未建设的部分不给予任何补偿。

合法住宅建筑与2009年12月31日前建成经村集体批准的三层半以下住宅建筑的总量超过核定复建总量的，除给予货币补偿外，还可以在不超过集体经济物业复建总量的前提下，按照住宅租金收益和物业租金收益相当的原则，按比例折算转化为集体商业物业，计入改造成本。

（3）如果房屋建基面积小于宅基地证载用地面积，对于房屋退缩、三间两廊的自留通道、上穿下插的房屋、重建后的退缩空间，在各方对用地划分没有争议并由村集体核定确认的前提下，以宅基地证证载用地面积为依据计算回迁安置权益面积，该项回迁安置权益面积=退缩用地或三间两廊通道用地面积×一定层数比例（可能为三层半或四层，见具体拆迁补偿方案规定），由原物业权利人自筹1500元/平方米的建安费用。

（4）对于城中村内一些遗留的公寓房屋，如何计算回迁安置面积。原则上可按照每套房屋的实测总建筑面积（包括实测套内建筑面积+公摊面积）计算。

（5）实测房屋面积中非证载房屋面积部分，即无证面积。如果实测无证面积不超过一定比例层数（可能为三层半或四层，见具体拆迁补偿方案规定）加梯屋（梯屋均按一定面积计算）的部分，可按照原有建筑面积缩减一定比例计算复建安置补偿。如果实测无证面积超过一定比例层数（可能为三层半或四层，见具体拆迁补偿方案规定）加梯屋则不再给予复建安置补偿。

根据广州市的相关规定，如果是2009年12月31日前建成的无合法证明的住宅，其建安成本价可按每平方米1500元核算；具体补偿由村集体在不突破房屋建安成本补偿核定总额的前提下自行统筹实施。2009年12月31日后建成的无合法证明的建筑，原则上不计入改造成本。

2. 深圳市有关规定。深圳市对于城市更新的各补偿项目没有作出明确的文件依据。在深圳市已公布的拆迁补偿方案中，一般将回迁安置（产权置换）分为住宅物业、统建楼、商铺和未建宅基地四种类型。

（1）住宅物业，会根据层数分配不同的换算比例（一般大于1），从而推算出复建安置面积。例如，如果为单层房屋（建筑物总层数为一层），则按建筑面积1:2的标准给予住宅物业回迁安置补偿；如果为多层房屋，首层则按建筑面积1:1.2的标准给予住宅物业回迁安置补偿，多层房屋第二层按建筑面积1:1.1的标准给予住宅物业回迁安置补偿，多层房屋第三层以上（含第三层）按建筑面积1:1的标准给予住宅物业回迁安置补偿。

（2）统建楼，指1973年到1986年间，由原国家计委、国家建委、财政部投资和拨款，组织统一建设和管理的，按国家投资指标划拨使用的住房，也可指因政策原因形成的直管公房或福利房，此类物业同样按照一定的层数分配不同的面积计算系数。例如，可以按统建楼建筑面积1:1.2的标准给予住宅物业回迁安置补偿。

（3）商铺，也包括村民住宅改为商铺，且取得了营业执照的情况。此类商铺的拆迁补偿方式可能有两种，一种是按照建筑面积折算一定比例的标准给予商业物业回迁安置补偿；另一种选择按住宅物业回迁安置补偿标准给予住宅物业回迁安置补偿，另给予每平方米一定标准的货币差价补偿。

（4）未建宅基地，由于宅基地上无建筑物，无法计算建筑基底面积，可以按照土地面积乘一定比例（一般大于1）的标准给予住宅物业回迁安置补偿。

（二）旧城镇改造的回迁安置补偿

旧城镇指国有土地上集中连片建设的，简易结构房屋较多、建筑密度较大、房屋使用年限较长、使用功能不全、基础设施简陋的区域。

国家税务总局早期就对旧城镇制定了统一的税收指引性文件，主要有《财政部　国家税务总局关于城市和国有工矿棚户区改造项目有关税收优惠政策的通知》（财税〔2010〕42号）和《财政部　国家税务总局关于企业参与政府统一组织的棚户区改造有关企业所得税政策问题的通知》（财税〔2013〕65号）两个文件，且至今依然有效。其中，财税〔2010〕42号文就棚户区改造涉及的城镇土地使用税、印花税、土地增值税、契税、个人所得税政策进行了阐述；财税〔2013〕65号文明确了企业参与政府统一组织的棚户区改造支出企业所得税税前扣除政策，鼓励企业积极参与棚户区改造，造福更多的低收入家庭。

结合以上两个主要文件，笔者对目前旧城镇改造项目的税负及税收优惠政策整理如下：

1. 增值税：依据《国家税务总局关于土地使用者将土地使用权归还给土地所有者行为营业税问题的通知》（国税函〔2008〕277号）文，棚户区改造个人取得的拆迁补偿款，无论支付征地补偿费的资金来源是否为政府财政资金，均不征收营业税（“营改增”后为增值税）。

2. 土地增值税：（1）依据《中华人民共和国土地增值税暂行条例实施细则》及财税〔2006〕21号、财税〔2008〕137号等文件规定，棚户区改造个人取得的拆迁补偿款，免征土地增值税。（2）依据财税〔2010〕42号文第二条，“企事业单位、社会团体以及其他组织转让旧房作为改造安置住房房源且增值额未超过扣除项目金额20%的，免征土地增值税”。

3. 个人所得税：（1）依据《财政部　国家税务总局关于城镇房屋拆迁有关税收政策的通知》（财税〔2005〕45号）文，对被拆迁主体按照国家有关城镇房屋拆迁管理办法规定的标准取得的拆迁补偿款，免征个人所得税；（2）依据财税〔2010〕42号文第五条规定，“个人取得的拆迁补偿款及因拆迁重新购置安置住房，可按有关规定享受个人所得税和契税减免”。

4. 契税：首先，依据财税〔2005〕45号文，对拆迁居民因拆迁重新购置住房的，对购房成交价格中相当于拆迁补偿款的部分免征契税，成交价格超过拆迁补偿款的，对超过部分征收契税。其次，《国家税务总局关于城镇房屋拆迁契税优惠政策适用对象的批复》（国税函〔2005〕903号）明确，城镇房屋拆迁契税优惠政策适用的对象，应为被拆迁房屋的所有权人或共有权人以及领取拆迁补偿款的被拆迁公有住房的承租人。再次，依据财税〔2010〕42号文第三条，“对经营管理单位回购已分配的改造安置住房继续作为改造安置房源的，免征契税”。最后，依据财税〔2010〕42号文第四条，“个人首次购买90平方米以下改造安置住房，可按1%的税率计征契税；购买超过90平方米，但符合普通住房标准的改造安置住房，按法定税率减半计征契税”。

5. 企业所得税：依据《财政部 国家税务总局关于企业参与政府统一组织的棚户区改造有关企业所得税的通知》（财税〔2013〕65号）的相关规定，企业参与政府统一组织的工矿（含中央下放煤矿）棚户区改造、林区棚户区改造、垦区危房改造并同时符合一定条件的棚户区改造支出，准予在企业所得税前扣除。该文件所称“同时符合一定条件的棚户区改造支出”，是指同时满足以下条件的棚户区改造支出：一是棚户区位于远离城镇、交通不便，市政公用、教育医疗等社会公共服务缺乏城镇依托的独立矿区、林区或垦区；二是该独立矿区、林区或垦区不具备商业性房地产开发条件；三是棚户区市政排水、给水、供电、供暖、供气、垃圾处理、绿化、消防等市政服务或公共配套设施不齐全；四是棚户区房屋集中连片户数不低于50户，其中，实际在该棚户区居住且在本地区无其他住房的职工（含离退休职工）户数占总户数的比例不低于75%；五是棚户区房屋按照《房屋完损等级评定标准》和《危险房屋鉴定标准》评定属于危险房屋、严重损坏房屋的套内面积不低于该片棚户区建筑面积的25%；六是棚户区改造已纳入地方政府保障性安居工程建设规划和年度计划，并由地方政府牵头按照保障性住房标准组织实施；异地建设的，原棚户区土地由地方政府统一规划使用或者按规定实行土地复垦、生态恢复。

6. 城镇土地使用税和印花税：依据财税〔2010〕42号文，改造安置住房土地使用税和印花税优惠政策主要如下：

对改造安置住房建设用地免征城镇土地使用税。

对改造安置住房经营管理单位、房地产企业与改造安置住房相关的印花税以及购买安置住房的个人涉及的印花税予以免征。

在商品住房等开发项目中配套建造安置住房的，依据政府部门出具的相关材料和拆迁安置补偿协议，按改造安置住房建筑面积占总建筑面积的比例免征城镇土地使用税、印花税。

房地产企业取得土地使用权要按照产权转移书据0.5‰计征缴印花税，签订工程施工建设合同按照建筑安装合同0.3‰计缴印花税；所计缴的印花税同样可按照改造安置住房建筑面积占总建筑面积的比例计算免税。

五、货币补偿

货币补偿一般按照房屋的重置价加区位补偿价确定，或以市场评估价确定，不低于相邻地段同类型房屋市场评估价。以下主要针对旧村改造和旧厂房改造进行说明。

（一）旧村改造项目中的货币补偿

1. 广州市有关规定。

（1）针对有证面积的弃产补偿。旧村改造过程中，由于各种原因，被拆迁人往往不选择物业补偿方式，而是采取弃产补偿方式。比如原来已经具有多套物业，或者已经离开该地区生活。在广州市不同项目中，由于项目区位所在地的房屋重置价格和市场评估价格不同，弃产的货币补偿有不同的标准。回迁安置面积的弃产货币补偿标准一般高于权益建筑面积的弃产补偿标准。

（2）针对证载合法面积超出复建安置补偿面积标准的货币补偿，具体补偿标准可由拆迁补偿方案自行确定。

（3）针对无证房屋和实测房屋无证面积部分的货币补偿，具体标准可由拆迁补偿方案确定，标准较低。

（4）房屋建（构）筑物、附属物的补偿和青苗、果木的补偿，例如房屋的夹层、阁楼、围墙、棚架、蓄水池及水塔等房屋附属设施，以及荔枝、龙眼、香蕉树等村民自种的青苗和果木。

（5）特殊情形物业的货币补偿。例如，在某些旧村改造项目中，可能存在村民将住宅房屋改为商铺使用的情况。对于村民已将住宅房屋改成商铺使用的情况，在改造意愿表决前已办理营业执照且签订拆迁补偿协议时仍在经营的，首层认定为商业性质房屋，在村民房屋补偿标准的基础上，可以按照房屋的区位和拆迁补偿方案确立的标准给予一次性货币补偿（一般只补偿首层商铺建筑面积）。

（6）在某些旧村改造项目中，由于复建安置物业的户型面积不可分割等原因，实际补偿给村民的复建房总建筑面积可能小于《改造补偿安置协议》约定应予补偿的复建房总建筑面积，此时一般可按照弃产的货币补偿标准对村民进行补偿，或是以融资地块的房屋对村民进行补偿。

2. 深圳市有关规定。以深圳市为例，和回迁安置补偿标准类似，深圳市在货币补偿标准中同样将货币补偿对象分为住宅（含统建楼）物业、商业物业（可包含装修补偿）、厂房及其配套物业、未建宅基地四类，和广州不同的是，深圳市某些旧村改造项目中，改造主体对房屋构筑物、地面附着物也可按照市场重置价格给予货币补偿，具体补偿标准需见拆迁补偿方案。

（二）旧厂房项目中的货币补偿

随着“工改工”“工改商”改造项目在广东省的城市更新项目中地位不断提高，拆迁补偿在旧厂房改造中的地位也显得越来越重要。

1. 广州市有关规定。广州市政府在其2019年发布的《广州市深入推进城市更新工作实施细则的通知》中明确，如果是旧厂房改造项目，交由政府收回并改为居住或商业服务业设施等经营性用地的，居住用地毛容积率2.0以下（含）、商业服务业设施用地毛容积率2.5以下（含）部分，可按不高于公开出让成交价或新规划用途市场评估价的60%计算补偿款。居住用地毛容积率2.0以上、商业服务业设施用地毛容积率2.5以上部分，按该部分的公开出让成交价或新规划用途市场评估价的10%计算补偿款。除前述情况外，旧厂原土地权利人申请由政府收回整宗土地的，可按同地段毛容积率2.5商业用途市场评估价的50%计算补偿款。原土地权利人与土地储备机构签订收地协议后12个月内完成交地的，可按上述商业用途市场评估价的10%给予奖励。

2. 佛山市有关规定。佛山市是广东省内第一个明确提出将在2021年重点推进“工改工”项目的城市，在存量土地现状方面，佛山市全市“三旧”改造纳入标图建库的面积约

59.6万亩，约占全市建设用地的30%，其中以旧厂房图斑规模最高，占比约六成，因此已批项目中旧厂房改造项目同样占多数，且集中于禅城、南海、顺德三区。2019年佛山市政府在《佛山市人民政府关于深化改革加快推动城市更新（“三旧”改造）促进高质量发展的实施意见》中明确指出，需加大对“工改工”及公益性项目奖补力度。各区落实资金保障，统筹运用“三旧”改造土地出让、税收等资金，对村级工业园改造、“工改工”项目和增加绿地、体育公园、历史文物保护等公益性改造项目实施奖补，降低改造项目税收负担。经项目所在地区级及以上人民政府确认，对于同一项目原多个权利主体通过权益转移形成单一主体承担拆迁改造工作的，属于政府征收（收回）房产、土地并出让的行为，可以按相关税收政策办理。

根据佛府办〔2018〕27号文附件5的标准，“工改工”旧厂房更新项目补偿标准有以下两类：

第一类是“挂账收储”公开出让类旧厂房更新项目，可按照以下补偿标准补偿：城市更新项目规划容积率2.5（含）以下部分，按公开市场成交价的50%补偿；城市更新项目规划容积率2.5以上部分，按公开市场成交价的5%补偿。

第二类是“协议出让”类旧厂房更新项目，其地价计收标准为城市更新项目规划容积率2.5（含）以下部分，按土地市场价格的50%计收；城市更新项目规划容积率2.5以上部分，按土地市场价格的95%计收。

此外，对于新增产业项目，《佛山市降低制造业企业成本支持实体经济发展若干政策措施（2020年修订）》（佛府〔2020〕12号）明确提出：对投资强度大、亩产税收高、用地集约节约、发展前景好的项目，土地出让底价按工业用地最低价标准确定。对于优先发展产业且用地集约的制造业项目，土地出让底价可按所在地土地等别对应工业用地最低价标准的70%执行。

六、清空交房奖励

指需“三旧”改造中的原物业权属人（如村民）或者实际使用人如按照书面通知的期限内清空交付房屋，可给予一次性特别奖励。

根据2019年发布的《广州市深入推进城市更新工作实施细则的通知》，在规定时间内完成签约的，可按本村村民（户籍人口）人均建筑面积不高于25平方米给予回购住房奖励。

七、拆迁奖励

原则上不得超过改造成本的3%（计算基数不含融资地块协议出让土地使用权测算土地出让金）。

八、补偿方案实务案例

【案例2-1】以笔者亲历的大湾区某村已公开的全面改造实施方案为例，拆迁补偿方案中规定被拆迁人可以选择回迁安置面积补偿或是弃产补偿方式，其可适用的方案如下：

1. 本村村民与非本村村民的住宅拆迁补偿方案（见表 2－2）。

表 2－2　　　　住宅拆迁补偿方案

<table>
<tr><th>被拆迁人身份</th><th>补偿原则</th><th>房屋现状</th><th>补偿数量</th></tr>
<tr><td rowspan="4">本村村民</td><td>住宅房屋的回迁安置原则上按照现状房屋三层半以下（含三层半）实测建筑面积进行拆一补一</td><td>现状房屋≤三层半</td><td>回迁安置面积＝现状实测建筑面积（飘楼、阳台按100%计建筑面积，飘板不计）
（1）如现状实测建筑面积＜现状实测建基面积×3.5，则回迁安置面积＝现状实测建基面积×3.5
（2）不足三层半的部分，村民可购买权益面积补足至三层半，即：权益面积＝现状实测建基面积×3.5－现状实测建筑面积（飘楼、阳台按100%计建筑面积，飘板不计）</td></tr>
<tr><td colspan="3">【例】假设村民 A 住宅现状实测建筑面积 220 平方米，现状实测建基面积 80 平方米，其回迁安置面积应计算为 80×3.5＝280 平方米；权益面积应计算为 80×3.5－220＝60 平方米</td></tr>
<tr><td>住宅房屋的回迁安置原则上按照现状房屋三层半以下（含三层半）实测建筑面积进行拆一补一</td><td>现状房屋＞三层半</td><td>回迁安置面积＝现状三层半及以下实测建筑面积（飘楼、阳台按100%计建筑面积，飘板不计），三层半以上现状实测建筑面积给予1500元/平方米货币补偿。
（1）如现状三层半及以下实测建筑面积（飘楼、阳台按100%计建筑面积，飘板不计），则回迁安置面积＝现状实测建基面积×3.5
（2）权益面积＝现状实测建基面积×3.5－现状三层半及以下实测建筑面积（飘楼、阳台按100%计建筑面积，飘板不计）</td></tr>
<tr><td colspan="3">【例】假设村民 B 住宅有五层，实测建筑面积 320 平方米，其中，三层半及以下实测建筑面积 260 平方米，现状实测建基面积 80 平方米，其回迁安置面积应计算为 80×3.5＝280 平方米；权益面积应计算为 80×3.5－260＝20 平方米；货币补偿应计算为（320－260）×1500 元/平方米＝90000 元</td></tr>
<tr><td rowspan="3">非本村村民</td><td rowspan="3">合理补偿，考虑当地的土地价格、拆补政策等</td><td>现状房屋层数≤两层</td><td>回迁安置面积＝现状实测建筑面积（飘楼、阳台按100%计建筑面积，飘板不计）＋现状实测建基面积×1</td></tr>
<tr><td>两层＜现状房屋层数≤三层</td><td>回迁安置面积＝现状实测建基面积×3＋（二、三层建基外飘楼、阳台建筑面积）（飘楼、阳台按100%计建筑面积，飘板不计）</td></tr>
<tr><td>现状房屋层数＞三层</td><td>回迁安置面积＝现状三层半及以下实测建筑面积（飘楼、阳台按100%计建筑面积，飘板不计），但最高不得超过［现状实测建基面积×3.5＋（二、三层建基外飘楼、阳台建筑面积）（飘楼、阳台按100%计建筑面积，飘板不计）］。
现状实测建筑面积超出回迁安置面积的部分，按1500元/平方米给予货币补偿</td></tr>
</table>

2. 被拆迁人可选择货币补偿。被拆迁主体放弃回迁安置的，可以选择货币补偿，以四层或四层以下的建筑面积为合法面积，按以下房屋结构分类补偿：钻桩框架结构：10000元/平方米；框架结构：9700元/平方米；砖混、砖瓦结构：9300元/平方米；对放弃购买的指标面积，按照8000元/平方米进行补偿。被拆迁主体确定选择弃产方式、弃产面积后，原则上不得再作调整。

第三章　被拆迁主体拆迁补偿的税务处理

在《广东省人民政府关于推进“三旧”改造促进集约用地的若干意见》（粤府〔2009〕78号）中，广东就可列入“三旧”改造的土地范围作了明确的规定，主要包括：布局散乱、条件落后，规划确定改造的城镇和村庄；列入整治示范工程的村庄；城市市区“退二进三”产业用地；国家产业政策规定的禁止类、淘汰类产业的原厂房用地；不符合安全生产和环保要求的厂房用地；城乡规划确定不再作为工业用途的厂房（厂区）用地等。由于城市更新、“三旧”改造一般需拆除被拆迁主体的物业，势必给物业原权属人和承租人等主体（统称“被拆迁主体”）造成一定财产损失，为保证被拆迁主体合法权益，拆迁人应当对被拆迁主体给予补偿，由此产生被拆迁主体获得拆迁补偿的税务处理问题。

第一节　旧厂房改造中被拆迁主体拆迁补偿的税收规定

广东省旧厂房改造项目一般有如下几种方式：第一种是政府主导的征收方式；第二种是自主改造、补缴地价的方式；第三种是收购改造方式；第四种是合作改造方式；第五种是单一主体归宗改造方式。从改造模式来看，第一种方式、第三种方式、第四种方式、第五种方式均先由改造的主体向原权利人支付拆迁补偿后，收回或获得旧厂房相应的土地使用权。第二种方式为“自行改造、补交地价”，这种改造方式与其他方式有所不同，先由原权利人向政府部门申请旧厂房改造的立项，经政府部门同意和审批后，原权利人应按土地改造后的用途及相关规定补交土地出让金（现广东省政策为“工改工”项目提升容积率可不补缴土地出让金），对旧厂房自行改造，无需由政府统一收回储备再出让。在第二种改造方式中，土地的权利人并没有发生变更，本不存在拆迁赔偿的问题，但旧厂房一般均有着复杂的历史背景，往往存在原权利人与物业实际使用人不一致的情况，实践中改造主体通常需向物业的实际使用人支付一定补偿。

一、政府主导的征收模式

政府主导的征收模式，指由政府主导对旧厂房原权属人给予补偿，委托外部的施工企业进行土地平整工作后，将旧厂房用地收储，并再组织公开出让该用地地块。此种模式下，被拆迁人取得的拆迁补偿款主要涉及土地增值税、契税、企业所得税、个人所得税、印花税等税种。

（一）增值税

“营改增”之前，根据《营业税税目注释（试行稿）》（国税发〔1993〕149号）第八条第一项规定："土地所有者出让土地使用权和土地使用者将土地使用权归还给土地所有者的行为不征收营业税。"这表明政府收回土地及再次公开出让的环节均不征收营业税。"营改增"后，政府收储改造的方式延续了原营业税的免税政策，根据《财政部　国家税务总局关于全面推开营业税改征增值税试点的通知》（财税〔2016〕36号）附件3《营业税改征增值税试点过渡政策的规定》第一条第三十七项"土地使用者将土地使用权归还给土地所有者免征增值税"的规定，政府主导的旧厂房改造模式本质上由政府收回土地，符合土地使用者将土地使用权归还给土地所有者的情形，因此，被拆迁人所获得的拆迁补偿款可免征增值税。

（二）土地增值税

《中华人民共和国土地增值税暂行条例》第二条规定，"转让国有土地使用权、地上的建筑物及其附着物并取得收入的单位和个人，为土地增值税的纳税义务人，应当依照本条例缴纳土地增值税"，因此，发生转让国有土地使用权、地上的建筑物及其附着物并取得收入的行为，需要根据土地增值税的相关规定计算缴纳土地增值税。

但《中华人民共和国土地增值税暂行条例》第八条为政府征收开了个口子，规定："因国家建设需要依法征用、收回的房地产免征土地征增值税。"《土地增值税暂行条例实施细则》第十一条针对《中华人民共和国土地增值税暂行条例》第八条进一步明细了规定："1. 因国家建设需要依法征用、收回的房地产，是指因城市实施规划、国家建设的需要而被政府批准征用的房产或收回的土地使用权。2. 因城市实施规划、国家建设的需要而搬迁，由纳税人自行转让原房地产的，比照本规定免征土地增值税。3. 符合上述免税规定的单位及个人，须向房地产所在地税务机关提出免税申请，经税务机关审核后，免予征收土地增值税。"

《财政部　国家税务总局关于土地增值税若干问题的通知》（财税〔2006〕21号）中对《土地增值税暂行条例实施细则》第十一条也作了更深入的解释："因'城市实施规划'而搬迁，是指因旧城改造或因企业污染、扰民（指产生过量废气、废水、废渣和噪音，使城市居民生活受到一定危害），而由政府或政府有关主管部门根据已审批通过的城市规划确定进行搬迁的情况；'国家建设的需要'而搬迁，是指因实施国务院、省级人民政府、国务院有关部委批准的建设项目而进行搬迁的情况。"目前，在各省市的城市更新相关文件中，均强调政府是城市更新的责任主体，城市更新项目用地的规划调整、立项等均需由政府部门审批通过。所以政府主导下的旧厂房改造项目，原权利人搬迁是由于"城市实施规划"的搬迁，符合上述文件的免税条件。被拆迁人可按《财政部　国家税务总局关于土地增值税若干问题的通知》（财税〔2006〕21号）的要求向房地产所在地税务机关提出免税申请，经税务机关审核后，可免予征收土地增值税①。

（三）契税

根据《中华人民共和国契税暂行条例细则》第十五条及《广东省契税实施办法》第八条第四项"土地、房屋被县级以上人民政府征用、占用后，重新承受土地、房屋权属，其成交价格或补偿面积没有超出规定补偿标准的，免征契税；超出的部分应按本办法的规定缴

---

① 孙盼盼. 企业政策性搬迁会计核算及涉税处理探讨［J］. 商业会计，2020（12）.

纳契税”的规定，对于政府主导的旧厂房改造模式下，若被拆迁主体取得的是土地或房屋的实物补偿，则未超出标准的部分可免征契税，超出部分应按规定予以征收。

（四）企业所得税

对于获得搬迁补偿的企业而言：在税法征税逻辑上，企业的搬迁行为可分为“非政策性搬迁”和“政策性搬迁”两类。[①]“非政策性搬迁”主要指“企业自主搬迁”或“商业性搬迁”，是企业根据自身经营的需要自主决定搬迁，取得的搬迁收入为“非政策性搬迁收入”。由于非政策性搬迁实质上属于商业行为，是基于原物业权利人和拆迁人自愿的行为，补偿款实质是被拆迁企业处置固定资产及转让不动产的收入，在所得税方面并没有单独出台的单行法进行规定，目前只能按《中华人民共和国企业所得税法》及实施细则或《企业资产损失所得税税前扣除管理办法》（国家税务总局公告2011年第25号）进行处理。

政策性搬迁是指由于社会公共利益的需要，在政府主导下企业进行整体搬迁或部分搬迁。政策性搬迁的专门界定，可详见《国家税务总局关于发布〈企业政策性搬迁所得税管理办法〉的公告》（国家税务总局公告2012年第40号）的规定：“企业由于下列需要之一，提供相关文件证明资料的，属于政策性搬迁：1. 国防与外交的需要；2. 由政府组织实施的能源、交通、水利等基础设施的需要；3. 由政府组织实施的科技、教育、文化、卫生、体育、环境和资源保护、防灾减灾、文物保护、社会福利、市政公用等公共事业的需要；4. 由政府组织实施的保障性安居工程建设的需要；5. 由政府依照《中华人民共和国城乡规划法》有关规定组织实施的对危房集中、基础设施落后等地段进行旧城区改造的需要；6. 法律、行政法规规定的其他公共利益的需要。”

由于政策性搬迁是基于政府的行政行为，并非企业自愿发生的商业行为，且涉及城市格局和配套、基础设施建设、生态文化的保护等领域，不能完全走市场化道路，企业的政策性搬迁是由政府牵头、主导并规划，政府在“三旧”改造项目中的主导地位不容置疑，因此企业政策性搬迁属于企业所得税的特殊性处理事项。根据《国家税务总局关于发布〈企业政策性搬迁所得税管理办法〉的公告》（国家税务总局公告2012年第40号）第三条第五项规定，“由政府依照《中华人民共和国城乡规划法》有关规定组织实施的对危房集中、基础设施落后等地段进行旧城区改建的需要，企业可提供相关文件证明资料的，属于政策性搬迁”。因此，政府主导的旧厂房改造，企业可向主管税务机关提交相关政策性立项批文，申请将其认定为政策性搬迁。同时，根据该公告第十五条的规定，“符合政策性搬迁的，企业在搬迁期间发生的搬迁收入和搬迁支出，可以暂不计入当期应纳税所得额，而在完成搬迁的年度，对搬迁收入和支出进行汇总清算”。

以上政策均明确，无论是政策性搬迁还是非政策性搬迁，企业的搬迁收入都是需要缴纳企业所得税的。不同之处在于，如果企业的搬迁满足“政策性搬迁”的条件，则可延迟纳税的时间，最长可达5年之久，在很大程度上减轻企业的资金压力，有助于企业顺利完成搬迁。且延迟纳税时间给予了企业更大的纳税筹划空间，企业可在搬迁后通过成本费用归集等方式，抵扣未来的收入，从而减少未来企业所得税的纳税成本。

（五）个人所得税

根据《财政部　国家税务总局关于城镇房屋拆迁有关税收政策的通知》（财税〔2005〕

---

① 孙丹. 企业政策性搬迁的涉税风险［J］. 财务与会计，2015（2）.

45号）的规定，“对被拆迁主体按照国家有关城镇房屋拆迁管理办法规定的标准取得的拆迁补偿款，免征个人所得税”的规定，对于政府主导的旧厂房改造，若被拆迁人是个人，则取得的拆迁补偿款可免征个人所得税。

（六）印花税

在实际操作的过程中，我们还有可能存在疑惑，被拆迁主体与政府签订合同是否需要缴纳印花税？鉴于我国印花税的征税范围采用的是正列举法，未列入印花税列举的征税范围的不征收印花税，因此，并非所有的合同或协议都需要征收印花税。根据《财政部　国家税务总局关于印花税若干政策的通知》（财税〔2006〕162号）第三条“对土地使用权出让合同、土地使用权转让合同按产权转移书据征收印花税”，由于在政府主导的旧厂房改造模式下，政府在向被拆迁主体收回土地时与被拆迁主体签订的是土地收储协议，不在上述征税范围内，故无须缴纳印花税。

二、自主改造的旧厂房改造模式

（一）不改变土地用途的“工改工”自主改造项目

1. 增值税。自主改造的旧厂房改造模式，根据2021年新发布的《广东省旧城镇旧厂房旧村庄改造管理办法》第二十四条，依法取得的工业用地改造后提高容积率但不改变土地用途、不延长土地使用年限的，原权利人可不再增缴土地价款。该种模式下本不应产生拆迁补偿的补偿。但是如果在旧厂房改造过程中，存在原权利人与实际使用人不一致的情况，为合理兼顾各方利益，往往会在旧厂房改造的立项、合作协议等相关文件中明确“物业权属人与实际使用人不一致时，由权属人与实际使用人达成补偿协议后，再向有关部门提出用地申请。实际使用人的搬迁补偿由权属人与其协商解决”。自主改造模式并没有通过政府收回、储备、出让的程序，支付拆迁补偿的主体是原权属人。

根据《财政部　国家税务总局关于全面推开营业税改征增值税试点的通知》（财税〔2016〕36号）附件3《营业税改征增值税试点过渡政策的规定》第一条第三十七项规定：“土地使用者将土地使用权归还给土地所有者免征增值税。”与政府主导的方式不同，考虑到在旧厂房自主改造模式下，厂房所有权不存在转移，原权利人应不存在缴纳增值税的问题。

2. 土地增值税。由于土地增值税的征税对象为发生转让国有土地使用权、地上的建筑物及其附着物并取得收入的行为，所以自主改造模式下的旧厂房改造，原土地使用权人向被拆迁主体所付的拆迁补偿，并不涉及缴纳土地增值税。

3. 契税。契税的征税对象为土地交易行为，而自主改造模式下的旧厂房改造并不涉及交易行为，因此无须对该行为征税。

4. 企业所得税。自主改造模式下的旧厂房改造，被拆迁主体搬迁所得的搬迁费收入，根据《国家税务总局关于发布〈企业政策性搬迁所得税管理办法〉的公告》（国家税务总局公告2012年第40号）第三条第五项规定，“由政府依照《中华人民共和国城乡规划法》有关规定组织实施的对危房集中、基础设施落后等地段进行旧城区改建的需要，企业可提供相关文件证明资料的，属于政策性搬迁”。因此，即使是自主改造模式的旧厂房改造，企业亦可向主管税务机关提交相关政策性立项批文，申请将其认定为政策性搬迁。

（二）改变土地用途的“工改商”自主改造项目

笔者以某项目实务为例，介绍如下：

【案例3－1】某市某集团的旧厂房改造项目，由其自行出资，按照原址升级、功能改变的模式实施改造。由某集团通过向政府补缴地价，将土地用途由工业用途改变为住宅和商业用途，并通过协议方式取得土地使用权后自行进行“微改造”或拆除重建后开发。

1. 增值税。该集团如果属于房地产开发企业，其向政府部门支付土地价款后，可按《国家税务总局关于发布〈房地产开发企业销售自行开发的房地产项目增值税征收管理暂行办法〉的公告》（国家税务总局公告2016年第18号）的规定，未来在项目落成并销售时，将补缴的地价纳入销售额的扣除范围。

2. 房产税。房产税的征税方式为计价征收或计租征收，而计价征收的征税基础为房产原值。根据《财政部　国家税务总局关于安置残疾人就业单位城镇土地使用税等政策的通知》（财税〔2010〕121号）的规定：“自行改造企业补缴的地价款应计入房产原值征收房产税。”另根据《广东省税务局关于印发房产税、车船使用税若干具体问题的解释和规定的通知》的规定：“自行改造企业扩建、改建装修后的房产，应在下一个纳税期按扩建、改建、装修后的房产原值计税。”某集团补缴的地价应作为房产税的计税基数。

3. 契税。由于原权属人改变土地用途，进行二次开发并补缴了地价，该行为等同于重新买受一宗商业性质的用地。根据《国家税务总局关于改变国有土地使用权出让方式征收契税的批复》（国税函〔2008〕662号）的规定：“原土地使用权人因改变土地用途而签订土地使用权出让合同变更协议或者重新签订土地使用权出让合同的，应征收契税。”契税的计税基数应按照改变土地用途应补缴的土地收益金及应补缴政府的其他费用计算。

4. 企业所得税。原权属人改变土地用途并进行土地整理后，可能将其中一部分新建的物业自用，另一部分用于出租或者出售。根据《中华人民共和国企业所得税法》及其实施条例规定：“企业改造完成作固定资产自用的，符合固定资产改良支出条件且原固定资产已提足折旧的，按照固定资产预计尚可使用年限分期摊销；未足额提取折旧前进行改扩建的，如属于推倒重置的，该资产原值减除提取折旧后的净值，应并入重置后的固定资产计税成本，并在该固定资产投入使用后的次月起，按照税法规定的折旧年限，一并计提折旧；如属于提升功能、增加面积的，该固定资产的改扩建支出，并入该固定资产计税基础，并从改扩建完工投入使用后的次月起，重新按税法规定的该固定资产折旧年限计提折旧，如该改扩建后的固定资产尚可使用的年限低于税法规定的最低年限的，可以按尚可使用的年限计提折旧。”某集团应根据厂房改造的具体情形，按照《企业所得税法》的要求计提当年的折旧。

三、收购改造模式

收购改造是指旧厂房的原权属人将旧厂房整体转让给社会某主体（即收购企业），由收购企业按照规划要求升级改造。在此种情形下，被收购企业一般为被拆迁人，但是由于该种旧厂房改造的模式为收购改造，在增值税和企业所得税上，视为被收购企业转让不动产并取得了相关收入，具体如下：

1. 增值税

从《广东省“三旧”改造税收指引》和《广州市城市更细税收指引》的相关规定可以看出，收购改造模式下，被收购企业如转让的是不动产或不动产＋土地使用权的，需按照转让不动产缴纳增值税；被收购企业如单独转让的是土地使用权，需按照应按照转让土地使用权缴纳增值税。应纳税所得额应按照取得的全部经济利益计算，包括被收购企业取得的各项补偿收入等。

2. 企业所得税

与增值税征税态度类似，被收购企业转让不动产的行为被视为取得收入，应根据《国家税务总局关于企业取得财产转让等所得企业所得税处理问题的公告》（国家税务总局公告2010 年第 19 号）规定，在企业取得资产转让收入时，一次性计入确认收入的年度计算缴纳企业所得税。

3. 土地增值税

虽然被收购企业转让不动产和土地使用权的行为被视为需要缴纳增值税，但土地增值税的征税态度却和增值税、企业所得税完全不同。对于纳入县（区）级以上“三旧”改造规划且被收购企业能提供“三旧”改造方案批复（或等效文件）的，《广东省“三旧”改造税收指引》和《广州市城市更细税收指引》明确，可免征被收购企业的土地增值税。

4. 契税

收购改造模式下，契税如何缴纳，这个问题在《广东省“三旧”改造税收指引》中没有明确，在《广州市城市更细税收指引》中，契税的征税态度和土地增值税保持了一致，即继续沿用了《广东省契税实施办法》（广东省人民政府令第 41 号）第八条第四项及《关于解释〈广东省契税实施办法〉第八条第四项的批复》（粤府函〔2007〕127 号）的相关规定，如果被收购企业异地或原地重新承受土地、房屋权属，其成交价格或补偿面积没有超出规定补偿标准的，可免征契税。

四、合作改造模式

合作改造模式在新发布的《广州市城市更新税收指引（2021 年版）》中，首次作为旧厂房改造的一种特殊模式单独成节。旧厂房的合作改造模式和旧村庄合作改造模式类似，但不涉及旧村庄改造中大批量散户的拆迁补偿问题，一般先由原权属人以厂房用地作价出资成立一个全资子公司，然后通过公开招标方式引入合作企业，再和合作企业共同控股该项目公司。合作企业按照实施方案和合作协议落实拆迁补偿和安置后，完成项目开发建设，原权属人则取得固定面积物业后退出该项目公司。

此种情形下，被拆迁人主要有两类，一是原权属人，二是旧厂房使用人（即承租人），上述主体涉及的税务处理主要有两个环节，一是原权属人以厂房和土地使用权作价入股，二是原权属人获得分成物业或承租人获得货币补偿。具体如下：

（一）项目公司成立，原权属人作价入股

1. 增值税

《广州市城市更新税收指引（2021 年版）》明确指出，旧厂房原权属人以厂房用地作价出资，根据《财政部　国家税务总局关于全面推开营业税改征增值税试点的通知》（财税〔2016〕36 号）规定，属于征收增值税的范围。

但需要明确的是，根据财税〔2016〕36 号文附件二《营业税改征增值税试点有关事项的规定》相关规定，在资产重组过程中，通过合并、分立、出售、置换等方式，将全部或者部分实物资产以及与其相关联的债权、负债和劳动力一并转让给其他单位和个人，其中涉

及的不动产、土地使用权转让行为，属于不征收增值税项目。被收购企业的作价出资形式如符合本条规定，可以考虑通过资产重组的方式，争取不征收增值税的优惠政策。

2. 土地增值税

根据《广州市城市更新税收指引（2021 年版）》，原权属人以厂房作价出资的行为，可依据《财政部　国家税务总局关于继续实施企业改制重组有关土地增值税政策的公告》（财政部　税务总局公告 2021 年第 21 号）的规定，即对单位、个人在改制重组时以房地产作价入股进行投资，对其将房地产转移、变更到被投资的企业，暂不征土地增值税。但此种情形不适合房地产转移任意一方为房地产开发企业的情形。

3. 企业所得税

根据《广州市城市更新税收指引（2021 年版）》，原权属人以厂房作价出资的行为，应对厂房用地进行评估并按评估后的公允价值扣除计税基础后的余额，计算确认非货币性资产转让所得，可在不超过 5 年期限内，分期均匀计入相应年度的应纳税所得额，按规定计算缴纳企业所得税。但如果原权属人以厂房作价出资的方式，符合《财政部　国家税务总局关于企业重组业务企业所得税处理若干问题的通知》（财税〔2009〕59 号）等文件规定的特殊性税务处理条件的，也可选择按特殊性税务处理规定执行。

（二）承租人获得拆迁补偿环节

对于承租人而言，其因解除租赁合同而收取拆迁补偿费用等，不是提供增值税的应税行为，无须缴纳增值税；如果承租人是企业，企业所得税方面，与政府主导的征收模式类似，该旧厂房改造项目已取得政府的批复文件，符合政策性搬迁的规定，则应按照政策性搬迁处理；如果承租人是个人，在规定的拆补标准内也应免征个人所得税。

（三）原权属人取得分成物业后退出项目公司

原权属人取得分成物业后退出项目公司，主要会涉及缴纳契税和企业所得税。

1. 契税

根据《广州市城市更新税收指引（2021 年版）》的规定，原权属人取得分成物业视为买受新的物业，应缴纳契税。

2. 企业所得税

本次《广州市城市更新税收指引（2021 年版）》明确，原权属人取得分成物业退出项目公司，视为投资行为，并需要根据分成物业的公允价值计算转让所得，主要依据的是《国家税务总局关于企业所得税若干问题的公告》（2011 年 34 号公告）和《中华人民共和国企业所得税法实施条例》的规定。即投资企业从被投资企业撤回或减少投资，其取得的资产中，相当于初始出资的部分，应确认为投资收回；相当于被投资企业累计未分配利润和累计盈余公积按减少实收资本比例计算的部分，应确认为股息所得；其余部分确认为投资资产转让所得，以该资产的公允价值和支付的相关税费作为计税基础。

五、单一主体归宗模式

所谓单一主体归宗，主要是由某一改造主体公司按照实施方案和合作协议与旧厂房原权属人签订补偿协议，完成现状建筑物拆除，规划自然资源部门注销原权属人不动产权证后，将整片旧厂房用地出让给该改造主体公司用于建设开发。

对于单一主体归宗模式，被拆迁人主要为原权属人和承租人，在被拆迁主体的补偿事项上，税务处理和政府主导的征收模式基本相同，此处不再赘述，可参考本节第一部分“政府主导的征收模式”。

第二节　旧村改造中宅基地上被拆迁主体拆迁补偿的税收规定

一、原权属人交出宅基地和房屋的税收规定

旧村改造是目前广东省城市更新项目中拆迁补偿矛盾最频发的领域。在广东省的旧村改造项目中，一般村集体需先行通过表决生效的拆迁安置补偿方案，确定拆除村民住宅和收归宅基地后，由政府或者合作企业对村民进行回迁安置补偿或者货币补偿。村民把原有的房产和宅基地交给改造主体，然后根据拆迁补偿方案和拆迁补偿协议取得相对应的补偿。以广州市旧村改造项目为例，根据《广州市城市更新办法》第三十五条规定，“复建安置地块只能确权给集体经济组织，转为国有土地的可采取划拨方式供地，融资地块转为国有土地，可采取公开出让给市场主体或协议出让给村集体、村全资子公司或原农村集体与按规定公开选择的市场主体组成的合作企业等方式供应土地”，复建地块实际通过划拨方式确权到村集团经济组织名下，融资地块以公开出让、协议出让给村集体、村全资子公司或原农村集体与按规定公开选择的市场主体组成的合作企业等方式出让。从旧村改造的整个过程看，一般涉及两个行为：一是村民把属于其所有的宅基地交给村集体、把住房交给改造主体进行拆迁；二是村民根据其宅基地和住房情况，在复建地块上相应获得新的物业。根据我国税收法律规定，发生物权变动，涉及相关的税收问题以及相关的税收优惠政策，需要结合具体情况分别进行处理。

（一）一般情况下土地使用权和房屋权益转让的税务处理

根据我国现行的税收政策，所有权人将土地使用权或者不动产转让给他人，可能被界定为买卖行为或者赠与行为，赠与行为则可能被认定为视同销售行为。无论是实际的销售行为或是视同销售行为，均需要按照税收政策的规定计算缴纳包括增值税及相关附加税费、土地增值税、所得税（企业所得税或个人所得税）、契税、印花税等税费，税收规定对此有明确优惠政策的情形除外。正常征税的具体规定如下：

1. 增值税。

（1）买卖方式。如转让房屋为自建房屋，该种情形下需区分转让的房屋性质是住房还是非住房。根据《财政部　国家税务总局关于全面推开营业税改征增值税试点的通知》（财税〔2016〕36号）有关规定，如果个人销售自建自用住房，则免征增值税；如果个人销售自建自用非住房，则应以取得的全部价款和价外费用按照5%的征收率计算销售额。

如转让房屋为外购房屋：根据《财政部　国家税务总局关于全面推开营业税改征增值税试点的通知》（财税〔2016〕36号）的规定，个人将购买不足2年的住房对外销售的，按照5%的征收率全额缴纳增值税；其计税依据包括取得的全部价款和价外费用。个人将购买2年以上（含2年）的住房对外销售的，免征增值税。上述政策适用于北京市、上海市、广州市和深圳市之外的地区。

对于北京市、上海市、深圳市地区，个人将购买不足2年的住房对外销售的，按照5%

的征收率全额缴纳增值税；个人将购买2年以上（含2年）的非普通住房对外销售的，以销售收入减去购买住房价款后的差额按照5%的征收率缴纳增值税；个人将购买2年以上（含2年）的普通住房对外销售的，免征增值税。非普通住房的一般认定标准为：住宅小区建筑容积率在1.0以下；单套建筑面积在140平方米以上（不含140平方米）；实际成交价格高于同级别土地住房平均交易价格1.2倍。上述三点只要符合一个，即为非普通住房。

广州市对于住房免税年限的规定和北京、上海、深圳地区略有不同，主要原因是2021年广州市的政策进行了一定程度更新。根据2021年发布的《广州市人民政府办公厅关于完善我市房地产市场平稳健康发展政策的通知》（穗府办函〔2021〕30号）规定："将越秀区、海珠区、荔湾区、天河区、白云区、黄埔区、番禺区、南沙区、增城区9区个人销售住房增值税征免年限从2年提高至5年。"目前，广州市市内九区个人买卖普通住房免征增值税的要求为产权证满5年，房屋持有时间通常以契税、房产证或不动产登记证注明的时间判定。

此外，增值税还存在一定附加税费如下：城市维护建设费7%（市区）、5%（县镇）、1%（乡）、教育费附加3%、地方教育费附加2%。

（2）赠与方式。根据《财政部　国家税务总局关于全面推开营业税改征增值税试点的通知》（财税〔2016〕36号）和《纳税人转让不动产增值税征收管理暂行办法》（国家税务总局公告2016年第14号）的规定，单位或者个人向其他单位或者个人无偿转让无形资产或者不动产，但用于公益事业或者以社会公众为对象的除外，视同销售服务、无形资产或者不动产，即不符合条件的无偿转让人需按照上述第（1）项买卖方式缴纳增值税。

（3）继承方式。根据《财政部　国家税务总局关于全面推开营业税改征增值税试点的通知》（财税〔2016〕36号）的规定，房屋产权所有人死亡，法定继承人、遗嘱继承人或者受遗赠人依法取得房屋产权，免征增值税。

2. 个人所得税。

（1）买卖方式。根据《财政部　国家税务总局、建设部关于个人出售住房所得征收个人所得税有关问题的通知》（财税字〔1999〕278号）和《国家税务总局关于个人住房转让所得征收个人所得税有关问题的通知》（国税发〔2006〕108号）的规定，在据实征收模式下，个人转让房产以其转让房屋的收入减除取得该房屋的原值以及转让过程中缴纳的税金及有关合理费用后的余额，为应纳税所得额，按20%税率计征个人所得税。在核定征收模式下，纳税人未提供完整、准确的房屋原值凭证，不能正确计算房屋原值和应纳税额的，税务机关可根据《中华人民共和国税收征收管理法》第三十五条的规定，对其实行核定征税，即按纳税人住房转让收入的一定比例核定应纳个人所得税额。具体比例由省税务局或者省税务局授权的市税务局根据纳税人出售住房的所处区域、地理位置、建造时间、房屋类型、住房平均价格水平等因素，在住房转让收入1%－3%的幅度内确定。

根据现行政策规定，如果个人转让自用5年以上、并且是家庭唯一生活用房取得的所得，免征个人所得税。

（2）赠与方式。根据《财政部　国家税务总局关于个人无偿受赠房屋有关个人所得税问题的通知》（财税〔2009〕78号），《财政部　国家税务总局关于加强房地产交易个人无偿赠与不动产税收管理有关问题的通知》（国税发〔2006〕144号），和《财政部　税务总局关于个人取得有关收入适用个人所得税应税所得项目的公告》（财政部　税务总局公告

2019 年第 74 号）的规定，房屋产权所有人将房屋产权无偿赠与他人的，受赠人因无偿受赠房屋取得的受赠所得，按照“偶然所得”项目计算缴纳个人所得税，税率为 20%。

在计税依据上，房地产赠与合同上标明的赠与房屋价值减除赠与过程中受赠人支付的相关税费后的余额。赠与合同标明的房屋价值明显低于市场价格或房地产赠与合同未标明赠与房屋价值的，税务机关可依据受赠房屋的市场评估价格或采取其他合理方式确定受赠人的应纳税所得额。

如果赠与双方涉及以下情形的，属于不征税的情形：一是房屋产权所有人将房屋产权无偿赠与配偶、父母、子女、祖父母、外祖父母、孙子女、外孙子女、兄弟姐妹；二是房屋产权所有人将房屋产权无偿赠与对其承担直接抚养或者赡养义务的抚养人或者赡养人。

（3）继承方式。根据《财政部　国家税务总局关于个人无偿受赠房屋有关个人所得税问题的通知》（财税〔2009〕78 号）的规定，房屋产权所有人死亡，依法取得房屋产权的法定继承人、遗嘱继承人或者受遗赠人。对当事双方不征收个人所得税。

3. 土地增值税。

（1）买卖方式。根据《关于调整房地产交易环节税收政策的通知》（财税〔2008〕137 号）的规定，对个人销售住房暂免征收土地增值税。

（2）赠予方式。根据《财政部　国家税务总局关于全面推开营业税改征增值税试点的通知》（财税〔2016〕36 号）和《关于调整房地产交易环节税收政策的通知》（财税〔2008〕137 号）的规定，单位或者个人向其他单位或者个人无偿转让无形资产或者不动产，除用于公益事业或者以社会公众为对象的外，视同销售服务、无形资产或者不动产。对个人销售住房暂免征收土地增值税。

（3）继承方式。根据《中华人民共和国土地增值税暂行条例实施细则》的规定，继承方式无偿转让房地产的行为不征收土地增值税。

4. 契税。

（1）买卖方式。根据《财政部　国家税务总局、住房和城乡建设部关于调整房地产交易环节契税营业税优惠政策的通知》（财税〔2016〕23 号）的规定，纳税人买卖房屋适用 3% 税率征收缴纳契税。按照合同成交价格减去应交增值税作为计税依据计算缴纳契税。并针对以下情形适用相关的税收优惠政策：一是对个人购买家庭唯一住房（家庭成员范围包括购房人、配偶以及未成年子女，下同），面积为 90 平方米及以下的，减按 1% 的税率征收契税；面积为 90 平方米以上的，减按 1.5% 的税率征收契税。二是对个人购买家庭第二套改善性住房，面积为 90 平方米及以下的，减按 1% 的税率征收契税；面积为 90 平方米以上的，减按 2% 的税率征收契税。

（2）赠与方式。根据《国家税务总局关于加强房地产交易个人无偿赠与不动产税收管理有关问题的通知》（国税发〔2006〕144 号）的规定，对于个人无偿赠与不动产行为，应对受赠人全额征收契税。房屋赠与，由征收机关参照土地使用权出售、房屋买卖的市场价格核定。计征契税的成交价格不含增值税。

（3）继承方式。根据《国家税务总局关于继承土地、房屋权属有关契税问题的批复》（国税函〔2004〕1036 号）和《财政部　国家税务总局关于营改增后契税 房产税 土地增值税 个人所得税计税依据问题的通知》（财税〔2016〕43 号）的规定，对于《中华人民共和国继承法》规定的法定继承人（包括配偶、子女、父母、兄弟姐妹、祖父母、外祖父母）

继承土地、房屋权属，不征契税。

按照《中华人民共和国继承法》规定，非法定继承人根据遗嘱承受死者生前的土地、房屋权属，属于赠与行为，应征收契税。房屋赠与，由征收机关参照土地使用权出售、房屋买卖的市场价格核定。计征契税的成交价格不含增值税。

5. 印花税。

（1）买卖方式。根据《财政部　国家税务总局关于调整房地产交易环节税收政策的通知》（财税〔2008〕137号）的规定，个人销售或购买住房暂免征收印花税。

（2）赠与方式。根据《中华人民共和国印花税暂行条例》的规定，房屋赠与应按产权转移缴纳印花税，税率为万分之五。同一凭证，由两方或者两方以上当事人签订并各执一份的，应当由各方就所执的一份各自全额贴花。

在计税依据的确定上，由征收机关参照房屋买卖的市场价格核定。并有以下税收优惠政策：增值税小规模纳税人减按50%征收资源税、城市维护建设税、房产税、城镇土地使用税、印花税、耕地占用税和教育费附加、地方教育附加。

（3）继承方式。根据《中华人民共和国印花税暂行条例》的规定，房屋继承应按产权转移缴纳印花税，税率为万分之五。增值税小规模纳税人减按50%征收资源税、城市维护建设税、房产税、城镇土地使用税、印花税、耕地占用税和教育费附加、地方教育附加。

（二）旧村改造模式下原权属人交出宅基地和房屋的税收规定

旧村改造过程中，被拆迁主体将其宅基地使用权以及房屋所有权交回给改造主体，并由改造主体实施统一改造，应区别于现行税收政策所认定的销售或者视同销售的行为，按照特殊的税收政策规定进行处理。

1. 增值税。根据《财政部　国家税务总局关于全面推开营业税改征增值税试点的通知》（财税〔2016〕36号）附件3《营业税改征增值税试点过渡政策的规定》第一条第三十七款规定，土地使用者将土地使用权归还给土地所有者免征增值税。被征收方的土地使用权被政府征收（收回），属于土地使用者将土地使用权归还给土地所有者，按规定可免征增值税。

2. 土地增值税。根据《中华人民共和国土地增值税暂行条例》第八条规定和《中华人民共和国土地增值税暂行条例实施细则》第十一条规定，对被征收单位或个人因国家建设的需要而被政府批准征用、收回房地产的，免征其土地增值税。

3. 个人所得税。根据《财政部　国家税务总局关于城镇拆迁有关税收政策的通知》（财税〔2005〕45号）规定，对被拆迁主体按照国家有关规定的标准取得的拆迁补偿款，免征个人所得税。

4. 契税。根据《财政部　国家税务总局关于企业以售后回租方式进行融资等有关契税政策的通知》（财税〔2012〕82号）第三条规定，市、县级人民政府根据《国有土地上房屋征收与补偿条例》有关规定征收居民房屋，居民因个人房屋被征收而选择货币补偿用以重新购置房屋，并且购房成交价格不超过货币补偿的，对新购房屋免征契税；购房成交价格超过货币补偿的，对差价部分按规定征收契税。居民因个人房屋被征收而选择房屋产权调换，并且不缴纳房屋产权调换差价的，对新换房屋免征契税；缴纳房屋产权调换差价的，对差价部分按规定征收契税。

在广东地区，根据《广东省契税实施办法》第八条第四项及《关于解释〈广东省契税实施办法〉第八条第四项的批复》（粤府函〔2007〕127号）规定，被征收方的土地、房屋被县级以上人民政府征用、占用后，异地或原地重新承受土地、房屋权属，其成交价格或补偿面积没有超出规定补偿标准的，免征契税；超出的部分应按规定缴纳契税。

5. 印花税。根据《中华人民共和国印花税暂行条例》第二条规定，下列凭证为应纳税凭证：（1）购销、加工承揽、建设工程承包、财产租赁、货物运输、仓储保管、借款、财产保险、技术合同或者具有合同性质的凭证；（2）产权转移书据；（3）营业账簿；（4）权利、许可证照；（5）经财政部确定征税的其他凭证。

印花税属于列举性质的凭证税，凡列举的凭证都应当缴纳印花税，未列举的凭证就不需要缴纳印花税。城市更新过程中的拆迁补偿合同不属于印花税的征税范围，不需要缴纳印花税。

6. 实务案例：

【案例3－2】张某是广州市黄埔区某村的村民，其在本村宅基地上自建住房一幢，张某所在村集体向政府部门提出旧村改造申请，于2011年获得区政府的旧村改造方案批复通过，并由村集体80%以上成员表决通过《广州市黄埔区某某村“三旧”改造实施方案》，由村集体成立的全资子公司作为改造主体进行旧村改造。张某与改造主体签订《某村“三旧”改造补偿安置协议》，约定由张某将房屋交付给改造主体进行拆除，宅基地证交由改造主体进行注销。

张某根据旧村改造实施方案和补偿安置协议，将其住房交由改造主体进行拆除的行为，不属于税收规定上销售或者视同销售的行为，不需要申报缴纳增值税、个人所得税、土地增值税、印花税等税收。

二、原权属人取得实物补偿的税收规定

被拆迁主体取得回迁安置物业，按照我国现行的税收政策规定，如果单纯购置物业的行为，需要按照相关的税收规定履行纳税义务，取得物业主体主要需要承担包括契税、印花税等相关纳税义务。

（一）印花税

根据《财政部　国家税务总局关于调整房地产交易环节税收政策的通知》（财税〔2008〕137号）第二条的规定，对个人销售或购买住房暂免征收印花税。

（二）个人所得税

根据《财政部　国家税务总局关于城镇拆迁有关税收政策的通知》（财税〔2005〕45号）规定，对被拆迁主体按照国家有关规定的标准取得的拆迁补偿款，免征个人所得税。

需要注意的是，新发布的《广州市城市更新税收指引（2021年版）》明确，对于个人取得的非拆迁补偿费所得，应视为需征收个人所得税。因此，被拆迁人个人所得税免税部分的拆迁补偿，应仅限于按有关标准取得的拆迁补偿款部分。

（三）契税

根据《财政部　国家税务总局关于企业以售后回租方式进行融资等有关契税政策的通知》（财税〔2012〕82号）第三条规定，市、县级人民政府根据《国有土地上房屋征收与补偿条例》有关规定征收居民房屋，居民因个人房屋被征收而选择货币补偿用以重新购置房屋，并且购房成交价格不超过货币补偿的，对新购房屋免征契税；购房成交价格超过货币补偿的，对差价部分按规定征收契税。居民因个人房屋被征收而选择房屋产权调换，并且不

缴纳房屋产权调换差价的，对新换房屋免征契税；缴纳房屋产权调换差价的，对差价部分按规定征收契税。

值得关注的是，在新发布的《广州市城市更新税收指引（2021年版）》文件中，文件首次将村企合作改造模式下，复建安置房建设环节细分为3种方式：（1）改造主体公司代建安置房，复建地块确权在村集体经济组织名下；（2）改造主体公司自建安置房，复建地块与融资地块均确权到改造主体公司名下，复建安置房建设完成后，产权先登记至改造主体公司名下，再将复建安置房产权转移登记至村集体经济组织名下；（3）村集体经济组织自建安置房，改造主体公司支付建设资金给村集体经济组织，安置房确权在村集体经济组织名下。《广州市城市更新税收指引（2021年版）》针对以上3种不同的复建房建设方式，对被拆迁人获得复建安置房的契税如何处理，设计了如下三种处理模式，具有相当的创新意义和参考价值：

（1）方式1和方式3属于村民自建房屋，方式2属于村集体经济组织代村民办理房屋确权登记，不需要缴纳契税；

（2）如复建安置房没有先确权到村集体经济组织，而是建成后直接由改造主体公司负责安置的，根据《广东省契税实施办法》（广东省人民政府令第41号）第八条第四项及《关于解释〈广东省契税实施办法〉第八条第四项的批复》（粤府函〔2007〕127号）、《财政部　国家税务总局关于企业以售后回租方式进行融资等有关契税政策的通知》（财税〔2012〕82号）第三条规定，对村民按拆迁补偿协议约定的补偿标准取得复建安置房屋的，免征契税；如超过拆迁补偿协议约定的补偿标准取得复建安置房屋的（包括购买其他村民“弃产”指标），按照支出的差价款缴纳契税。

（3）经村集体经济组织或主管部门确认，与被拆迁人属于宅基地“一户一宅”的共同成员，按照拆迁协议取得复建安置房，可参照上述（1）（2）情形处理，但需提供如下资料佐证：改造主体公司、村集体经济组织等村民自治组织联合出具的书面材料（列明宅基地权属登记人及“一户一宅”共同成员关系、房屋份额分配等内容）。

（四）实务案例

【案例3-3】承上例，张某在本村宅基地上自建一幢六层住房，宅基地面积80平方米，建筑面积合计480平方米。按照《广州市黄埔区某某村“三旧”改造实施方案》，房屋拆迁补偿以四层或四层以下的建筑面积为合法面积，按照拆迁面积“拆一补一”为基本原则，对旧村改造范围内的房屋实施分类补偿。张某宅基地上建设的住房，按照改造实施方案的补偿标准，将区分情况进行补偿，其中按照宅基地面积80平方米计算，四层以下的面积可以按照“拆一补一”的面积，可以补偿回迁安置房屋面积为320平方米，超过四层部分的面积160平方米，由于没有合法产权依据，按照该村的改造实施方案，按照每平方米1500元的建设成本给予24万元货币补偿。张某在旧村改造过程中取得回迁安置住房补偿的货币补偿，按照相关税收优惠政策处理。其中，取得回迁安置住房320平方米，免予征收契税和印花税。

三、原权属人取得货币补偿的税收规定

旧村改造过程中，被拆迁人按照市或区相关规定标准、《改造实施方案》和《拆迁补偿协议》获取货币补偿，不涉及缴纳税费事项。

此处需要明确的是，村民如果获得了超标准的货币补偿，是否需要缴纳个人所得税。例如，根据《广州市旧村庄全面改造成本核算办法》，临迁费和奖励均需按照广州市房屋租金参考价、村所在的该区域市场实际租金和村所在区域的市场租金水平评估确定，如果拆迁人向被拆迁主体超出该标准支付货币奖励，但该笔奖励已经过村集体等组织确认为拆迁补偿费用，则无须缴纳个人所得税。但如果并无任何文件证明该项费用为拆补标准内的费用，根据《广州市城市更新税收指引（2021年版）》，则可能需要缴纳个人所得税。

四、原权属人取得弃产补偿的税收规定

（一）个人所得税

根据《国家税务总局关于个人取得被征用房屋补偿费收入免征个人所得税的批复》（国税函〔1998〕428号）的规定，按照城市发展规划，在旧城改造过程中，个人因住房被征用而取得赔偿费，属补偿性质的收入，无论是现金还是实物（房屋），均免予征收个人所得税。被拆迁主体在旧村改造过程中，因为放弃物业补偿而取得的货币补偿，没有改变补偿性质，符合上述规定，免予征收个人所得税。

（二）增值税

弃产补偿是基于被拆迁主体按照“拆一补一”原则可获得回迁安置住房，基于其他因素考虑，被拆迁主体可以放弃获得回迁安置住房，从而按照弃产补偿的标准取得货币补偿。由于此过程中没有实质产生物业交易，不存在征收增值税的税基，不需要缴纳增值税。

五、承租人获得补偿的税收规定

根据《广州市旧村庄更新实施办法》第三十一条和第三十四条的规定，旧村庄改造拆迁补偿安置工作应当遵循“先安置后拆迁”的原则。村集体给予补偿后，被拆迁主体应当在补偿协议约定或者补偿决定确定的搬迁期限内完成搬迁。宅基地的物业承租人由于不是房屋权属人，有时候也不是集体经济组织成员，在旧村改造拆迁补偿时的地位就较显得尴尬。城市更新项目中，宅基地房屋承租人的类型主要有两种：一是正常的租赁法律关系，如城中村中随处可见的青年公寓；二是以租代售，或是合作投资代售的小产权房。

一般而言，宅基地上物业的承租人获取拆迁补偿主要为经出租人同意的装修及改扩建损失[①]，该拆迁补偿可获得的前提有三个：一是租赁合同有效，即出租的物业不能属于非法建筑；二是需经出租人同意，或双方已在租赁合同中对补偿范围有所约定；三是改扩建的工程已办理相关手续。在大湾区现有的城市更新项目中，针对上述情形，承租人大多可获得一定的拆迁补偿。

宅基地上物业的承租人获得拆迁补偿，具体的税务处理事项如下：

（一）增值税

根据《广东省“三旧”改造税收指引》的规定，集体土地使用方因农村集体提前解除租赁合同而收到违约费用、拆迁补偿费用、搬迁费用等经济利益，未提供增值税应税行为，无须缴纳增值税。如果承租人符合获得拆迁补偿的条件，其按照拆迁补偿方案和项目实施方

---

① 曾荣晖，裘蓉芳．城市更新背景下的承租人权益保护机制研究［J］．法制博览，2019（29）．

案获得的拆迁补偿不属于增值税应税项目。

（二）个人所得税

需要明确的是，如果承租人获得了拆迁补偿，是否需要缴纳个人所得税。和宅基地被拆迁人获得弃产货币补偿的税务处理情形类似，如果拆迁人向承租人支付货币拆迁补偿，该笔拆迁奖励已经过村集体、村经联社等组织确认为拆迁补偿费用，且已经体现在了拆迁补偿方案中，应同样视为拆迁补偿无须缴纳个人所得税。

另根据新发布的《广州市城市更新税收指引（2021 年版）》，对于个人取得的非拆迁补偿费所得，应视为需征收个人所得税。因此，承租人个人所得税免税部分的拆迁补偿，也应仅限于按有关标准取得的拆迁补偿款部分，与村民作为被拆迁人获得补偿的处理类似，以下不再赘述。

（三）企业所得税

根据《广东省“三旧”改造税收指引》，如果承租人是企业，其企业所得税的缴纳政策如下：（1）符合政策性搬迁规定情形的，企业应当就政策性搬迁过程中涉及的搬迁收入、搬迁支出、搬迁资产税务处理、搬迁所得等所得税征收管理事项，单独进行税务管理和核算。在搬迁期间发生的搬迁收入和搬迁支出，可以暂不计入当期应纳税所得额，而在完成搬迁（不超过 5 年）的年度，对搬迁收入和支出进行汇总清算。（2）不符合政策性搬迁规定情形的，按照《中华人民共和国企业所得税法》及其实施条例的相关规定处理：取得的拆迁补偿收入（含货币或非货币），应计入企业所得税收入总额，发生与取得收入有关的、合理的支出，可在计算应纳税所得额时扣除。

此外，根据《国家税务总局关于发布〈企业政策性搬迁所得税管理办法〉的公告》，企业应向主管税务机关报送的政策性搬迁依据、搬迁规划等相关材料，包括：（1）政府搬迁文件或公告；（2）搬迁重置总体规划；（3）拆迁补偿协议；（4）资产处置计划；（5）其他与搬迁相关的事项。如希望按照政策性搬迁处理，企业应做好全面的资料准备，并及时和税务部门进行确认。

第三节　旧村改造中集体物业被拆迁主体拆迁补偿的税收规定

一、原权属人获得补偿的税收规定

在城市更新的旧村改造项目中，村集体获得集体物业的形式可能存在多种类型。例如，在笔者经历过的某旧村改造项目中，项目基于片区控制性规划要求，实施方案规定，按照拆迁补偿方案确定的回迁安置面积，其中一定百分比的回迁面积必须置换成商业面积，若村民不愿意将上述一定百分比的回迁面积置换成商业面积（商业面积按建筑面积计算）的，可选择将该部分回迁面积弃产，并按实施方案弃产补偿的标准进行补偿。扣除置换面积后剩余的回迁安置面积按入屋关门面积（即套内面积）予以回迁安置。村民置换的所有商业面积，由合作企业和房地产企业确权至村集体经济组织指定的下属公司名下，并由合作企业或其关联方返租 20 年，由村集体指定的下属公司以股权方式（1 平方米商业面积转为 1 股商业股）进行收益分配。

该项目上述商业置换面积，一部分位于村集体的复建地块上，未来合作企业将配合村集体将该部分集体土地转性为国有划拨建设用地；另一部分则位于将出让给合作企业的融资地块上，未来合作企业将把该部分商业物业确权至村集体经济组织指定的下属公司名下，并通过上述返租的模式，为村集体返还租金收益。

此外，该改造项目的复建地块和融资地块均确权在村集体全资设立的子公司名下，若复建地块建筑物全部建造完毕后，村集体将其子公司所有股权转给合作企业。

此处会出现很有意思的现象，复建地块和融资地块的集体物业回迁会发生两种类似于房地产开发项目中合作建房的情形，其中一种情形为一方出地、一方出资金合作建房，建房后出资金的一方实施的是代建行为，不涉及将来物业的权属变更；另一种情形则为在一方出地、一方出资金合作建房的前提下，由于出资金合作建房的一方为具有产业运营经验和优势的房地产企业，因此出资金合作建房的一方选择以返租的形式运营该集体物业，实际是以建筑物为代价换得若干年的土地使用权，而出地一方则是以出租土地使用权为代价换取建筑物和收益，实际两方均发生了增值税的应税行为①。

在前述举例的项目中，合作企业和村集体实际并未就集体物业建后返租设立合营企业。而在广东省“三旧”改造实践中，某些旧村改造项目，合作企业和村集体就集体物业建后返租可能选择以设立合营企业的形式运营，相关的税务处理模式也会随最终集体物业所属的主体变化而发生变化。

如本书第二节第二部分所述，《广州市城市更新税收指引（2021 年版）》将复建安置房建设环节细分为三种方式：（1）改造主体公司代建安置房，复建地块确权在村集体经济组织名下；（2）改造主体公司自建安置房，复建地块与融资地块均确权到改造主体公司名下，复建安置房建设完成后，产权先登记至改造主体公司名下，再将复建安置房产权转移登记至村集体经济组织名下；（3）村集体经济组织自建安置房，改造主体公司支付建设资金给村集体经济组织，安置房确权在村集体经济组织名下。

1. 企业所得税

根据《广州市城市更新税收指引（2021 年版）》的规定，上述第（1）种情形和第（3）种情形均不存在土地权属变更的情况，此处则重点讨论企业所得税的处理问题。针对改造企业代建房屋的情形，村集体经济组织应根据合作改造协议与拆迁补偿协议确认代建安置房属于村集体经济组织部分和属于村民部分。对村集体经济组织接受改造主体代建安置房应确认收入，同时确认对应固定资产的计税基础。针对村集体经济组织自建房屋的情形，村集体同样应根据合作改造协议与拆迁补偿协议确认安置资金属于村集体经济组织部分和属于村民部分，针对村集体取得的部分应确认收入，建造支出可据实税前扣除。代村民建设部分不确认收入，相关支出不得税前扣除。

2. 契税

第（2）种改造主体公司自建安置房的情形，存在土地权属变更的情况，需考虑村集体如何缴纳契税。根据《广州市城市更新税收指引（2021 年版）》的规定，如果村集体不存在补缴物业差价的情形，可适用征收相关的优惠政策，即“被征收方的土地、房屋被县级

① 董宏主．房地产企业全流程全税种实务操作与案例分析［M］．北京：中国市场出版社，2019.

以上人民政府征用、占用后，异地或原地重新承受土地、房屋权属，其成交价格或补偿面积没有超出规定补偿标准的，免征契税；超出的部分应按规定缴纳契税。”

3. 增值税

在旧村改造项目中，集体物业通过拆除的方式实现重建，并未实现流转。从税法征税的逻辑上来看，增值税的课税范畴应是不动产的产权转让行为，在城市更新过程中涉及拆补的情况下，村集体的集体物业先被拆除，但原改造地块范围内的所有权人本就为村集体，根据财政部、国家税务总局《关于全面推开营业税改征增值税试点的通知》（财税〔2016〕36号）附件3《营业税改征增值税试点过渡政策的规定》第一条第三十七款规定，“土地使用者将土地使用权归还给土地所有者免征增值税。”由于集体物业土地使用权人为村集体，在旧村改造过程中，拆迁主体完成拆迁补偿安置后，村集体需要向自然资源部门申请办理转国有建设用地手续，根据《广东省“三旧”改造税收指引》的规定，该情形符合36号文所规定的土地使用者将土地使用权归还给土地所有者情形，应可免征增值税。

二、承租人获得补偿的税收规定

通常来说，租户承租集体物业存在两种经营方式，一种是租户租赁村集体自有物业进行经营，另一种是承租人租用村集体的土地自建物业经营。集体物业的拆迁补偿和签约流程大致与宅基地拆迁补偿一致，但由于其权属性质及受众人群不同，两者在签约实操中亦有所不同。由于集体物业的被拆迁主体是村集体，而住宅的被拆迁主体是房屋所有者，故集体物业的签约难度通常比私宅要低，在实操中部分项目的房地产企业亦会先行和村集体谈定集体物业的拆除补偿标准。

从涉及的主体角度出发，集体物业涉及主体较宅基地拆迁补偿要多，可能涉及村集体、物业一手租户（二房东）和实际经营者，有时还可能涉及工厂的员工等。从补偿的标准来看，针对不同的集体物业实际出租情况，如合同已经明确约定了损失确定方式或补偿方式，或改造所在地方政府、改造项目有相关补偿规定的，可以按合同约定或相关政策规定进行补偿；如果没有合同约定，一般可参考当地的政策法规执行，如在广州，可参考《广州市集体土地房屋拆迁补偿标准规定》《广州市农民集体所有土地征收补偿试行办法》和《广州市国有土地上房屋征收与补偿实施办法》的规定，补偿范围一般包括：（1）承租人建设、装修、加建改建费用；（2）停产停业补偿、员工安置或遣散费用；（3）机器设备的拆卸费、搬迁费、安装费、调试费和搬迁后无法恢复使用的生产设备重置费等。例如，集体物业的清拆过程中，一些特殊的物业附属设施可能需给予额外的评估补偿。部分村集体物业为装修较好的大型商业体，或者为酒店、公寓、厂房等经营性物业，此时需视情况对承租人或实际运营人装修的情况进行评估。还有的项目中，由于改造前村内基础配套设施不完善，但是大规模生产需要大量用水、用电，故很多村集体会分区域建有泵房、电房等设备用房，有时多层物业还会另外加建电梯，这些都可能需要进行设备评估并补偿设备拆卸费用。如果还存在二房东的情况，承租人在出租人同意的前提下将原集体物业转租给次承租人，则承租人的实际损失可能还包括承租人需要向次承租人承担的违约责任。

此外，某些集体物业可能为村集体和其他主体的合作建房，由于合建的集体物业所有权可能同时涉及村集体与合建方，从政策层面来说，合作建房情形中的合建方是需要村集体自行补偿处理的，合作企业回迁的这部分集体物业价值其实就是给村集体清退、拆除集体物业的包干价。但在城市更新项目中，该部分补偿费用往往由合作企业或房地产企业直接支付给了合建方，因此，该部分补偿费用应取得村集体的确认，并列入拆迁补偿方案中。

（一）增值税

集体物业承租人因村集体提前解除租赁合同而收到违约费用、拆迁补偿费用、搬迁费用等经济利益，未发生增值税应税行为，无须缴纳增值税。

（二）企业所得税

此种情形仍应区分使用土地的企业是否为政策性搬迁，根据《广州市城市更新税收指引（2021年版）》最新的规定，集体土地适用房因农村集体经济组织提前解除租赁合同而收到违约费用、拆迁补偿费用、搬迁费用等经济利益，如果项目纳入了政府城市更新改造、取得县级及以上批复文件，则可以适用政策性搬迁的相关规定进行处理。

如果符合政策性搬迁规定情形的，企业应当就政策性搬迁过程中涉及的搬迁收入、搬迁支出、搬迁资产税务处理、搬迁所得等所得税征收管理事项，单独进行税务管理和核算。在搬迁期间发生的搬迁收入和搬迁支出，可以暂不计入当期应纳税所得额，而在完成搬迁（不超过五年）的年度，对搬迁收入和支出进行汇总清算。如果不符合政策性搬迁规定情形的，按照《中华人民共和国企业所得税法》及其实施条例的相关规定处理：取得的拆迁补偿收入（含货币或非货币），应计入企业所得税收入总额，发生与取得收入有关的、合理的支出，可在计算应纳税所得额时扣除。

（三）个人所得税

如果集体物业承租方为个人，市场主体向承租人支付货币拆迁补偿，且该笔奖励已经过村集体、村经联社等组织确认为拆迁补偿费用，应被认定为无须缴纳个人所得税。另根据新发布的《广州市城市更新税收指引（2021年版）》，对于个人取得的非拆迁补偿费所得，应视为需征收个人所得税。因此，承租人个人所得税免税部分的拆迁补偿，也应仅限于按有关标准取得的拆迁补偿款部分，与宅基地承租人获得补偿的税务处理类似，以下不再赘述。

第四节　国有土地被拆迁主体拆迁补偿的税收规定

城市更新的国有土地征收和拆迁补偿主要有两类：一类是由于基础设施建设等原因，由政府对征收范围内具有合法产权的房屋及其附属设施的所有权人进行拆迁和安置，如广州市轨道交通十三号线农林下路站工程的拆迁补偿方案和广州北站综合交通枢纽配套基础设施项目的拆迁补偿方案。另一类是在各个城市的城市化进程中，由于某些历史遗留原因，在村集体改造范围内，有一些国有地块被列入了实施方案中，与村集体原有的集体用地一并进行改造。

以深圳市为例，在深圳市的城市化进程中曾产生过两类村留用的国有用地，一是依照有关规定由原农村集体的村民和继受单位保留使用的非农建设用地的建成区域，二是根据申请人提供的材料可落实并核销非农建设用地、征地返还用地指标的用地。具体主要包括以下三种情形：

1. 1986年6月27日，深圳市政府出台《关于进一步加强深圳特区内农村规划工作的通知》（深府办〔1986〕411号），对农村建设状况进行调查和清理，并由原市国土局按城市总体规划的要求，开展了农村合法建设用地控制线的划定工作，即原特区内划给农村集体股份公司的用地红线。实践特区内部分城中村所持有的“用地红线”为加盖国土部门红线图章的用地范围及坐标图，或者注明权属和界址点坐标的其他证明文件等。在城市更新项目土地、建筑物信息核查时，可在内部国土信息登记系统中进行查实和确认。

2. 根据《深圳市宝安、龙岗区规划、国土管理暂行办法》《深圳市宝安龙岗两区城市化土地管理办法》及其他规定在宝安、龙岗所划定的非农建设用地。非农建设用地按照用地性质划分为工商用地、居民住宅用地和公共设施用地，划定标准为：按照各行政村在1993年1月1日公安部门登记的户数和常住人口数，工商用地100平方米/人；居住用地100平方米/户，建设面积不超过480平方米；公共设施用地200平方米/户。

非农建设用地参与城市更新需按照深圳市各区出台的管理暂行办法规定的程序办理相关手续。房地产企业若与村股份公司合作城市更新项目，首先要核实村股份公司是否合法取得并持续拥有非农建设用地使用权，原核准的非农建设用地用途、面积等，最低也要保证合法用地比例达标。

3. 根据有关法律法规和政策规定，政府征收原农村集体所有的土地后，为促进原农村集体可持续发展，返还给其的建设用地，包括已落实的征地返还用地以及依据相关文件确定以土地安置方式解决征地遗留问题而进行的土地安置。1989年，深圳市出台了《关于深圳经济特区征地工作的若干规定》，提出了深圳经济特区征地拆迁补偿办法，并首次提出，可根据土地被征用村庄的大小、征地数量，优先免地价划拨一块土地，供被征地单位兴建经营性的商业、服务楼宇，以发展生产。1993年7月广东省出台了《广东省征地管理规定》，提出“市、县国土部门在实施征地时，应对被征地单位发展经济和改善生活所需的用地做出统筹安排，一般可按不超过所征用土地面积的百分之十留出土地，由被征地单位按规定统一安排使用”，于是某些村集体的改造范围内即包括了相关的征地返还用地。

一、原国有土地权属人获得拆迁补偿的税收规定

一般而言，城市更新项目中的国有土地物业拆迁补偿方式可能包括以下五类，处理方式均和宅基地权属人获得回迁安置物业补偿类似：

第一类是住宅房屋的征收，被征收人可以选择复建安置补偿、货币补偿或者两者结合的补偿安置方式；

第二类是直管公房的征收，可按广州市住房和城乡建设局的相关批复意见进行补偿安置；

第三类是商业用房、办公用房的征收，被征收人可以选择货币补偿，也可以选择房屋产权调换。若被征收人选择货币补偿，则应由选定的评估机构进行评估，以该评估机构确定的评估价格作为货币补偿标准的唯一依据；

第四类是工业、厂房、仓库等非住宅的征收，实行货币补偿，应由选定的评估机构进行评估，以该评估机构确定的评估价格作为货币补偿标准的唯一依据；

第五类是住宅房屋的被征收人选择复建补偿的，均以住宅性质的房屋复建补偿回迁安置。被征收人自行将住宅改为商业或其他非住宅用途的，一律按住宅性质进行补偿。

（一）增值税

被征收方的原有国有使用权用地被政府征收（收回），并取得货币补偿。根据《财政

部　国家税务总局关于全面推开营业税改征增值税试点的通知》（财税〔2016〕36 号）附件 3《营业税改征增值税试点过渡政策的规定》第一条第三十七款规定，土地使用者将土地使用权归还给土地所有者免征增值税。被征收方的土地使用权被政府征收（收回），属于土地使用者将土地使用权归还给土地所有者，按规定可免征增值税。按照本规定，被征收方获得货币补偿，不应视同销售行为，应可免征增值税。

对于国有土地被征收人选择产权调换置换物业是否应缴纳增值税的问题，应适用“营改增”前国税总局在国税函〔2007〕969 号文中的回复：“对国家因公共利益或城市规划需要而收回单位和个人所拥有的土地使用权，并按照《中华人民共和国土地管理法》规定标准支付给单位和个人的土地及地上附着物（包括不动产）的补偿费不征收营业税。”由于产权调换为对原物业权属人的补偿，因此应适用上述原则，原物业权属人应能不缴纳增值税。

但此处需明确一点，在旧村改造项目中，由于复建地块为集体用地，因此复建安置房的权属人应为数据摸查中确定的村集体经济组织成员，但在国有土地征收补偿中，则没有将权属人限定在该范围内，而是对物业进行限定，将能圈入拆迁回迁安置的国有土地用房限定为具有合法的产权证明的用房。此处则有一个问题，如果被征收人需要将复建安置房登记到直系亲属或其他指定人员名下的，税费如何处理？笔者认为，上述行为发生了实质性的产权交易行为，应视同销售行为，被征收人应自行到房产管理部门办理相关流转手续，并自行承担增值税、个人所得税等税费。

（二）土地增值税

应属于免征土地增值税的范围。根据《中华人民共和国土地增值税暂行条例》第八条规定、《中华人民共和国土地增值税暂行条例实施细则》（财法字〔1995〕6 号）第十一条规定，对被征收单位或个人因国家建设的需要而被政府批准征用、收回房地产的，免征其土地增值税。

（三）企业所得税

此处仍需要区分是否政策性搬迁。

如果符合政策性搬迁规定的，根据《国家税务总局关于发布〈企业政策性搬迁所得税管理办法〉的公告》（国家税务总局公告 2012 年第 40 号）和《国家税务总局关于企业政策性搬迁所得税有关问题的公告》（国家税务总局公告 2013 年第 11 号）规定处理：企业应当就政策性搬迁过程中涉及的搬迁收入、搬迁支出、搬迁资产税务处理、搬迁所得等所得税征收管理事项，单独进行税务管理和核算。在搬迁期间发生的搬迁收入和搬迁支出，可以暂不计入当期应纳税所得额，而在完成搬迁（不超过 5 年）的年度，对搬迁收入和支出进行汇总清算。

如果不符合政策性搬迁规定的，按照《中华人民共和国企业所得税法》及其实施条例的相关规定处理：取得的拆迁补偿收入（含货币或非货币），应计入企业所得税收入总额，发生与取得收入有关的、合理的支出，可在计算应纳税所得额时扣除。

（四）个人所得税

原物业权属人依据拆迁补偿方案获得回迁安置物业或者拆迁补偿款的情形，应符合个人所得税免税的范畴。根据《财政部　国家税务总局关于城镇房屋拆迁有关税收政策的通知》（财税〔2005〕45 号）规定，对被拆迁主体按照国家有关规定的标准取得的拆迁补偿款，免征个人所得税。

关于原物业权属人如果获得了超标准的货币补偿，是否需要缴纳个人所得税。此处仍应区分情形，如果拆迁人向被拆迁主体超出该标准支付货币奖励，但该笔奖励已经过村集体、村经联社等组织或者政府征收部门会议纪要方式确认并背书为拆迁补偿费用，则无须缴纳个人所得税。如果并未经过村集体、村经联社或是政府征收部门等组织确认，为房地产企业单独支付的费用，则从个人所得税的征税逻辑上来说，应属于无偿受赠所得，按照偶然所得项目缴纳个税，此时房地产企业应为代扣代缴个人所得税的扣缴义务人。

（五）契税

根据《广东省契税实施办法》（广东省人民政府令第41号）第八条第四项及《关于解释〈广东省契税实施办法〉第八条第四项的批复》（粤府函〔2007〕127号）的规定，被征收方的土地、房屋被县级以上人民政府征用、占用后，异地或原地重新承受土地、房屋权属，其成交价格或补偿面积没有超出规定补偿标准的，免征契税；超出的部分应按规定缴纳契税。如果没有超出补偿标准的面积部分，原权属人应不涉及缴纳契税①。

二、国有土地承租人获得拆迁补偿的税收规定

在旧城镇改造项目中，国有土地物业的承租人的类型一般也可分为两种：一是正常的租赁法律关系，即承租人和出租人签订正式的租赁合同；二是因政策原因形成的直管公房或福利房，如部分事业单位早期租赁给职员的公房。

与宅基地上物业的承租人获取拆迁补偿类似，国有土地上承租人获得拆迁补偿的前提也应为：（1）租赁合同有效，即出租的物业不能属于非法建筑；（2）需经出租人同意，或双方已在租赁合同中对补偿范围有所约定；（3）改扩建的工程已办理相关手续。尤其是对于直管公房或者福利房，虽然承租人和出租上名义上为租赁关系，但实际上双方已经形成社会保障意义的关系，考虑到承租人特殊的身份，亦不应直接否认承租人获得拆迁补偿的权利。

（一）增值税

承租人因提前解除租赁合同而收到违约费用、拆迁补偿费用、搬迁费用等经济利益，未提供增值税应税行为，无须缴纳增值税。但该部分补偿的标准应体现在政府会议纪要、国有土地拆迁补偿方案和批复，或其他证明文件上。

（二）个人所得税

承租人获得拆迁补偿，如果该拆迁补偿已经拆迁补偿协议、项目实施方案确认，应视为无须缴纳个人所得税。

（三）企业所得税

承租人身份为企业，可按照是否符合政策性搬迁进行企业所得税税务处理。

---

① 纪宏奎，周琴．拆迁补偿置房产如何缴纳契税［J］．税收征纳，2013（11）．

第三篇

城市更新项目成本费用法税实务

【导言】

本篇主要根据城市更新项目的特点，介绍对项目推进有重大影响的成本费用相关问题。第四章主要围绕市场主体成本费用税务处理的重点和难点展开。此处所称“市场主体”内涵较广，不仅包括房地产项目公司，还涉及各类模式下可能存在的前期服务商、合作意向企业、合作企业和施工单位等。为方便理解，我们将市场主体成本费用分为政策文件规定的成本费用、拆迁补偿方案记载的成本费用和市场主体实际承担的成本费用三类，重点分析了三类成本费用的关系，回应了实务中关于政策规定以外的成本费用如何获得税法承认、前期服务商及相关费用如何界定等问题。第五章第一节至第三节介绍了对市场主体税负影响较大的三大税种，土地增值税、企业所得税和增值税，并在第四节综合不同税种，重点解读城市更新项目与一般房地产项目差异较大的拆迁补偿成本费用问题。

第四章　城市更新项目成本费用概述

城市更新项目涉及多方利益主体，包括城市更新工作的主导者政府、旧村改造主体村集体、旧厂改造主体旧厂原权属人、旧城改造主体物业原权属人、合作方房地产企业，以及旧村改造中的广大村民、村改居居民及世居租屋权属人等。与城市更新项目相关的成本费用及由此引发的税负轻重，关系着各方利益平衡，成为项目是否可行及成败的关键环节。

为更好地理解城市更新项目涉及的成本费用，笔者将其划分为三个维度，一是政策文件规定的成本费用，二是拆迁补偿方案记载的成本费用，三是市场主体实际承担的成本费用。三者关系如图4－1所示。

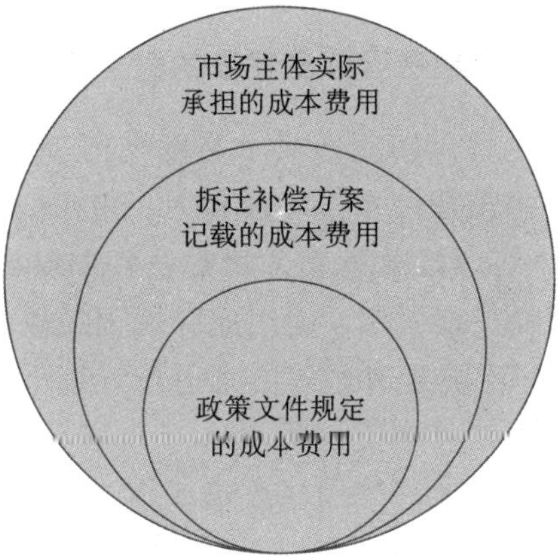

图4－1　城市更新项目涉及的成本费用

第一节　城市更新项目成本费用的意义

一、城市更新项目成本费用对复建区安置补偿的意义

城市更新贯穿于城市发展的各个阶段。在城市化阶段，人口大量从农村流向城市，城市人口快速增加，新增人口住房需求带动房地产市场快速发展，城市发展表现为城市规模的不断扩大。伴随城市化率逐步提高和城市规模不断扩大，“大城市病”开始凸显，人口密集、交通拥堵、环境恶化、社会矛盾突出、生活品质下降等问题逐步显现。西方国家为了解决城市中心区衰败问题，从城市的可持续发展角度提出了“城市复兴”或“城市更新”的概念，

其重点在于通过对城市资源的调整、整合和更新，提供创新制度并引入金融支持，使城市得到改善和提高，从而实现城市的永续利用。城市更新项目作为盘活低效存量土地资源、缓解城区用地供给不足、促进节约集约用地的创新性探索，承载着新一轮土地改革、化解城乡二元壁垒的历史使命①。

城市更新项目之所以难，难就难在多方利益必须兼顾，每家每户都有一本账，都希望使自己利益最大化，都有好处，改造工作才能持续健康推进。如在旧村改造项目中，对于村集体和广大村民而言，旧村改造意味着放弃集体土地的权益，换取居住条件改善、生活配套便利、经济收入持续增长等城市发展带来的红利；对于参与改造的房地产企业来说，旧村改造意味着提前支付大额改造成本，锁定土地开发权利，以时间换空间，争取未来土地升值带来的溢价空间。城市更新项目成本费用，尤其是政策和拆迁补偿方案规定的成本费用，对房地产企业是抵减项，对村集体和村民则是增加项，如果成本费用过高，市场主体无利可图，最终反而推高房价，无益于城市优化发展和民生问题解决；如果成本费用过低，损害村集体和村民权益，难免有土地掠夺之嫌，激起民怨。因此，政府有责任居中衡平，通过对安置补偿标准予以规范，维护利益共享机制，防止天平向任何一方倾斜；同时，通过对项目改造实施方案（拆迁补偿安置方案）的备案监管，兼顾项目与项目、村与村之间的平衡，防止相互攀比、恶性竞争。

二、城市更新项目成本费用对融资区开发建设的意义

在说明该意义之前，有必要对项目改造成本与融资区建筑面积之间的逻辑关系予以解释。根据《广东省人民政府关于深化改革加快推动“三旧”改造促进高质量发展的指导意见》（粤府〔2019〕71 号），“对以拆除重建方式实施的旧城镇、旧村庄改造项目，应以成本和收益基本平衡为原则合理确定容积率；因用地和规划条件限制无法实现盈亏平衡的，可通过政府补助、异地安置、容积率异地补偿等方式进行统筹平衡”。

换言之，项目改造成本总额除以融资区每平方米市场评估价可得出融资地块总建筑面积，即：融资区总建筑面积（平方米） =项目改造成本（元） ÷融资区市场评估价（元/平方米）。又根据融资区占地面积，政府需合理调整规划容积率，以使规划融资区总建筑面积等于改造成本折算的融资区总建筑面积，确保盈亏平衡。即测量反映现状，现状决定成本，成本影响规划，规划决定收益。

由此可见，在房地产企业实际承担的成本费用中，哪些可以纳入改造成本，按照什么标准纳入改造成本，直接关系到融资区规划容积率，最终影响项目盈利，对房地产企业至关重要。因此，游戏规则自然不能由作为运动员的房地产企业自行确定，必须由政府事先制定并居中裁判，按照统一的尺度和标准核定各个项目的改造成本。

三、城市更新项目成本费用对税务处理的意义

自广州市住房和城乡建设局颁布《成本核算办法》以来，笔者一直在思考一个问题，到底政策规定及拆迁补偿方案记载的成本费用与税法准予税前扣除的成本费用有何异同，换

① 秦虹，苏鑫．城市更新［M］．北京：中信出版集团，2018.

言之，是否政策规定的成本费用、拆迁补偿方案记载的成本费用必然可以税前扣除，而政策规定及拆迁补偿方案以外的成本费用，必定无法税前抵扣？笔者认为非也，政策规定及拆迁补偿方案记载的成本费用和税法认可的成本费用，分别属于不同语境下的概念。

前者由城市更新主管部门负责核定，依据包括《成本核算办法》及各地与拆迁安置补偿方案相关的规范性文件，其意义在于平衡改造主体、被改造主体、市场主体等相关方利益，保护利益共享机制，并确保各个项目均按照统一的标准核算成本，规则公开透明，市场主体公平竞争；后者则由税务部门负责核定，依据包括《中华人民共和国企业所得税法》《中华人民共和国土地增值税暂行条例》和《广东省“三旧”改造税收指引》等法律法规，其意义在于保障国家利益和纳税人合法权益。

进一步来讲，在企业所得税项下，即便是政策规定且拆迁补偿方案记载的成本费用，还必须符合真实性、相关性、合理性、税法优先原则，凭合法凭据才能税前扣除；在土地增值税项下，不论是政策规定的成本费用，还是拆迁补偿方案记载的成本费用，均必须遵循真实性、实际支付、合法有效凭证和准确合理分摊原则，才能依法计入扣除项目①。

第二节　政策文件规定的成本费用

政策文件规定的成本费用，指通过法律法规、规章政策、规范性文件等广义法律形式予以规定的成本费用，属于成本费用中最基础的部分，为政府核算认定城市更新项目改造成本提供标准和依据。

广州在成本费用核算方面出台了具体的规定和明确的计算标准，具有一定的代表性和参考意义。本节中有关成本费用的分析以广州市的具体做法为例。广州市住房和城乡建设局于2019年10月31日发布《广州市旧村庄全面改造成本核算办法》（穗建规字〔2019〕13号，以下简称《成本核算办法》），《成本核算办法》根据《广州市城市更新办法》（广州市人民政府令第134号）、《广州市旧村庄更新实施办法》（穗府办〔2015〕56号）、《广州市人民政府关于提升城市更新水平促进节约集约用地的实施意见》（穗府规〔2017〕6号）、《广州市人民政府办公厅关于印发广州市深入推进城市更新工作实施细则的通知》（穗府办规〔2019〕5号）等相关政策文件制定，为进一步明确旧村庄全面改造成本核算标准、规范旧村庄全面改造成本的核算方式、科学测算项目改造成本提供了政策性依据。如前文所述，《成本核算办法》由广州市住房和城乡建设局发布，并非税务部门出台的政策性规定。

《成本核算办法》规定的成本费用主要包括前期费用、建安费用、临迁费用、拆除费用、市政费用、农转用费用、不可预见费用等，共十三类，具体如下：

一、前期费用

（一）基础数据调查费、基础数据核查费

基础数据调查费：按照《关于印发〈测绘工程产品价格〉和〈测绘工程产品困难类别

① 梁文涛．税法［M］．北京：中国人民大学出版社，2020.

细则〉的通知》（国测财字〔2002〕3 号）和《城市规划设计计费指导意见》（〔2004〕中规协秘字第 022 号），片区测绘土地等数据调查费用 49.22 万元/平方公里，户外房屋测绘费用 42.58 万元/平方公里；实施方案土地等数据调查费用 49.22 万元/平方公里（用地面积），房产测绘Ⅲ类费用为 2.72 元/平方米（建筑面积）。

基础数据成果核查费：按测绘费总和的 30% 计算。

（二）片区策划方案编制费

按照 3 万元/公顷计算，包含策划研究、控制性详细规划用地方案费用。需要开展前期研究及专项评估的，其费用根据实际情况确定。小于等于 20 公顷时，按 60 万元/每项目。

（三）项目实施方案编制费

按照 3 万元/公顷计算，需要开展前期研究及专项评估的，其费用根据实际情况确定。小于等于 20 公顷时，按 60 万元/每项目。

（四）融资楼面地价评估费

按照《关于土地价格评估收费的通知》（计价格〔1994〕2017 号），融资楼面地价评估选取两家评估机构，费用据实结算。

（五）土地勘测定界费

按照《关于印发〈测绘工程产品价格〉和〈测绘工程产品困难类别细则〉的通知》（国测财字〔2002〕3 号），1:500 地籍界线测绘Ⅲ类收费标准为 372196.76 元/平方公里，E 级控制点Ⅱ类收费标准为 2553 元/点，建筑用地拨地定桩 2594.32 元/组，每组 4 个点。

二、拆迁费用

根据《成本核算办法》第四条至第十条，拆迁费用包括临迁费（或房屋建安成本补偿）、拆运费用、搬家补偿费及电话、有线电视、宽带网络等设施迁移费等。《成本核算办法》将现状房屋区分为住宅、集体经济物业和不可移动文物、历史建筑、传统风貌建筑等，并以房屋是否具有合法证明及建成时间为标准，对各类房屋的拆迁费用标准予以规范。如图 4－2 所示。

（一）住宅拆迁费用

1. 合法住宅建筑。根据《成本核算办法》第六条，合法住宅建筑指具有下列文件之一的住宅建筑，包括：房屋产权证、村镇建房许可证、宅基地证、2009 年 12 月 31 日前的有关批准使用房屋宅基地的证明或区政府（广州空港经济区管委会）实施村民建房登记管理的证明、属于一户一宅建设的确认文件等。

（1）临迁费用。详见第二章第二节第（一）部分，此处不再重复阐释。

（2）房屋建安成本补偿。2009 年 12 月 31 日前建成经村集体批准的三层半以下住宅建筑的总量之外的建筑，可按每平方米 1500 元核算给予房屋建安成本补偿，计入改造成本。

（3）房屋拆运费用。现状房屋拆运费用按不高于每平方米 60 元的标准核算，包含房屋拆卸、余泥清运、余泥排放及办理各种手续的行政收费、手续费。

2. 无合法证明的住宅建筑。

（1）房屋建安成本补偿。详见第二章第二节第（四）部分，此处不再重复阐释。

（2）房屋拆运费用。现状房屋拆运费用按不高于每平方米 60 元的标准核算，包含房屋拆卸、余泥清运、余泥排放及办理各种手续的行政收费、手续费。

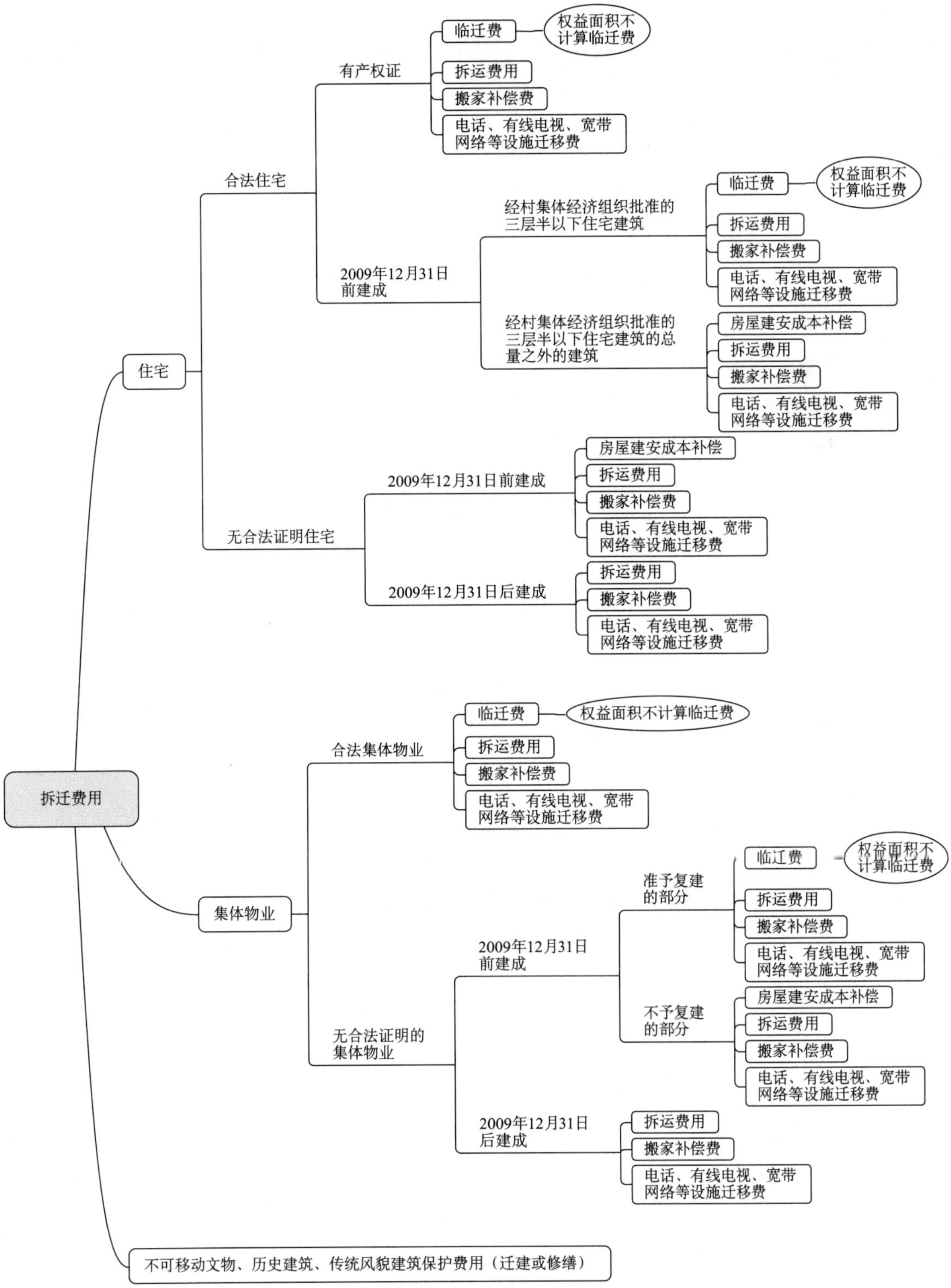

图 4－2　各类房屋的拆迁费用

（二）集体物业拆迁费用

1. 合法的集体物业。根据《成本核算办法》第八条，合法的集体物业指有房屋产权证或合法报建手续的集体物业。

（1）临迁费用。详见第二章第二节第（一）部分，此处不再重复阐释。

（2）房屋拆运费用。现状房屋拆运费用按不高于每平方米60元的标准核算，包含房屋拆卸、余泥清运、余泥排放及办理各种手续的行政收费、手续费。

2. 无合法证明的集体物业。

（1）房屋建安成本补偿。详见第二章第二节第（三）部分，此处不再重复阐释。

（2）房屋拆运费用。现状房屋拆运费用按不高于每平方米60元的标准核算，包含房屋拆卸、余泥清运、余泥排放及办理各种手续的行政收费、手续费。

（三）祠堂等历史建筑拆迁费用

不可移动文物、历史建筑、传统风貌建筑保护费用（迁建或修缮）根据具体的保护方案确定，并计入改造成本。

（四）集体物业相关使用人的拆迁补偿费用

2020年新发布的《广州市国有土地上房屋征收与补偿实施办法（征求意见稿）》第三十二条规定："征收非住宅房屋的，房屋征收部门应当支付搬迁费、临时安置费。搬迁费包括机器设备的拆卸费、搬运费、安装费、调试费和搬迁后无法恢复使用的生产设备重置费等费用。"如下为笔者对城市更新项目中，集体物业清拆过程还可能产生的几项费用进行的简要阐释：

1. 临时安置费：应当根据市住房城乡建设行政主管部门最近一次公布的被征收房屋所处区位同类型房屋租金参考价格，按照被征收房屋建筑面积向被拆迁人支付。选择货币补偿的，房屋征收部门一次性支付3个月的临时安置费；选择产权调换的，房屋征收部门自实际搬迁之日起支付临时安置费至产权调换房屋交付之日止。

2. 停产停业损失：对因征收房屋造成被拆迁人停产停业损失的补偿，根据房屋被征收前的效益、停产停业期限等因素确定。其中，房屋被征收前的效益原则上以房屋征收决定作出前1年内实际月平均税后利润为准，不能提供纳税情况等证明或者无法核算税后利润的，按上年度本地区同行业平均税后利润额或者同类房屋市场租金计算。停产停业期限的确定，选择货币补偿的按6个月计算；选择产权调换的，停产停业期限自被拆迁人实际搬迁之日起至产权调换房屋通知交付之日止。

3. 被征收房屋的生产、经营单位或个人不是被拆迁人的，被拆迁人负有清退被征收房屋的责任。被拆迁人与生产、经营单位或个人有合同约定的，依照约定分配停产停业损失补偿和搬迁费、临时安置费；没有约定的，由被拆迁人与生产、经营单位或个人协商分配。

三、复建费用

根据《成本核算办法》第十一条和第十二条，复建建设费用是指复建住宅及其配套设施、办公楼、商业及为区域服务的大型市政基础设施和公建配套设施等公益性建设的成本费用。如图4-3所示。

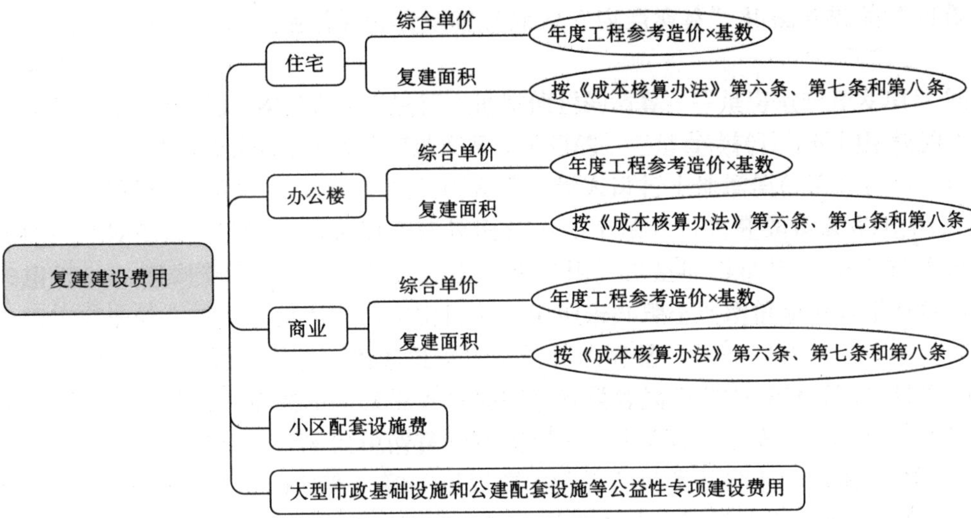

图4－3 复建建设费用

其中，住宅、办公楼、商业建设费用＝综合单价×复建面积

（一）综合单价

综合单价包括单体建安工程费（含装修费）、小区配套设施费、工程建设其他费、预备费等，严格按照《成本核算办法》附件《旧村庄全面改造成本构成一览表》核定的综合单价标准执行。该单价为对应基数与系数相乘的值，基数为广州市建设工程造价管理部门公布的年度工程参考造价，每年按公布价调整，系数为固定值，不得调整。

1. 住宅（6层及6层以下）。2018年度工程参考造价为每平方米1950元，系数为1.56，单价为每平方米3046元。单价不包含地下室、不装电梯、不配中央空调。

2. 住宅（7层及7层以上，总高度100米以下）。2018年度工程参考造价为每平方米2826元，系数为1.47，单价为每平方米4157元。单价包含地下室、装电梯、不配中央空调。

3. 住宅（总高度100米以上）。2018年度工程参考造价为每平方米2826元，系数为1.63，单价为每平方米4614元。单价包含地下室、装电梯、不配中央空调。

4. 权益住宅。根据《成本核算办法》第七条第一款，安置住宅权益面积建设费用单价按照复建住宅建设费用单价与房屋建安成本补偿（每平方米1500元）的差额计算，按上述原则计算所得的住宅权益面积建设费用，计入改造成本；其中扣减的房屋建安成本补偿（每平方米1500元）由村民自筹，不计入改造成本。

5. 办公楼（6层及6层以上，总高度100米以下）（非小区配套）。2018年度工程参考造价为每平方米2683元，系数为1.35，单价为每平方米3620元。单价包含地下室、装电梯、配中央空调。

6. 办公楼（总高度100米以上300米以下）（非小区配套）。2018年度工程参考造价为每平方米5652元，系数为1.33，单价为每平方米7525元。单价包含地下室、装电梯、配中央空调。

7. 商业（非小区配套）。2018年度工程参考造价为每平方米3880元，系数为1.33，单价为每平方米5160元。单价包含地下室、装电梯、配中央空调。

（二）复建面积

按照《成本核算办法》第六条、第七条和第八条执行，具体如下：

1. 住宅复建面积。详见第二章第二节第（四）部分，此处不再重复阐释。

2. 集体物业复建面积。详见第二章第二节第（四）部分，此处不再重复阐释。

（三）小区配套设施费

包括为小区配备的肉菜市场、幼儿园、教学楼、道路、绿化、园林、外水、外电、风雨连廊、垃圾收集站等设置的一切配套设施。

（四）公益性专项建设费用

为区域服务的大型市政基础设施和公建配套设施等公益性专项建设费用，根据旧村庄规划后重建区范围规划情况，进行专项评估后纳入改造成本。

四、其他费用

（一）地质处理费

不良地质处理费用、场地环境调查及风险评估和污染场地土壤修复费用，进行专项评估后纳入改造成本。

（二）土地农转用费用

涉及农转用时计算，含耕地开垦费、耕地占用税及菜田建设费、农用地补偿、安置补偿、青苗补偿等，具体按照相关部门的规定办理。

（三）城乡建设用地增减挂钩费用

涉及城乡建设用地增减挂钩时计算，具体按照相关部门的规定办理。

（四）整合周边地块费用

整合权属范围外周边地块的改造成本，按照政府土地整备有关规定由专业机构进行评估。

五、不可预见费

不可预见费按上述前期费用、拆迁费用、复建费用与其他费用总和的3%计算，确实需要突破的，最高不超过5%，用于安置补偿过程中实际发生但又未纳入改造成本部分的费用。包括拆迁补偿安置协议签订、风险评估、其他专题评估、集体经济物业租赁合同提前解约、停业损失补偿等未计入改造成本的费用。

六、拆迁奖励

详见第二章第二节第（七）部分，此处不再重复阐释。

七、融资地块土地出让金

采用自主改造和合作改造模式的旧村庄全面改造项目，其融资地块协议出让土地使用权测算土地出让金可纳入旧村庄全面改造成本。融资地价测算依据《广州市人民政府办公厅关于印发广州市城市更新办法配套文件的通知》（穗府办〔2015〕56号）中《广州市旧村庄更新实施办法》以及《广州市人民政府关于提升城市更新水平促进节约集约用地的实施意见》（穗府规〔2017〕6 号）的相关规定执行。一般为市场评估价的 20% 或 25%。

第三节　拆迁补偿方案记载的成本费用

拆迁补偿方案记载的成本费用，指经过市场主体与村集体协商、政府审议批复、村集体民主表决通过、报政府备案等程序后生效的拆迁补偿方案中记载的成本费用。

一、拆迁补偿方案成本费用与政策规定成本费用的关系

根据《广州市旧村庄更新实施办法》和《广州市人民政府关于提升城市更新水平促进节约集约用地的实施意见》（穗府规〔2017〕6 号），旧村改造实施方案提交市城市更新工作领导小组审议前，由各区结合实际形成方案表决稿，表决稿经村集体成员代表会议表决通过，表决内容应是拆迁安置总量、补偿具体方案等直接涉及村民利益相关内容；旧村改造实施方案经市城市更新工作领导小组审议并批复后，在 3 年之内经村民（含村改居后的居民）和世居祖屋权属人总人数的 80% 以上表决通过的，批复生效实施。

根据《深圳经济特区城市更新条例》，属于旧住宅区城市更新项目的，区人民政府应当在城市更新单元规划批准后，组织制定搬迁补偿指导方案和公开选择市场主体方案，经专有部分面积占比 95% 以上且占总人数 95% 以上的物业权利人同意后，采用公开、公平、公正的方式选定市场主体，由选定的市场主体与全体物业权利人签订搬迁补偿协议。规定以外的其他合法建筑和历史违建的搬迁补偿标准，由市场主体与物业权利人参照本市房屋征收相关规定协商确定①。

由此可见，各地对拆迁补偿方案生效的具体程序规定有所不同，但实质均是市场主体和物业权属人等各方博弈的结果。《成本核算办法》规定，拆迁补偿安置方案（含具体细化的补偿标准和操作办法）由村集体在不突破总体改造成本的前提下自行统筹实施，这就意味着，为推动城市更新项目顺利落地，拆迁补偿方案除按照政策文件规定核算确认的成本费用外，必然包含市场主体向村集体让渡的红利。拆迁补偿方案记载的成本费用根源于政策文件规定的成本费用，又往往高于政策文件规定的成本费用，正所谓“青出于蓝而胜于蓝”。

二、广州代表性地区拆迁补偿安置方案

广州市黄埔区、南沙区、番禺区等在《成本核算办法》的基础上，均根据辖区经济发展水平和项目特点，制定了地区拆迁补偿安置方案指引。笔者将以这些代表性地区为例，重点介绍实际操作过程中各区拆迁补偿安置成本费用突破《成本核算办法》规定的内容。

（一）代表性地区一：广州市黄埔区

1. 对 2009 年 12 月 31 日前建成经村集体批准的住宅建筑，突破《成本核算办法》中三层半限制，对四层以内的均准予按照 1:1 复建，纳入改造成本。

按照《广州市黄埔区广州开发区（九龙片区除外）旧村改造补偿安置方案（模板）》，

① 司马晓．深圳城市更新探索与实践［M］．北京：中国建筑工业出版社，2019.

经集体经济组织批准 2009 年 12 月 31 日前建成的四层以下（含四层）住宅建筑。回迁安置建筑面积 = 首层建基面积 ×4 + 阳台面积 ×50% + 飘楼 ×100%（阳台和飘楼均为不超过四层部分，宅基地范围内阳台按 100% 计算，飘板、屋檐、滴水线、装饰线等附属物不计）。

2. 对 2009 年 12 月 31 日后建成的无合法证明的住宅建筑，突破《成本核算办法》中不予复建和房屋建安成本补偿的限制，符合条件的给予回迁安置权益面积或成本补偿。

按照《广州市黄埔区九龙片区旧村改造补偿安置方案（模板）》，2009 年 12 月 31 日之后但在 2019 年 1 月 17 日前建成且符合一户一宅的住宅建筑，按每栋不高于 240 平方米计算回迁安置权益面积，由村民按不高于每平方米 1000 元购买权益面积；现状建筑实测超出回迁安置权益面积的建筑，按每平方米 600 元予以补偿。

3. 回迁安置权益面积，村民按每平方米 1000 元价格回购，低于《成本核算办法》规定的每平方米 1500 元。

按照《广州市黄埔区九龙片区旧村改造补偿安置方案（模板）》，合法建筑面积不足证载首层建基面积 ×4 的，差额部分作为回迁安置权益面积，由村民按每平方米 1000 元购买。经集体经济组织批准 2009 年 12 月 31 日前建成不足四层住宅建筑的，其与以上“回迁安置建筑面积”的差额部分作为回迁安置权益面积，由村民按每平方米 1000 元购买。

4.《成本核算办法》将现状房屋区分为住宅建筑、集体物业和不可移动文物、历史建筑、传统风貌建筑，黄埔区则在此基础上进一步细化，增加了对祖屋、非居住用途房屋、附属物、首层经商的房屋、有证空地等的具体补偿标准。

5.《成本核算办法》规定临迁费按 4 年或 5 年核算，黄埔区则根据部分项目周期长、难度大、村民早日回迁意愿强烈等特点，增加激励约束机制，明确临迁费递增方式。如规定从安置户 100% 清空交房之日起 5 年内完成回迁安置，如逾期未能回迁安置的，从第 6 年开始，每 3 年递增 10%。

6. 根据《广州市黄埔区人民政府、广州开发区管委会印发〈广州市黄埔区、广州开发区关于进一步深化城市更新工作推进高质量发展若干措施〉的通知》（穗埔府〔2020〕6 号）的规定：“在旧村改造项目实施方案上会前，改造主体与村民签订弃产协议的，可将规定标准内的弃产补偿费用纳入改造成本，对应的弃产房屋面积不再予以复建。旧村改造项目实施方案批复后，允许不高于复建总量 30% 的房屋弃产，弃产房屋应在安置区中划分独立区域整体（需整栋）集中进行规划建设，在确保满足项目安置回迁需求，以及按规定完成用地‘集转国’手续和补缴土地出让金后，可参照融资区商品房办理预售许可手续并对外销售。”目前，广州市黄埔区的政策明确允许在弃产量达到一定后，市场主体可在安置区中划分独立区域整栋进行商品房建设。

（二）代表性地区二：广州市南沙区

1. 在核定住宅复建面积及复建改造成本时，对 2009 年 12 月 31 日后建成的无合法证明的建筑，《成本核算办法》规定原则上不计入改造成本。南沙区在实际操作中有所放宽，对 2009 年 12 月 31 日后建成且一定面积以内的住宅建筑，也允许按照 1:1 比例计算基准回迁安置面积，纳入改造成本。

根据《关于进一步加快南沙区旧村庄改造工作的指导意见（试行）》，符合历史报建要求（含办理村民建房备案等手续）、2009 年 12 月 31 日后建成的符合“一户一宅”相关规定的村民住宅建筑 280 平方米以内部分，经镇（街）和村逐栋确认、公示的，可纳入改造成本。

按照《广州市南沙区旧村庄更新改造项目补偿安置标准指引（试行）》（穗南府〔2020〕2号），符合以下情形的房屋建筑按照1:1比例计算基准回迁安置面积：第一，具有合法产权证明；第二，2009年12月31日前建成经村集体批准的三层半以下住宅建基面积80平方米、建筑面积280平方米以内部分；第三，符合历史报建要求（含办理村民建房备案等手续）、2009年12月31日后建成、符合“一户一宅”相关规定的村民住宅建基面积80平方米、建筑面积280平方米以内部分；“一户一宅”的认定按照《广州市人民政府办公厅关于印发〈广州市乡村建设规划许可证实施办法〉的通知》（穗府办规〔2017〕11号）等有关规定执行。

2. 新增关于奖励回迁面积的规定，进一步推高住宅复建面积及复建改造成本。

按照《广州市南沙区旧村庄更新改造项目补偿安置标准指引（试行）》（穗南府〔2020〕2号），奖励回迁面积的规定包括：第一，具有合法产权证明的房屋建筑所有人，在规定期限内完成签约并移交房屋的，给予不超过证载面积的30%作为奖励回迁面积。第二，2009年12月31日前建成经村集体批准的三层半以下住宅的房屋建筑所有人，符合历史报建要求（含办理村民建房备案等手续）、2009年12月31日后建成、符合“一户一宅”相关规定的村民住宅的房屋建筑所有人，在规定期限内完成签约并移交房屋的，给予不超过现状可安置面积的20%作为奖励回迁面积。奖励回迁面积由被补偿人按1500元/平方米标准出资购买。

3. 对于无合法产权证明、2009年12月31日后建成、不符合“一户一宅”相关规定的房屋建筑，突破《成本核算办法》不予房屋建安成本补偿的规定，仍给予房屋建设费用补偿，纳入改造成本。

按照《广州市南沙区旧村庄更新改造项目补偿安置标准指引（试行）》（穗南府〔2020〕2号），无合法产权证明、2009年12月31日后建成、不符合“一户一宅”相关规定的房屋建筑，不予安置，按不高于1500元/平方米标准补偿房屋建设费用。

4. 新增关于村民自行住改商经营损失处理的规定，对改造期间关停拆迁造成的经营损失由被补偿人与改造主体协商确定。

按照《广州市南沙区旧村庄更新改造项目补偿安置标准指引（试行）》（穗南府〔2020〕2号），原村民房屋改造成商铺的，对改造期间关停拆迁造成的经营损失由被补偿人与改造主体协商确定。除经营损失补偿外，可按下列方式之一进行回迁安置：第一，按照住宅房屋的回迁安置办法进行回迁安置；第二，根据实际经营建筑面积按比例折算复建回迁商铺面积，折算比例由被补偿人和改造主体协商确定。

（三）代表性地区三：广州市番禺区

1. 沿袭《成本核算办法》对现状房屋建筑分类处理的原则，将住宅建筑进一步细分为村民住宅、世居祖屋和除村民房屋及世居祖屋以外的其他集体土地上房屋（不含集体经济物业）三种类型。

2. 根据房屋办证和历史审批条件的不同，明确三种类型住宅建筑的具体复建安置指标核定标准。

根据《番禺区旧村庄全面改造项目住宅房屋补偿安置指引》（番府规〔2020〕1号），对于村民住宅，第一，有合法权属证书或能提供建房相关批准文件的，可选如下方法之一核定复建安置指标：（1）按证载或登记的建筑面积数值核定指标；（2）按证载或登记的用地面积的3倍加20平方米核定指标；（3）按现状实测建筑基底面积的3倍加20平方米核定指标，其中，2012年11月22日前建成的，可核定基底面积不超过120平方米，2012年11月22日及以后新增宅基地的，可核定基底面积不超过80平方米。第二，能提供经属地镇（街）确认的所属村集体出具的2009年12月31日前有关批准使用房屋宅基地的证明或确认属于"一户一宅"的建设证明的，按现状实测建筑基底面积的3倍加20平方米核定指标。其中，2012年11月22日前建成的，可核定基底面积不超过120平方米，2012年11月22日及以后建成的，可核定基底面积不超过80平方米。第三，2009年12月31日前建成的房屋，经村集体确认由多宗宅基地或多户村民合建，并能提供以下证明材料之一的，按照证明材料可认定的各宗宅基地面积之和（不超过现状实测建筑基底面积）的3倍加20平方米核定指标。合建房屋须扣除建房退缩面积，退缩面积由镇（街）组织村集体认定。

对于世居祖屋，房屋权属人现户籍不在本村，但祖籍在本村，且其本人在本村内只有一间房屋的，复建安置指标最大值不超过280平方米。已有合法权属证书的，可按证载建筑面积总和的数值核定复建安置指标。

除村民住宅及世居祖屋以外的其他集体土地上房屋（不含集体经济物业），按照合法权属证书证载建筑面积的数值核定指标；没有合法权属证书的不予核定指标。

（四）代表性地区四：广州市增城区

1. 明确各村集体和合作企业是拆迁补偿安置的实施主体。

根据《增城区新塘镇旧村全面改造项目个人房屋拆迁补偿安置工作指引》（增新府〔2020〕15号），各村集体和合作企业是旧村全面改造项目个人房屋拆迁补偿安置的实施主体，共同推进个人房屋的拆迁协商、协议签订、回迁安置等工作。

根据《增城区新塘镇旧村全面改造项目集体物业拆迁补偿安置工作指引》（增新府〔2020〕14号），各村集体和合作企业是旧村全面改造项目集体物业补偿安置的实施主体，共同推进集体物业的清租协商、协议签订、物业收回等工作。

2. 结合增城区项目实际情况，扩大成本核算的适用范围，不仅限于旧村集体土地及地上物业安置补偿，还包括旧村整合周边旧城、旧厂混合改造所涉及的国有土地及地上物业安置补偿。

根据《增城区加快推进旧村全面改造工作的实施意见（试行）》（增府办规〔2020〕6号），该意见适用于增城区行政区域内的旧村全面改造项目（包括旧村整合周边旧城、旧厂混合改造）。

3. 增加对旧村整合周边旧城、旧厂混合改造涉及的国有住宅、国有物业复建面积及改造成本的规定。

根据《增城区加快推进旧村全面改造工作的实施意见（试行）》（增府办规〔2020〕6号），第一，国有住宅复建量核算：（1）住宅建筑有合法证明文件的，按证载（批准）建筑面积1:1或证载（批准）套内面积1:1.2核算复建量。（2）用地有合法证明文件的，可按证载（批准）面积120平方米以内部分的3.5倍、超出部分的1.8倍，或者按现状建筑基底120平方米内部分的3.5倍核算复建量。第二，国有住宅成本核算：（1）现状建筑中准予复建部分的复建费用和临迁费计入改造成本。（2）现状建筑中不予复建部分，按1500元/平方米给予房屋建安成本补偿，计入改造成本。第三，国有物业复建总量和改造成本可按集体经济物业标准核算；也可由专业机构对原用途土地和房屋价值进行评估补偿，补偿款计入改造成本，相关建构筑物不再复建安置。

4. 集体土地上房屋的补偿安置对象，不限于本村村民，还包括因历史原因在旧村全面改造范围内的集体土地上有房屋的本村村民以外的其他权属人。

根据《增城区新塘镇旧村全面改造项目个人房屋拆迁补偿安置工作指引》（增新府〔2020〕15号），补偿安置对象为旧村全面改造范围内被拆迁房屋及宅基地的权属人，又可分为集体土地上房屋及宅基地权属人和国有土地上房屋权属人。其中，集体土地上房屋及宅基地权属人可分为本村村民及其他房屋权属人。

5. 对于集体土地上住宅，增城区在《成本核算办法》基础上上浮一定比例核定复建面积，新塘镇更是放宽了《成本核算办法》中关于“三层半”和“2009年12月31日前建成”等限制，原则上按照现状住宅四层以下（含四层）实测建筑面积进行拆一补一。

根据《增城区加快推进旧村全面改造工作的实施意见（试行）》（增府办规〔2020〕6号），集体土地上村民住宅复建总量，原则上以可计基底总面积的3.5倍核算；平均层数超3.5层的旧村，可选择以可计总栋数乘以280平方米核算。在不突破规划控制建筑总量的情况下，复建总量可按不超过核算复建量10%的比例上浮后核定。

根据《增城区新塘镇旧村全面改造项目个人房屋拆迁补偿安置工作指引》（增新府〔2020〕15号），对本村村民无合法证明文件的住宅，若现状实测建筑面积大于现状实测建基面积×3.5，回迁安置面积=现状四层及以下实测建筑面积；对其他房屋权属人无产权证的住宅，回迁安置面积=四层以下现状实测建筑面积，但不高于现状实测建基面积×3.5。

6. 增加住改商安置标准，可以选择复建区商业回迁或住宅回迁。

根据《增城区新塘镇旧村全面改造项目个人房屋拆迁补偿安置工作指引》（增新府〔2020〕15号），选择回迁为复建区商业的，回迁商业面积=现状住宅用于经营的建筑面积×商圈折算系数，住改商认定标准、商圈折算系数由实施主体制定具体实施方案时予以明确。选择商业回迁的住改商房屋，给予停产停业损失补偿、租赁损失补偿，补偿标准参照集体物业拆迁补偿安置工作指引执行。

7. 对《成本核算办法》中集体物业安置补偿规定进行细化，将集体物业补偿方式分为清租补偿和租赁损失补偿。

根据《增城区新塘镇旧村全面改造项目集体物业拆迁补偿安置工作指引》（增新府〔2020〕14号），旧村全面改造项目集体物业原则上按照村集体与各承租人签订的租赁合同进行清租补偿，清租补偿对象为与村集体签订租赁合同的集体物业承租人；旧村全面改造范围内，符合复建安置条件的集体物业所有权人为租赁损失补偿对象，按照不低于集体物业原租金收入的原则，清租后给予村集体租赁损失补偿。

同时，对于集体物业清租补偿，明确了清租补偿对象和补偿方式，对具体清租补偿标准作了详细说明，清租补偿按照清一宗、核算一宗、接收一宗的原则进行。对于集体物业租赁损失补偿，确定了损失补偿原则、损失补偿对象与补偿标准以及损失补偿的给付期限。

第四节　市场主体实际承担的成本费用

一、成本费用不同界定范围的关系

城市更新项目的成本费用，从不同角度看，存在市场主体实际承担的成本费用、拆迁补偿方案确定的成本费用以及相关政策所规定的成本费用，它们之间既有关联又有区别。市场主体实际承担的成本费用，指市场主体在介入、推动并完成城市更新项目全过程工作中实际负担的全部成本费用，除政策规定和拆迁补偿方案记载的成本费用外，还包括各类协调费用、解决“钉子户”的额外开支、融资地块开发建设成本、市场主体自身管理费用和财务费用等。此项成本费用，不一定由市场主体直接支出，还可能由市场主体股东、实际控制人或关联方对外支付，属于广义的概念，其范围远远高于拆迁补偿方案及政策规定的成本费用。

二、前期服务公司与前期服务费用

熟悉城市更新的人都知道，绝大多数项目都有前期服务公司的身影，即俗称的“平台公司”。市场主体向平台公司支付的平台费用，无疑是成本费用中敏感而关键的组成部分。平台费用动辄上千万、上亿甚至几十亿元，且不论其存在是否合法合规，如果不花这些费用，市场主体根本无法介入城市更新项目，更枉谈推进和实施。本节将对前期服务公司和前期服务费用进行介绍。

（一）前期服务公司及其存在形式

现行法规和政策鲜见对“平台公司”的标准定义，但也不妨碍我们从一些规范性文件中对“平台公司”进行解读。根据《关于进一步加快南沙区旧村庄改造工作的指导意见（试行）》规定，“村集体原则上不得引入中介公司、平台公司，严禁各类中介公司、平台公司等未提供技术服务、通过转让项目获取利益。各镇（街）应加强对村集体引入前期服务企业的监督和管理”。由此可见，平台公司属于前期服务企业，通常作为村集体与房地产企业之间的纽带，凭借其掌控的资源提供服务，协助推进项目进度，并获取收益。

实践中，前期服务公司存在形式包括但不限于如下三种，第一种是村集体主导成立的公司，第二种是房地产企业主导成立的关联公司，第三种是由村集体和房地产企业以外的拥有关键资源的第三方主导成立的公司。

（二）存在的原因

为何前期服务公司总与城市更新项目如影随形？笔者认为主要原因至少包括如下三方面：

首先，前期服务公司有助于解决房地产企业信息不对称问题。城市更新项目，特别是旧村改造项目，与一般房地产开发最大的区别在于村集体及村民利益平衡，从征询改造意愿和改造模式、选择合作（意向）企业、协商确定改造实施方案（拆迁补偿安置方案），到集体建设用地转国有建设用地等，项目进程中每个关键节点都必须经民主程序表决通过。不仅如此，村集体与村民的意愿及配合程度，与合作企业的开发进度、成本费用息息相关，最终影响项目收益。术业有专攻，房地产企业专注于复建安置和融资区开发建设，而各村内部关系盘根错节、纷繁复杂，则需要熟悉村务并掌握相关资源的前期服务公司予以协调。

其次，前期服务公司能帮助房地产企业降低审计和财务风险。如前所述，在政策规定和拆迁补偿方案记载的成本费用外，合作企业还有很多费用需要实际负担或提前垫付，有实力的房地产企业往往因央企、国企或上市公司身份无法及时安排，前期服务公司则相对灵活，借助前期服务公司可一定程度降低合作企业审计和财务风险。

最后，前期服务公司能为改造主体提供前期专业服务，协助启动城市更新项目。旧村改造是一项庞大、专业和复杂的工作，即使村集体和村民有改造意愿，还需要专业机构协助。房地产企业基于自身利益考虑，一般不会在不确定性较大的最初阶段介入，因此，前期服务公司往往作为先头部队打头阵，协助村集体启动前期工作，垫付一定成本费用。

（三）合作企业、合作意向企业与前期服务公司

在城市更新项目中，政策明确规定引入房地产企业参与旧村改造的具体时间。根据《广州市人民政府关于提升城市更新水平促进节约集约用地的实施意见》（穗府规〔2017〕6号），基础数据经区政府审核公布后，村集体才可以引入合作企业。

但在引入合作企业时点之前，诸如改造意愿和改造方式的宣传、摸查和表决，申请纳入城市年度计划，基础数据普查、调查、核查和入户测量等大量工作，若离开专业机构的协助和资金支持，村集体大多无法独立完成。多种因素催生之下，自2017年起，广州市城市更新项目涌现出越来越多的前期服务公司，这些前期服务公司通常不是或不是唯一的后期通过招商程序确定的合作企业，更多承担前期服务商的职责。客观来讲，在推动项目进程方面，前期服务公司确实发挥了积极作用，但缺乏监管与约束，潜规则暗流涌动，改革红利被少数利益群体侵蚀，寻租和腐败相继滋生，这样的改革势必无法长久。

为规范市场主体参与城市更新项目，2018年，原广州市城市更新局出台了《关于进一步规范旧村合作改造类项目选择合作企业有关事项的意见》（穗更新规字〔2018〕1号），首次提出“合作意向企业”概念，同意村集体确有需要的，可以在选择合作企业前，按照规定程序引入合作意向企业。2020年，广州市住房和城乡建设局更新了《关于进一步规范旧村合作改造类项目选择合作企业有关事项的意见》（穗建规字〔2020〕16号）：第一，明确合作意向企业须符合合作企业的资格条件，即近3年内无不良诚信记录，企业注册资本不少于1亿元。第二，明确合作意向企业引入办法。村集体成员代表大会表决通过后才能引入合作意向企业，合作意向协议及候选合作企业须由镇政府或街道办会同区城市更新部门审核把关后，再经村集体表决、公示。第三，为保证企业确有推进旧村改造的意愿和能力，从行政指导的角度，鼓励合作意向企业缴纳履约金，可优先纳入城市更新年度计划。合作意向企业报名参加后续合作企业公开招商时，履约金可转为保证金。

政府一手规范合作意向企业的同时，另一只手也对前期服务公司发起清理和整顿。广州市住房和城乡建设局于2019年下发《关于加强旧村全面改造项目监管工作的通知》，要求各区对本辖区内旧村全面改造项目引入合作企业的情况开展自查自纠；2020年4月，再次下发《关于报送旧村全面改造项目平台公司清理整顿工作情况的通知》，要求各区城市更新主管部门于4月16日前将本区旧村全面改造项目平台公司参与情况、清理整顿措施、下步工作计划等，上报广州市住房和城乡建设局。广州市规划和自然资源局南沙区分局于2019年出台《关于进一步加快南沙区旧村庄改造工作的指导意见（试行）》，要求“规范旧村改造引入前期服务企业。村集体原则上不得引入中介公司、平台公司，严禁各类中介公司、平台公司等未提供技术服务、通过转让项目获取利益。各镇（街）应加强对村集体引入前期服务企业的监督和管理。区城市更新主管部门负责按照城市更新相关政策规定标准，选择有资质的技术服务企业建立旧村改造前期技术服务企业库，提供政策咨询、技术支持等服务”。2019 年 10 月 11 日，广州市规划和自然资源局增城区分局发布《关于进一步加强市场主体参与我区旧村改造监管工作的函》，要求坚决杜绝平台中介公司倒卖项目破坏旧村改造秩序的行为，分为几个不同的阶段对镇（街）和市场主体进行规范和监管。在旧村庄合作类全面改造项目引入合作意向企业前，严禁企业提前介入旧村改造，明确镇（街）和其他任何企业市场主体的全责，其中，明令禁止村、社干部与任何企业私下签订服务协议、咨询合同、框架协议等与改造有关的文件，否则，镇（街）严肃处理违规村、社干部，且 1 年内不得受理该村旧村的改造申请。旧村庄合作类全面改造项目必须按照规定的程序公开选择合作意向企业，坚决防止平台中介公司成为合作意向企业，确保有意向的市场主体充分竞争；各镇（街）委派分管领导主导参与，评标过程严格按照评分标准，确保选择有实力、有经验的市场主体参与旧村改造。对于私下与企业签订改造协议或未按程序开展基础数据调查等违规旧村改造项目，镇（街）应当立即暂停相关工作，发现违纪违法的报送纪委监委，切实加强项目监管。

重拳出击下，合作意向企业能否完全替代前期服务公司呢？笔者认为需要从短期和长期两方面分析。从短期效果看，合作意向企业确实可以替代前期服务公司的部分职能，有助于实力参差不齐的前期服务公司行业洗牌和优胜劣汰。但现行政策下村集体“可以”引入合作意向企业（增城等少数地区除外），而非“必须”，部分前期服务公司可能不符合合作意向企业资格条件，或村集体尚未完成村集体成员代表大会表决通过、政府审核、村集体二次表决、公示等程序，短期内前期服务公司仍会以特殊身份广泛存在。从长远效果看，城市更新项目野蛮生长时代必将结束，随着制度和信息公开化、透明化，滋养前期服务公司生存的土壤不断干涸，实力较强的前期服务公司可能选择整体向合作意向企业过渡，其他散兵游勇可能寻求以各种方式和符合资质条件的企业合作或退出，此为大势所趋。

（四）前期服务费用

房地产企业与前期服务公司合作模式多种多样，房地产企业支付前期服务费用（即俗称的“平台费用”）也有不同方式，与此对应的税务处理和税负轻重差异明显。但不论合作模式如何，平台费用总额往往与项目计容可售建筑面积挂钩，按照每平方米服务费单价 × 计容可售建筑面积计算平台费用总额，或按照每平方米预计销售单价 × 计容可售建筑面积测算销售总额，再按销售总额的一定比例折算平台费用总额，据此得出的总金额一般在上千万到几十亿元之间。

那么，平台费用会随着平台公司的规范而减少么？笔者对此持保守意见。只要催生平台公司产生的根源依然存在，利益相关方诉求无法完全解决，就必然涉及项目不同阶段不同身份主体的分工，或后手承接前手工作成果的情况。平台公司不存在，但掌握关键资源的主体依然可以通过各种方式提供有价值的服务，平台费用作为合作对价和溢价，自然会以各种形式保留，因此其税务处理仍然是合作企业必须关注的重点问题。

（五）前期服务费用的衔接与返还

对旧村改造过程中部分前期服务费用的衔接和返还，《广州市城市更新税收指引（2021

年版)》给予了具体指引，其中：

第一，对于合作意向企业垫付的开展项目实施方案编制、融资楼面地价评估、土地勘测定界、城市更新范围内的国土空间详细规划及相关专项评估编制等前期工作的经费，以及相关的额外服务费用，可以在项目合作开发企业确定后，由改造主体公司返还合作意向企业代垫的前期费用。

对于前期费用的增值税处理，《广州市城市更新税收指引（2021 年版)》明确了返还该类前期费用的两种路径：第一，如果提供前期服务的专业机构直接开具发票给改造主体公司，合作意向企业除收回垫付的前期费用外，向改造主体公司额外收取的服务费，按照“现代服务业”征收增值税；第二，如果提供前期服务的专业机构开具发票给合作意向企业，合作意向企业可以通过开具发票给改造主体公司的方式收回垫付的前期费用及额外收取的服务费。对于上述第二种路径，合作意向企业属于转售相应应税服务，建议在合作意向企业和改造主体公司签订的相关合同中，明确转售的各项服务内容，以便区分对应的增值税税率，避免因约定不清导致适用高税率以致加重税负。

对于前期费用的土地增值税处理，《广州市城市更新税收指引（2021 年版)》第 1. 2. 2 条规定：对合作意向企业垫付的与改造项目直接相关的前期费用，改造主体成立后由其直接承担的，允许计入改造主体公司的土地增值税扣除项目。第 1. 7. 1 条规定；对改造主体公司为取得融资地块所支出的前期费用、拆迁费用、复建费用等，确属于改造项目直接相关的支出，且真实、合理的，允许计入土地增值税扣除项目。

对于前期费用的企业所得税处理，《广州市城市更新税收指引（2021 年版)》第 1. 2. 2 条规定：合作意向企业垫付的与改造项目直接相关的前期费用，改造主体公司成立后由其直接承担的，属于《国家税务总局关于印发〈房地产开发经营业务企业所得税处理办法〉的通知》（国税发〔2009〕31 号）第二十七条规定范围的，计入改造主体公司开发产品计税成本。与此同时，合作意向企业收回的前期代垫费用，不属于增值税与企业所得税的征税范围，无须缴纳增值税及企业所得税；但合作意向企业向改造主体公司额外收取的人工费用、合理利润等其他款项，应作为合作意向企业正常提供增值税应税服务的收入缴纳增值税和企业所得税，改造主体公司凭借增值税发票在企业所得税税前扣除。

第二，对于合作意向企业在改造前期阶段先行垫付的拆迁补偿费，改造主体公司成立后，可以由其直接承担的，属于改造主体公司成本、费用，由改造主体公司按照增值税、企业所得税、土地增值税的相关规定处理。

需要提示关注的是，《广州市城市更新税收指引（2021 年版)》中规定的可由改造主体公司返还的成本费用，主要属于政策文件规定的成本费用，仅仅是城市更新项目成本费用的一部分，其他成本费用是否也可以适用上述路径解决？笔者认为，参照《广州市城市更新税收指引（2021 年版)》对凭证问题和土地增值税佐证资料的规定，其他成本费用如能提供合法凭证和相关可靠的佐证资料，实操中获得认可的可能性较大。所谓“合法凭证”，根据《国家税务总局关于发布〈企业所得税税前扣除凭证管理办法〉的公告》，属于增值税应税项目的，对方为已办理税务登记的增值税纳税人，其支出以发票（包括按照规定由税务机关代开的发票）作为税前扣除凭证；对方为依法无须办理税务登记的单位或者从事小额零星经营业务的个人，其支出以税务机关代开的发票或者收款凭证及内部凭证作为税前扣除凭证，收款凭证应载明收款单位名称、个人姓名及身份证号、支出项目、收款金额等相关信息。不属于增值税应税项目的，对方为单位的，以对方开具的发票以外的其他外部凭证作为税前扣除凭证；对方为个人的，以内部凭证作为税前扣除凭证。所谓“佐证资料”，需包括：前期服务协议、发票、合作意向企业付款凭证、能佐证前期费用承担安排的招商文件及合作协议、改造主体公司返还代垫资金的付款凭证等。由此可见，对于村集体引入合作意向企业、改造主体公司共同开展改造前期工作的，各方需要在合作协议中明确支出责任和收益归属，重点关注代垫款项、合理利润、发票开具等。

另外，《广州市城市更新税收指引（2021 年版）》中规定的可由改造主体公司承接的是“合作意向企业”的成本费用，那么非合作意向企业垫付的成本费用是否也可以适用上述路径解决？笔者认为，新指引印证了“合作意向企业”将成为大势所趋，非合作意向企业垫付费用的情形日后可能面临更加严格的认定。同时，由于未有合作意向企业的历史项目大量存在，非合作意向企业如能提供合法凭证和相关可靠的佐证资料，在当前实操中获得认可的可能性仍然存在。

第五章 城市更新项目成本费用的税务处理

第一节 土地增值税对成本费用的确认和处理

一、一般项目土地增值税税务处理

（一）土地增值税纳税义务人

土地增值税是对有偿转让国有土地使用权、地上建筑物及其附着物并取得收入的单位和个人征收的一种税。土地增值税的纳税义务人，是转让国有土地使用权、地上建筑物及其附着物并取得收入的单位和个人；不论自然人、法人，不论经济性质，不论内资与外资、中国公民与外籍个人。

（二）土地增值税征税范围

土地增值税是对转让国有土地使用权及其地上建筑物和附着物的行为征税。

1. 基本征税范围：（1）国有土地使用权转让，包括出售、交换和赠与；（2）地上的建筑物及其附着物连同国有土地使用权一并转让；（3）存量房地产的买卖。

2. 不属于征税范围：（1）国有土地使用权出让；（2）未转让土地使用权、房产产权的行为，如房地产出租、代建、重新评估。

3. 特殊情形：（1）继承、赠与。继承、公益性赠与、赠与直系亲属或承担直接赡养义务人，不征收土地增值税；非公益性赠与，征收土地增值税。（2）房地产抵押。抵押期间，抵押期届满偿还债务本息、房地产产权未转移的，不征收土地增值税；抵押期届满无法偿还债务，以房地产抵债导致产权转移的，征收土地增值税。（3）房地产交换。单位之间交换，征收土地增值税；个人之间互换自有住房，免征土地增值税。（4）合作建房。房屋建成后自用，暂免征土地增值税；房屋建成后转让，征收土地增值税。

（三）土地增值税扣除项目

对于新建房地产转让，法定扣除项目共五项，五项以外的其他成本费用，不得在计算土地增值税时扣除。

1. 取得土地使用权所支付的金额，包括纳税人为取得土地使用权所支付的地价款；纳税人在取得土地使用权时按国家统一规定缴纳的有关费用（包含契税）。取得土地使用权的原始凭证有缴纳土地出让金凭证和银行转账记录等，具体包括国有土地出让合同、土地管理部门开具的收据、税务机关开具的契税完税凭证等。

2. 房地产开发成本，是指纳税人房地产开发项目实际发生的成本，包括以下六项：

第一，土地征用及拆迁补偿费，包括土地征用费、耕地占用税、劳动力安置费及有关地上、地下附着物拆迁补偿的净支出、安置动迁用房支出等。

关于拆迁安置补偿的扣除规定，根据《国家税务总局关于土地增值税清算有关问题的通知》（国税函〔2010〕220号）：用建造的本项目房地产安置回迁户的，安置用房视同销售处理，确认视同销售收入，同时将此确认为房地产开发项目的拆迁补偿费；房地产企业支付给回迁户的补差价款，计入拆迁补偿费；回迁户支付给房地产企业的补差价款，应抵减本项目拆迁补偿费。对异地安置，异地安置的房屋属于自行开发建造的，房屋价值计入本项目的拆迁补偿费；异地安置的房屋属于购入的，以实际支付的购房支出计入拆迁补偿费。对货币安置，房地产企业凭合法有效凭据计入拆迁补偿费。

第二，前期工程费，包括规划、设计、项目可行性研究和水文、地质、勘察、测绘、“三通一平”等支出。

第三，建筑安装工程费，是指以出包方式支付给承包单位的建筑安装工程费，以自营方式发生的建筑安装工程费。

第四，基础设施费，包括开发小区内道路、供水、供电、供气、排污、排洪、通信、照明、环卫、绿化等工程发生的支出。

第五，公共配套设施费，包括不能有偿转让的开发小区内公共配套设施发生的支出。

需要注意的是，房地产企业开发建造的与清算项目配套的居委会和派出所用房、会所、停车场（库）、物业管理场所、变电站、热力站、水厂、文体场馆、学校、幼儿园、托儿所、医院、邮电通信等公共设施，需要满足下列情形之一，确认视同销售收入，成本、费用可以扣除：建成后产权属于全体业主所有；建成后无偿移交给政府、公用事业单位用于非营利性社会公共事业；建成后有偿转让。

第六，开发间接费用，是指直接组织、管理开发项目发生的费用，包括工资、职工福利、折旧费、修理费、办公费、水电费、劳动保护费、周转房摊销等。

需要注意的是，房地产企业办理土地增值税清算所附送的前期工程费、建筑安装工程费、基础设施费、开发间接费用的凭证或资料不符合清算要求或不实的，税务机关可参照当地建设工程造价管理部门公布的建安造价定额资料，结合房屋结构、用途、区位等因素，核定上述四项开发成本的单位面积金额标准，并据以计算扣除。

3. 房地产开发费用，是指与房地产开发项目有关的销售费用、管理费用和财务费用。但房地产开发费用的确认既不同于会计核算，又区别于企业所得税费用扣除规则，关键取决于财务费用中的利息处理。

财务费用中的利息支出，凡能够按转让房地产项目计算分摊并提供金融机构证明的，允许据实扣除，但最高不能超过按商业银行同类同期贷款利率计算的金额；其他房地产开发费用，按上述取得土地使用权所支付的金额和房地产开发成本合计计算的金额的5%以内计算扣除，即：房地产开发费用＝利息＋（取得土地使用权所支付的金额＋房地产开发成本）×5%以内。

财务费用中的利息支出，凡不能按转让房地产项目计算分摊利息支出或不能提供金融机构证明的，房地产开发费用按上述取得土地使用权所支付的金额和房地产开发成本合计计算的金额的10%以内计算扣除，即：房地产开发费用＝（取得土地使用权所支付的金额＋房地产开发成本）×10%以内。

4. 与转让房地产有关的税金，对从事房地产开发的纳税人而言，是指在转让房地产时缴纳的营业税（营改增前）、城市维护建设税、教育费附加，即：与转让房地产有关的税金=营改增前实际缴纳的营业税、城市维护建设税、教育费附加+营改增后允许扣除的城市维护建设税、教育费附加。

5. 财政部规定的其他扣除项目。从事房地产开发的纳税人可加计20%的扣除，即：加计扣除费用=（取得土地使用权支付的金额+房地产开发成本）×20%。

6. 与扣除项目相关的其他问题。(1) 各扣除项目须提供合法有效凭证；不能提供合法有效凭证的，不予扣除。(2) 属于多个房地产项目共同的成本费用，应按清算项目可售建筑面积占多个项目可售总建筑面积的比例或其他合理的方法，计算确定清算项目的扣除金额。(3) 房地产企业的预提费用，除另有规定外，不得扣除。(4) 房地产企业缴纳的土地闲置费，不得扣除。

（四）土地增值税税率及应纳税额的计算

土地增值税应纳税额=增值额×适用税率－扣除项目合计金额×速算扣除系数

1. 扣除项目合计金额=取得土地使用权所支付的金额+房地产开发成本+房地产开发费用+与转让房地产有关的税金+财政部规定的其他扣除项目。

2. 增值额=应税收入－扣除项目合计金额。其中，应税收入包括货币收入、实物收入、其他收入，该收入不含增值税。

3. 适用税率为四级超率累进税率，根据增值率的不同，适用税率和速算扣除系数均不同。增值率=增值额/扣除项目合计金额，当增值率不超过50%时，适用税率为30%，速算扣除系数为0；当增值率大于50%且不超过100%时，适用税率为40%，速算扣除系数为5%；当增值率大于100%且不超过200%时，适用税率为50%，速算扣除系数为15%；当增值率大于200%时，适用税率为60%，速算扣除系数为35%。

（五）土地增值税的清算单位

根据《国家税务总局关于房地产开发企业土地增值税清算管理有关问题的通知》（国税发〔2006〕187号）第一条，土地增值税以国家有关部门审批的房地产开发项目为单位进行清算，对于分期开发的项目，以分期项目为单位清算。开发项目中同时包含普通住宅和非普通住宅的，应分别计算增值额。

根据《国家税务总局关于印发〈土地增值税清算管理规程〉的通知》（国税发〔2009〕91号）第十七条，清算审核时，应审核房地产开发项目是否以国家有关部门审批、备案的项目为单位进行清算；对于分期开发的项目，是否以分期项目为单位清算；对不同类型房地产是否分别计算增值额、增值率，缴纳土地增值税。但对"国家有关部门审批"如何理解？因为房地产开发涉及发改委、规划局、城建局等多个部门，无法确定以何者审批作为清算单位认定标准，现实中各地税务机关根据自己对《国家税务总局关于房地产开发企业土地增值税清算管理有关问题的通知》（国税发〔2006〕187号）的理解，采取相应的执法尺度，从具体操作上可分为四类：一是以规划部门颁发的《建设用地规划许可证》作为确定清算单位的依据。《建设用地规划许可证》只给出了土地的位置、范围、用地性质及其他相关的指标，至于房地产企业在这块土地上开发的项目是如何分期的，规划许可证并没有载明的。以《建设用地规划许可证》作为清算单位，比较有利于纳税主体进行税收筹划，但可能会因清算单位过大，影响税款的及时准确入库。二是以规划部门颁发的《建设工程规划许可证》，以及以建设部门颁发的《建筑工程施工许可证》作为确定清算单位的依据。《建设工程规划许可证》和《建筑工程施工许可证》仅是项目建设前的报建手续，以《建设工程规划许可证》和《建筑工程施工许可证》作为确定清算单位的依据，其结果与以《建设用地规划许可证》刚好相反，可能导致一个项目被划分成若干清算单位，清算单位过小，纳税主体税收负担不合理。三是以发改委立项的《固定资产投资项目备案证》或《固定资产投资项目核准证》作为确定清算单位的依据。四是将几个部门颁发的各种许可证作综合评判的依据，确定清算单位。

实务中，能否作为一个清算单位进行清算，需要考虑如下因素：一是是否属于同一国有土地使用证界定的土地范围。二是是否属于同一建设工程规划许可证报建的工程。三是是否属于相同的房产类型。四是开工、竣工时间是否接近。

在此问题上，建议关注如下两点：

第一，不同清算对象组合而成的清算单位，会形成不同的土地增值税税负，一般来说，同一清算单位包含的对象越多，土地增值税的税负可能越轻。对此，国家税务总局深圳市税务局于 2019 年 11 月 27 日发布的《国家税务总局深圳市税务局土地增值税征管工作规程》（国家税务总局深圳市税务局公告 2019 年第 8 号）释放出利好信号，其第四条规定："纳税人进行房地产开发，以规划部门审批的《建设用地规划许可证》中的项目名称办理项目登记。城市更新项目可结合城市更新项目批复、社会投资项目备案证等情况办理项目登记。"该条款将《建设用地规划许可证》作为区分清算单元的依据之一，相较《建设工程规划许可证》，清算单元容纳的开发产品和工程对象更多，土地增值税合理筹划的空间也随之扩大。

第二，如果房地产企业没有进行分期项目登记备案，仅自行划分了项目分期建设，是否可以以自行划分的分期建设项目为单位进行清算？答案显然是否定的。根据《国家税务总局关于房地产开发企业土地增值税清算管理有关问题的通知》（国税发〔2006〕187 号）第一条规定："土地增值税以国家有关部门审批的房地产开发项目为单位进行清算，不能以企业自行划分的分期工程建设项目为单位进行清算。"但上述深圳《国家税务总局深圳市税务局土地增值税征管工作规程》允许纳税人在申请办理项目登记时提供城市更新项目批复、社会投资项目备案证等作为参考依据，在执行国家税务总局统一规定的基础上，兼顾了当地城市更新项目的特点，值得其他地方学习借鉴。

除深圳《土地增值税征管工作规程》外，《广州市城市更新税收指引（2021 年版）》亦结合城市更新项目特点对土地增值税清算单位和成本分摊作出规定，该指引第 1.7.1 条规定：（二）对改造范围大、改造时间长的连片改造项目，根据《国家税务总局广东省税务局关于发布〈国家税务总局广东省税务局土地增值税清算管理规程〉的公告》（国家税务总局广东省税务局公告 2019 年第 5 号）第十九条规定，土地增值税以房地产主管部门审批、备案的房地产开发项目为单位进行清算。对于分期开发的项目，以分期项目为单位清算。具体结合项目立项、用地规划、方案设计审查（修建性详细规划）、工程规划、销售（预售）、竣工验收以及城市更新主管部门批复的片区策划方案、项目实施方案等确定。（三）在部分分期项目已完成清算后发生的，但属于整体项目共同受益的拆迁补偿费、公共配套设施费，允许在未完成清算的分期项目之间计算分摊。

（六）土地增值税清算时点

根据《国家税务总局关于印发〈土地增值税清算管理规程〉的通知》（国税发〔2009〕

91号）第九条、第十条，土地增值税清算时点分为“应当清算”和税务机关“可以要求清算”两大类。

符合下列情形之一的，纳税人应当进行土地增值税的清算：一是房地产开发项目全部竣工、完成销售的。二是整体转让未竣工决算房地产开发项目的。三是直接转让土地使用权的。

符合下列情形之一的，主管税务机关可要求纳税人进行土地增值税清算：一是已竣工验收的房地产开发项目，已转让的房地产建筑面积占整个项目可售建筑面积的比例在85%以上或未超85%，但剩余可售建筑面积已经出租或自用。二是取得销售（预售）许可证满三年仍未销售完毕的。三是纳税人申请注销税务登记但未办理土地增值税清算手续的。四是省（自治区、直辖市、计划单列市）税务机关规定的其他情况。

在此问题上，建议密切关注国家税务总局广东省税务局于2019年6月28日发布的《国家税务总局广东省税务局土地增值税清算管理规程》（国家税务总局广东省税务局公告2019年第5号），该规程在“应当清算”和“可以要求清算”两类基础上，增加了“原则上应当清算”的情形，对销售比例达到85%且满三年或者虽未满三年但销售比例达到95%的项目，主管税务机关原则上应在符合条件之日起60日内下达清算通知，纳税人应在收到清算通知之日起90日内办理清算申报手续。

（七）税收优惠

1. 建造普通标准住宅的税收优惠：纳税人建造普通标准住宅出售，增值额未超过扣除项目金额20%的，免征土地增值税。如果超过20%的，应就其全部增值额按规定计税。

2. 因国家建设的需要而被政府征用、收回的房地产，免征土地增值税。

3. 因城市规划、国家建设需要而搬迁由纳税人自行转让原房地产的，免征土地增值税。

4. 对企事业单位、社会团体以及其他组织转让旧房作为公租房房源，且增值额未超过扣除项目金额20%的，免征土地增值税。

二、城市更新项目土地增值税税务处理

（一）相关法律法规及政策内容（见表5-1）

表5-1　　城市更新项目土地增值税相关文件

序号	文件名称	文号	内容
1	《中华人民共和国土地增值税暂行条例》	国务院令〔1993〕第138号	第八条　有下列情形之一的，免征土地增值税：……（二）因国家建设需要依法征用、收回的房地产
2	《中华人民共和国土地增值税暂行条例实施细则》	财法字〔1995〕6号	第七条　……土地征用及拆迁补偿费，包括土地征用费、耕地占用税、劳动力安置费及有关地上、地下附着物拆迁补偿的净支出、安置动迁用房支出等 第十一条　……条例第八条（二）项所称的因国家建设需要依法征用、收回的房地产，是指因城市实施规划、国家建设的需要而被政府批准征用的房产或收回的土地使用权。因城市实施规划、国家建设的需要而搬迁，由纳税人自行转让原房地产的，比照本规定免征土地增值税。符合上述免税规定的单位和个人，须向房地产所在地税务机关提出免税申请，经税务机关审核后，免予征收土地增值税

续表

序号	文件名称	文号	内容
3	《财政部　国家税务总局关于土地增值税若干问题的通知》	财税〔2006〕21号	四、关于因城市实施规划、国家建设需要而搬迁，纳税人自行转让房地产的征免税问题 《中华人民共和国土地增值税暂行条例实施细则》第十一条第四款所称：因“城市实施规划”而搬迁，是指因旧城改造或因企业污染、扰民（指产生过量废气、废水、废渣和噪音，使城市居民生活受到一定危害），而由政府或政府有关主管部门根据已审批通过的城市规划确定进行搬迁的情况；因“国家建设的需要”而搬迁，是指因实施国务院、省级人民政府、国务院有关部委批准的建设项目而进行搬迁的情况
4	《国家税务总局关于房地产开发企业土地增值税清算管理有关问题的通知》	国税发〔2006〕187号	三、非直接销售和自用房地产的收入确定 （一）房地产企业将开发产品用于职工福利、奖励、对外投资、分配给股东或投资人、抵偿债务、换取其他单位和个人的非货币性资产等，发生所有权转移时应视同销售房地产，其收入按下列方法和顺序确认：1. 按本企业在同一地区、同一年度销售的同类房地产的平均价格确定；2. 由主管税务机关参照当地当年、同类房地产的市场价格或评估价值确定
5	《国家税务总局关于土地增值税清算有关问题的通知》	国税函〔2010〕220号	六、关于拆迁安置土地增值税计算问题 （一）房地产企业用建造的本项目房地产安置回迁户的，安置用房视同销售处理，按《国家税务总局关于房地产开发企业土地增值税清算管理有关问题的通知》（国税发〔2006〕187号）第三条第（一）款规定确认收入，同时将此确认为房地产开发项目的拆迁补偿费。房地产企业支付给回迁户的补差价款，计入拆迁补偿费；回迁户支付给房地产企业的补差价款，应抵减本项目拆迁补偿费。（二）房地产企业采取异地安置，异地安置的房屋属于自行开发建造的，房屋价值按国税发〔2006〕187号第三条第（一）款的规定计算，计入本项目的拆迁补偿费；异地安置的房屋属于购入的，以实际支付的购房支出计入拆迁补偿费。（三）货币安置拆迁的，房地产企业凭合法有效凭据计入拆迁补偿费
6	《广东省“三旧”改造税收指引(2019年版)》	粤税发〔2019〕188号	详见本节下文
7	《国家税务总局广东省税务局土地增值税清算管理规程》	国家税务总局广东省税务局公告2019年第5号	第二十九条　审核取得土地使用权所支付的金额和土地征用及拆迁补偿费时应当重点关注：（一）同一宗土地有多个开发项目，是否予以分摊，分摊办法是否合理、合规，具体金额的计算是否正确。（二）土地出让金是否按照以下方式分摊：国有土地使用权出让合同或其补充协议注明，地下部分不缴纳土地出让金或者地上部分与地下部分分别缴纳土地出让金的，土地出让金应直接归集到对应的受益对象（地上部分或地下部分）。（三）是否存在将房地产开发费用记入取得土地使用权所支付的金额、土地征用及拆迁补偿费的情形。（四）拆迁补偿费是否实际发生，尤其是支付给个人的拆迁补偿款、拆迁（回迁）合同和签收花名册或签收凭证是否一一对应。（五）纳税人为取得土地使用权，按照出让合同约定或政府文件要求，在项目规划用地外建设的公共设施或其他工程发生的支出，是否符合出让合同约定或政府文件要求

续表

序号	文件名称	文号	内容
8	《国家税务总局深圳市税务局土地增值税征管工作规程》	国家税务总局深圳市税务局公告2019年第8号	第四条　纳税人进行房地产开发，以规划部门审批的建设用地规划许可证中的项目名称办理项目登记。城市更新项目可结合城市更新项目批复、社会投资项目备案证等情况办理项目登记

（二）被拆迁主体转让房地产相关税务处理

根据《广东省“三旧”改造税收指引（2019年版）》（粤税发〔2019〕188号），被拆迁主体转让房地产的情形及土地增值税处理相对简单，可概括为三种情形：

第一，被拆迁主体向政府转让房地产，属于因国家建设的需要而被政府批准征用、收回房地产的，被拆迁主体免征土地增值税。

第二，被拆迁主体向政府或第三方转让房地产，属于因城市实施规划、国家建设的需要而搬迁的，被拆迁主体免征土地增值税。

对于上述第一、二项情形，被拆迁主体需要提供县级（含县级）以上人民政府通过的政府会议纪要、“三旧”改造方案批复或其他等效文件，证明转让行为属于政府征收（收回）房产土地，或属于因城市实施规划、国家建设的需要而搬迁。

第三，被拆迁主体将集体建设用地征转为国有用地，未发生转让国有土地使用权、地上建筑物及其附着物行为，不征收土地增值税。

具体规定见表5－2。

表5－2　　被拆迁主体转让房地产土地增值税税务处理

改造模式		情况描述	税务处理
政府主导	收储模式	收储模式是指政府征收（含征收村集体土地及收回国有土地使用权等情况，下同）、收购储备土地并完成拆迁平整后出让，由受让人开发建设的情形	被征收方（原权属人），根据《中华人民共和国土地增值税暂行条例》第八条规定、《中华人民共和国土地增值税暂行条例实施细则》（财法字〔1995〕6号）第十一条规定，对被征收单位或个人因国家建设的需要而被政府批准征用、收回房地产的，免征其土地增值税
			政府以收购方式储备土地的，原权属人转让土地使用权应缴纳土地增值税。该地块已纳入县（区）级以上“三旧”改造规划的，根据《中华人民共和国土地增值税暂行条例实施细则》（财法字〔1995〕6号）第十一条第四款及《财政部　国家税务总局关于土地增值税若干问题的通知》（财税〔2006〕21号）第四条有关规定，免征原权属人的土地增值税

续表

改造模式		情况描述	税务处理
政府主导	合作改造模式	第一种类型，政府在拆迁阶段通过招标等公开方式引入土地前期整理合作方承担具体拆迁工作，该企业需要垫付征地拆迁补偿款。完成拆迁后，政府将拟出让土地通过招标、拍卖或者挂牌等公开方式确定土地使用权人，在土地使用权人支付地价款后，政府再向土地前期整理合作方支付拆迁费用与合理利润	被征收方（原权属人），根据《中华人民共和国土地增值税暂行条例》第八条规定、《中华人民共和国土地增值税暂行条例实施细则》（财法字〔1995〕6号）第十一条规定，对被征收单位或个人因国家建设的需要而被政府批准征用、收回房地产的，免征其土地增值税
		第二种类型，政府通过招标等公开方式征选合作方，既承担土地前期整理的具体拆迁工作，又是土地使用权人。该合作方承担具体拆迁工作，垫付征地拆迁补偿款（含货币与非货币补偿），完成拆迁后，政府直接将拟出让土地使用权供应给该合作方，所支付拆迁费用与合理利润抵减其应向政府缴纳的地价款	
市场主导	村集体自行改造	在符合国土空间规划的前提下，村集体将其所属的国有建设用地，或将集体建设用地转为国有建设用地后，通过招标方式引入土地前期整理合作方，或者自行组织完成改造范围内改造意愿征询、土地房产调查、搬迁补偿、土地平整等土地前期整理事项，在达到土地出让条件后由政府以协议出让方式将土地使用权出让给该村集体成立的全（独）资公司	原权属人（村集体），办理集体建设用地征转国有用地手续，未发生转让国有土地使用权、地上建筑物及其附着物行为，不属于土地增值税征收范围
	村企合作改造	【土地整理后合作经营】村集体将集体土地申请转为国有土地，与合作方出资成立项目公司，由项目公司实施改造并负责项目运营管理，改造后，村集体从项目公司取得货币、非货币补偿	
	企业收购改造	在符合国土空间规划的前提下，企业收购改造地块周边相邻的土地使用权和房产并办理转移登记后，由地方自然资源主管部门进行归宗，再将土地使用权以协议方式出让给该企业，由该企业依据批准的规划用途实施全面改造。或者，在不实施拆除重建的情况下，由企业按照经批准的规划用途自行实施“微改造”	根据《中华人民共和国土地增值税暂行条例》规定，被收购方转让旧厂房取得收入，应按规定申报缴纳土地增值税。对纳入县（区）级以上“三旧”改造规划且被收购方能提供“三旧”改造方案批复（或等效文件）的，根据《中华人民共和国土地增值税暂行条例实施细则》（财法字〔1995〕6号）第十一条第四款及《财政部 国家税务总局关于土地增值税若干问题的通知》（财税〔2006〕21号）第四条有关规定，免征被收购方的土地增值税

续表

改造模式		情况描述	税务处理
市场主导	单一主体归宗改造	在符合国土空间规划的前提下，改造范围内的权利主体通过以签订搬迁补偿协议的方式，将房地产的相关权益转移到单一主体后，由该主体申请实施改造，在完成上盖物拆除后注销原有不动产权证书、办理土地收归国有手续，再由自然资源主管部门直接与单一改造主体签订协议出让合同。或者，在不实施拆除重建的情况下，由企业按照经批准的规划用途自行实施“微改造”	在单一主体归宗改造模式中，完成上盖物拆除后，自然资源部门注销原有不动产权证土地收归国有，再直接与单一改造主体签订协议出让合同。根据《广东省人民政府关于深化改革加快推动“三旧”改造促进高质量发展的指导意见》（粤府〔2019〕71号）有关指导精神，可凭县级（含县级）以上人民政府通过的政府会议纪要、“三旧”改造方案批复或其他等效文件证明上述操作属于政府征收（收回）房产、土地并出让的行为。依据《中华人民共和国土地增值税暂行条例》（国务院令第138号）第八条，免征原权属人的土地增值税

（三）市场主体转让房地产相关税务处理

根据《广东省“三旧”改造税收指引（2019年版）》（粤税发〔2019〕188号），市场主体在城市更新项目中的身份相对多元，其转让房地产的情形及土地增值税处理比较复杂，为方便理解，笔者将主要情形概括为四类：

第一，市场主体未转让国有土地使用权、地上建筑物及其附着物，如向政府直接移交公建配套、向原权属人支付货币补偿、承担拆迁中建筑物拆除和土地平整等劳务、承担复建地块的土地征用及拆迁补偿费、负责复建地块上复建物业的设计、建造、安装、装修装饰和竣工验收工作及河涌整治、打通消防通道等行为，均不涉及房地产权属转移，不征收土地增值税。前述行为实际发生并取得合法有效凭证的成本，作为取得土地使用权所支付的金额或房地产开发成本（土地征用及拆迁补偿费或房屋开发成本），纳入土地增值税扣除项目。

第二，市场主体转让国有土地使用权、地上建筑物及其附着物，如向政府无偿移交公建配套（涉及权属转移）等行为，实质属于取得国有土地使用权对价一部分的，公建配套应视同销售确认收入，同时将此确认为取得土地使用权所支付的金额，纳入土地增值税扣除项目。

第三，市场主体转让国有土地使用权、地上建筑物及其附着物，如向原权属人提供安置房补偿、向村集体无偿移交物业（涉及权属转移）等行为，实质属于拆迁补偿一部分的，安置房或物业应视同销售确认收入，同时将此确认为房地产开发成本（土地征用及拆迁补偿费），纳入土地增值税扣除项目。

对于上述第二、三项情形，公建配套、安置房或向村集体无偿移交的物业视同销售的销售收入，应按下列方法和顺序确认：（1）按本企业在同一地区、同一年度销售的同类房地产的平均价格确定；（2）由主管税务机关参照当地当年、同类房地产的市场价格或评估价值确定。

对于上述第一、二、三项情形，对从事房地产开发的纳税人，取得土地使用权所支付的金额和房地产开发成本（土地征用及拆迁补偿费与房屋开发成本）计算的金额之和，可以加计20%扣除。

第四，市场主体按不低于成本价转让国有土地使用权、地上建筑物及其附着物，如政府回购公建配套（涉及权属转移）、向村集体销售房屋等行为，则正常确定土地增值税应税收入。

具体规定见表5－3。

表5－3　　市场主体转让房地产土地增值税税务处理

改造模式		情况描述	税务处理
政府主导	收储模式	征收或收购方式收储后，以“限地价、竞配建”方式供地。配套建设移交方式包括：直接移交、无偿移交和政府回购	受让方（以出让方式取得土地使用权的一方）： （1）直接移交方式。其发生的建筑安装工程成本，确认为取得土地使用权的成本扣除，在计算土地增值税时予以扣除 （2）无偿移交方式。出让合同（公告）或不动产无偿转让协议约定无偿移交的，应视同销售确认收入，同时将此确认为取得土地使用权的成本，在计算土地增值税时予以扣除 （3）政府回购方式。出让合同（公告）约定按照不低于成本价移交的，据此确定土地增值税应税收入
	合作改造模式	第二种类型，政府通过招标等公开方式征选合作方，既承担土地前期整理的具体拆迁工作，又是土地使用权人。该合作方承担具体拆迁工作，垫付征地拆迁补偿款（含货币与非货币补偿），完成拆迁后，政府直接将拟出让土地使用权供应给该合作方，所支付拆迁费用与合理利润抵减其应向政府缴纳的地价款	合作方（以出让方式取得土地使用权的一方），向被征收方支付货币或实物补偿，并承担具体拆迁中的建筑物拆除、土地平整等劳务： （1）合作方负责拆迁安置，根据《国家税务总局关于土地增值税清算有关问题的通知》（国税函〔2010〕220号）的规定，用建造的本项目房地产安置回迁户的，安置用房视同销售处理，按《国家税务总局关于房地产开发企业土地增值税清算管理有关问题的通知》（国税发〔2006〕187号）第三条的规定确认收入，同时将此确认为房地产开发项目的拆迁补偿费，在计算土地增值税时予以扣除 （2）发生的房屋拆除、土地平整费用，凡能提供合法有效凭证的，确认为房地产项目的土地征用及拆迁补偿费，在计算土地增值税时予以扣除
市场主导	村企合作改造	【土地整理后出让】在符合国土空间规划的前提下，村集体将其所属的国有建设用地，或将集体建设用地转为国有建设用地后，通过招标方式引入土地前期整理合作方，由合作方先行垫资完成改造范围内改造意愿征询、土地房产调查、搬迁补偿、土地平整等土地前期整理事项，在达到土地出让条件后交由政府以招标、拍卖或挂牌或协议方式出让土地，村集体取得出让分成或返还物业，合作方按土地整理协议取得相应收益	土地受让方无偿移交约定物业，根据《国家税务总局关于土地增值税清算有关问题的通知》（国税函〔2010〕220号）的规定，用建造的本项目房地产安置回迁户的，安置用房视同销售处理，按《国家税务总局关于房地产开发企业土地增值税清算管理有关问题的通知》（国税发〔2006〕187号）第三条第（一）款规定确认收入，同时将此确认为房地产开发项目的拆迁补偿费，在计算土地增值税时予以扣除

续表

改造模式		情况描述	税务处理
市场主导	村企合作改造	【土地整理后以复建地块集中安置】村集体将集体土地申请转为国有土地，分为融资地块与复建地块，并与房地产企业合作实施改造	【实物补偿】受让方取得融资地块土地使用权，并以建造复建地块房产为代价补偿村集体或村民 （1）根据《国家税务总局广东省税务局土地增值税管理规程》（国家税务总局广东省税务局公告2019年第5号）第二十九条规定，房地产企业承担复建地块的土地征用及拆迁补偿费，复建物业的设计、建造、安装、装修装饰和竣工验收工作及河涌整治、打通消防通道等实际发生并取得合法有效凭证的成本，确认为房地产项目的土地征用及拆迁补偿费，在计算土地增值税时予以扣除 （2）用建造的本项目房地产安置回迁户的，安置用房视同销售处理，按《国家税务总局关于房地产开发企业土地增值税清算管理有关问题的通知》（国税发〔2006〕187号）第三条第（一）款规定确认收入，同时将此确认为房地产开发项目的拆迁补偿费，在计算土地增值税时予以扣除
			【货币补偿】房地产企业支付货币性质的拆迁补偿费用用于建设复建物业的，根据《国家税务总局广东省税务局土地增值税管理规程》（国家税务总局广东省税务局公告2019年第5号）第二十九条规定，房地产企业向村集体直接支付货币补偿，确认为房地产项目的土地征用及拆迁补偿费，在计算土地增值税时予以扣除
		【土地整理后回购物业】村集体将集体土地申请转为国有土地，并与房地产企业合作实施改造。村集体以一定比例的货币补偿款购置房地产企业所开发的物业	房地产企业以出让方式取得土地使用权，并按照“三旧”改造方案或土地出让合同（公告）以约定价格（不低于成本价）向村集体销售房屋，可根据该约定价格计算确认土地增值税计税收入
		【土地整理后合作经营】村集体将集体土地申请转为国有土地，与合作方出资成立项目公司，由项目公司实施改造并负责项目运营管理，改造后，村集体从项目公司取得货币、非货币补偿	（1）合作方支付的与改造项目直接相关的前期费用、拆除临迁费用、补偿安置费用以及搬迁奖励支出，项目公司成立后由其直接负担的，凭合法有效凭证、费用支出明细计入土地增值税的扣除项目。相关费用支出超过县（区）以上人民政府制定的改造成本核算标准的，主管税务机关应要求其提供相关佐证材料进行核查 （2）项目公司通过签订房地产销售合同的形式，将分成物业通过转移登记方式办理至村经联社名下，根据《国家税务总局关于土地增值税清算有关问题的通知》（国税函〔2010〕220号）的规定，用建造的本项目房地产安置回迁户的，安置用房视同销售处理，按《国家税务总局关于房地产开发企业土地增值税清算管理有关问题的通知》（国税发〔2006〕187号）第三条的规定确认收入，同时将此确认为房地产开发项目的拆迁补偿费，在计算土地增值税时予以扣除

续表

改造模式		情况描述	税务处理
市场主导	单一主体归宗改造	项目公司作为受让方，以出让方式有偿取得土地使用权，向原权属人支付货币或实物补偿，支付公交设施用地及地上建筑物相关平整土地和建筑安装工程相关费用，公交设施用地及地上建筑物被政府收回（征收）	【拆迁补偿环节】 （1）国有土地出让的受让方负责拆迁安置，根据《国家税务总局关于土地增值税清算有关问题的通知》（国税函〔2010〕220号）的规定，用建造的本项目房地产安置回迁户的，安置用房视同销售处理，按《国家税务总局关于房地产开发企业土地增值税清算管理有关问题的通知》（国税发〔2006〕187号）第三条第（一）款规定确认收入，同时将此确认为房地产开发项目的拆迁补偿费，在计算土地增值税时予以扣除。支付给回迁户的补差价款，计入拆迁补偿费；回迁户支付给房地产企业的补差价款，应抵减本项目拆迁补偿费。采取异地安置，异地安置的房屋属于自行开发建造的，房屋价值按国税发〔2006〕187号第三条第（一）款的规定计算确认收入，同时将此确认为房地产开发项目的拆迁补偿费，在计算土地增值税时予以扣除；异地安置的房屋属于购入的，以实际支付的购房支出计入拆迁补偿费。货币安置拆迁的，凭合法有效凭证计入拆迁补偿费 （2）受让方支付的建筑物拆除费用、土地平整费用，凡能提供合法有效凭证的，确认为房地产项目的土地征用及拆迁补偿费，在计算土地增值税时予以扣除 【交付公交设施环节】项目公司与当地政府签订配建公共设施建设移交监管协议，根据《国家税务总局关于房地产开发企业土地增值税清算管理有关问题的通知》（国税发〔2006〕187号）的规定，按建造的与清算项目配套的公共设施处理

第二节　企业所得税对成本费用的确认和处理

一、一般项目企业所得税税务处理

（一）企业所得税纳税义务人

在中华人民共和国境内的企业和其他取得收入的组织，是企业所得税的纳税义务人。需要注意的是，并非所有以“企业”冠名的组织，都是企业所得税的纳税人，如个人独资企业、合伙企业，不缴纳企业所得税，而是由其投资人、合伙人直接缴纳个人所得税。

（二）企业所得税征税对象

企业所得税的征税对象，为企业的生产经营所得、其他所得和清算所得。

（三）企业所得税应纳税所得额

应纳税所得额有直接法和间接法两种计算方式。采用直接法计算应纳税所得额的，应纳税所得额遵循“收入－成本费用”的原理，即“应纳税所得额＝收入总额－不征税收入－免税收入－各项扣除－以前年度亏损”；采用间接法计算应纳税所得额的，应纳税所得额从利润表的“利润总额”出发，根据会计利润和应税利润的差异进行纳税调整后得出，即“应纳税所得额＝会计利润＋纳税调整增加额－纳税调整减少额”。

在计算应纳税所得额的过程中，成本费用是重中之重，下面将结合直接法和间接法，谈谈成本费用处理的注意事项。

1. 成本费用扣除的税务处理。企业在进行成本、费用的核算与扣除时，必须按规定区分开发产品计税成本和期间费用、已销开发产品计税成本与未销开发产品计税成本。其中，企业发生的期间费用、已销开发产品计税成本、税金及附加、土地增值税准予在当期计算企业所得税时按规定扣除。

第一，开发产品计税成本。开发产品的计税成本，是指企业在开发、建造开发产品过程中所发生的按照税收规定进行核算与计量的应归入某项成本对象的各项费用。

开发产品计税成本的内容包括：土地征用费及拆迁补偿费、前期工程费、基础设施费、建筑安装工程费、公共配套设施费、开发间接费用。其中，土地征用费及拆迁补偿费，是指房地产企业为取得土地开发使用权而发生的各项费用。前期工程费，是指取得土地开发权之后、项目开发前期的筹建、规划、设计、可行性研究、水文地质勘查、测绘、“三通一平”等前期费用。基础设施费，是指项目开发过程中发生的小区内、建筑安装工程施工图预算项目之外的道路、供电、供水、供气、供热、排污、排洪、通信、照明、绿化等基础设施工程费用，红线外两米与大市政接口的费用，以及向水、电、气、热、通讯等大市政公司缴纳的费用。建筑安装工程费，是指项目开发过程中发生的列入建筑安装工程施工图预算项目内的各项费用（含设备费、出包工程向承包方支付的临时设施费和劳动保险费），有甲供材料、设备的，还应包括相应的甲供材料、设备费。发包工程应依据承包方提供的经甲方审定的“工程价款结算单”来确定。公共配套设施费，是指房屋开发过程中，根据有关法规，产权及其收益不属于房地产企业，房地产企业不能有偿转让也不能转作自留固定资产的公共配套设施支出。开发间接费用，是指房地产企业内部独立核算单位为直接组织和管理开发产品的开发建设而发生的各项费用。开发产品计税成本的会计科目，可参考《房地产开发企业成本核算科目一览表》。

按照上述分类，对计入开发产品成本的金额，还需要合理地归集、分配至已完工成本对象、在建成本对象和未建成本对象。然后对分配至已完工成本对象应负担的成本费用，再按已销开发产品、未销开发产品和固定资产进行分配。其中，应由已销开发产品负担的部分，在当期企业所得税纳税申报时进行扣除，未销开发产品负担的部分待实际销售时再予以扣除。

关于成本扣除项目，企业所得税和土地增值税在个别项目的处理上存在差异。例如，企业所得税“土地征用费及拆迁补偿费”区别于土地增值税扣除项目中的“土地征用及拆迁补偿费”，前者包含支付的土地出让金、土地使用权转让费，后者不含，后者将取得土地使用权所支付的金额单列一项。又如，企业所得税的计税成本，可以按税法规定扣除预提费用，但土地增值税不行。根据《国家税务总局关于印发〈房地产开发经营业务企业所得税处理办法〉的通知》（国税发〔2009〕31号）规定，“除以下几项预提（应付）费用外，计税成本均应为实际发生的成本。（一）出包工程未最终办理结算而未取得全额发票的，在证明资料充分的前提下，其发票不足金额可以预提，但最高不得超过合同总金额的10%。（二）公共配套设施尚未建造或尚未完工的，可按预算造价合理预提建造费用。此类公共配套设施必须符合已在售房合同、协议或广告、模型中明确承诺建造且不可撤销，或按照法律法规规定必须配套建造的条件。（三）应向政府上交但尚未上交的报批报建费用、物业完善费用可以按规定预提。物业完善费用是指按规定应由企业承担的物业管理基金、公建维修基金或其他专项基金”。

第二，期间费用。费用是指企业为销售商品、提供劳务等日常活动所发生的经济利益的流出。房地产企业发生的期间费用，包括管理费用、销售费用和财务费用。管理费用，是指企业行政管理部门为组织和管理生产经营活动而发生的各种费用，包括总部管理人员工资、职工福利费、差旅费、办公费、工会经费、职工教育经费、业务招待费、技术转让费、咨询费、诉讼费、公司经费、聘请中介机构费，等等。销售费用，是指企业在销售产品、自制半成品和提供劳务等过程中发生的费用。财务费用，是指企业在生产经营过程中为筹集资金而发生的各项费用。

关于期间费用扣除项目，企业所得税和土地增值税在个别项目的处理上存在差异。例如，企业所得税对管理费用、销售费用和财务费用，除部分项目有扣除限额外，一般按照实际发生数扣除；但土地增值税不同，土地增值税抵扣项目中的房地产开发费用是通过计算方式扣除的，即按照取得土地使用权所支付的金额和房地产开发成本金额之和的一定百分比计算扣除。又如，企业所得税对借款利息，分为资本化和费用化，即企业为建造开发产品借款而发生的符合税法规定的利息支出，按规定在开发产品成本中归集和分配，属于财务费用的利息支出，可在一定标准下直接在税前扣除；而土地增值税中利息支出只能计算扣除，企业需要将计入开发成本的利息先剔出，归入财务费用，再根据该利息费用能否按转让房地产项目计算分摊并提供金融机构证明为标准。能者，允许在最高不超过商业银行同类同期贷款利率计算的金额范围内据实扣除，其他房地产开发费用按取得土地使用权所支付的金额和房地产开发成本金额之和的5%以内计算扣除，否则，全部房地产开发费用按取得土地使用权所支付的金额和房地产开发成本金额之和的10%以内计算扣除。

2. 纳税调整的处理。第一，业务招待费。在会计处理上，企业发生的业务招待费据实计入管理费用；而在企业所得税处理上，则规定有业务招待费税前扣除标准，扣除限额按照如下两者中的较低者确定：（1）最高不得超过当年销售（营业）收入的5‰；（2）有合法票据的，实际发生额的60%。上述销售（营业）收入，包括：销售货物收入、劳务收入、租金收入、特许权使用费收入、视同销售收入等；但不得扣除现金折扣，即：会计“主营业务收入”＋会计“其他业务收入”＋会计不作收入但税法视同销售的收入（结合纳税申报表）。

【案例5-1】纳税人2020年销售收入2000万元，业务招待费扣除最高限额 $2000\times5‰=10$（万元）。两种情况：假设实际发生业务招待费40万元：$40\times60\%=24$（万元）；税前可扣除10万元；纳税调增额 $=40-10=30$（万元）；假设实际发生业务招待费15万元：$15\times60\%=9$（万元）；税前可扣除9万元；纳税调增额 $=15-9=6$（万元）。

第二，广告费和业务宣传费。在会计处理上，企业发生的广告费和业务宣传费据实计入销售费用；而在企业所得税处理上，则规定有广告费和业务宣传费税前扣除标准，一般不超过当年销售（营业）收入15%的部分准予扣除，超过限额标准部分，准予结转以后纳税年度扣除。上述销售（营业）收入，包括：销售货物收入、劳务收入、租金收入、特许权使用费收入、视同销售收入等；但不得扣除现金折扣，即：会计“主营业务收入”+会计“其他业务收入”+会计不作收入但税法视同销售的收入（结合纳税申报表）。

需要注意的是，不同于广告费，与生产经营无关的非广告性质的赞助费在所得税前不得列支，因此，以任何名义赞助村集体各项活动的费用，均不得在企业所得税税前扣除。

【案例5-2】企业2020年销售收入4000万元，广告费和业务宣传费扣除最高限额 $4000\times15\%=600$（万元），如广告费和业务宣传费发生700万元，税前可扣除600万元，纳税调增100万元；如广告费和业务宣传费发生500万元，税前可扣除500万元，纳税调整为0，同时，当本年发生额500万元、扣除限额600万元时，若还有以前年度累计结转广告费扣除额65万元，则本年税前共扣除565万元，纳税调减65万元。

第三，捐赠支出。在会计处理上，企业发生的捐赠支出，包括货币捐赠和非货币捐赠、公益捐赠和非公益捐赠，均计入“营业外支出”；而在企业所得税处理上，须先将捐赠支出区分为公益性捐赠和非公益性捐赠，非公益性捐赠税前不得扣除，公益性捐赠允许税前限额扣除。所谓公益性捐赠，是指企业通过公益性社会团体或者县级以上人民政府及其部门，用于《中华人民共和国公益事业捐赠法》规定的公益事业的捐赠。需要注意的是，纳税人直接向受赠人的捐赠，企业所得税前不得扣除，因此，对各种名义对村集体或村民的捐赠，皆不属于公益性捐赠不得扣除，应作纳税调增处理。公益性捐赠税前扣除标准：企业发生的公益性捐赠支出，不超过年度利润总额（年度会计利润）12%的部分，准予扣除，超过部分可以向以后年度结转3年扣除。企业在对公益性捐赠支出计算扣除时，应先扣除以前年度结转的捐赠支出，再扣除当年发生的捐赠支出。

【案例5-3】企业2020年会计利润960万元，营业外支出包括对外捐赠货币资金140万元，其中，通过县级政府向贫困地区捐赠120万元，直接向某学校捐赠20万元。则企业公益捐赠扣除限额 $=960\times12\%=115.2$（万元），调增应纳税所得额 $=120-115.2=4.8$（万元），该4.8万元可以向以后年度结转3年扣除；企业直接向某学校捐赠20万元不能税前扣除。因此，上述业务应调增所得额 $=4.8+20=24.8$（万元）。

第四，利息支出的纳税调整。利息支出在会计、土地增值税和企业所得税处理上各有不同，需要注意区分。首先，利息支出在会计和企业所得税上需作资本化和费用化的区分，企业在生产经营活动中发生的合理的不需要资本化的借款费用，准予作为费用在当期扣除；企业为购置、建造固定资产、无形资产和经过12个月以上的建造才能达到预定可销售状态的存货发生借款的，作为资本性支出计入有关资产的成本。其次，对费用化的利息支出，非金融企业向金融企业借款的利息支出、企业经批准发行债券的利息支出，可据实扣除；非金融企业向非金融企业借款的利息支出，不超过按照金融企业同期同类贷款利率计算的数额的部分可据实扣除，超过部分不许扣除。因此，对于已经计入会计“财务费用”的利息费用，超过金融企业同期同类贷款利率计算的部分，应进行纳税调增，调增应纳税所得额。

第五，罚金、罚款和被没收财物损失的纳税调整。罚金、罚款和被没收财物损失，不允许税前扣除。罚金、罚款和被没收财物的损失，是指企业违反国家有关法律、法规规定，被有关部门处以罚款以及被司法机关收取以罚金和被没收财物，不包括企业按照合同规定支付的违约金、银行罚息和诉讼费用等。企业实际发生的罚金、罚款和被罚没财物损失应进行纳税调增，调增应纳税所得额。

第六，税收滞纳金的纳税调整。税收滞纳金，不允许税前扣除。税收滞纳金，是指企业违反税收法规，被税务机关收取的滞纳金。企业实际发生的税收滞纳金应进行纳税调增，调增应纳税所得额。

第七，准备金的纳税调整。在会计处理中，遵循谨慎性原则，企业要合理地预计各项资产可能发生的损失，提取准备金。而《中华人民共和国企业所得税法》第十条规定，“未经核定的准备金支出，在计算应纳税所得额时不得扣除”。《中华人民共和国企业所得税法实施条例》第五十五条规定，“未经核定的准备金支出，是指不符合国务院财政、税务主管部门规定的各项资产减值准备、风险准备等准备金支出”。据此，资产发生减值，但没有实际发生资产的损失时，在计算应纳税所得额时不得扣除，只有资产实际发生了损失，在税收上经批准认定为损失时，其损失金额才允许在计算应纳税所得额时税前扣除，因此需就会计和税务处理差异调整应纳税所得额。

（四）企业所得税税率及应纳税额的计算

1. 企业所得税基本税率为25%，适用范围为居民企业和在中国境内设有机构、场所且所得与机构、场所有关联的非居民企业。

2. 企业所得税优惠税率。符合条件的小型微利企业（所得额还有减征），企业所得税优惠税率为20%；国家重点扶持的高新技术企业，西部鼓励类产业企业，技术先进型服务企业，企业所得税优惠税率为15%。

3. 居民企业应纳税额的计算。居民企业应纳税额 = 应纳税所得额 × 适用税率 - 减免税额 - 抵免税额。[①]

二、城市更新项目企业所得税税务处理

（一）相关法律法规及政策内容

相关法律法规及政策内容见表5-4。

---

① 王红妮．税法［M］．北京：清华大学出版社，2018.

表 5-4 城市更新项目企业所得税相关文件

序号	文件名称	文号	内容
1	国家税务总局关于发布《企业政策性搬迁所得税管理办法》的公告	国家税务总局公告 2012 年第 40 号	第五条 企业的搬迁收入，包括搬迁过程中从本企业以外（包括政府或其他单位）取得的搬迁补偿收入，以及本企业搬迁资产处置收入等 第六条 企业取得的搬迁补偿收入，是指企业由于搬迁取得的货币性和非货币性补偿收入。具体包括：（一）对被征用资产价值的补偿；（二）因搬迁、安置而给予的补偿；（三）对停产停业形成的损失而给予的补偿；（四）资产搬迁过程中遭到毁损而取得的保险赔款；（五）其他补偿收入 第七条 企业搬迁资产处置收入，是指企业由于搬迁而处置企业各类资产所取得的收入。企业由于搬迁处置存货而取得的收入，应按正常经营活动取得的收入进行所得税处理，不作为企业搬迁收入 第八条 企业的搬迁支出，包括搬迁费用支出以及由于搬迁所发生的企业资产处置支出 第九条 搬迁费用支出，是指企业搬迁期间所发生的各项费用，包括安置职工实际发生的费用、停工期间支付给职工的工资及福利费、临时存放搬迁资产而发生的费用、各类资产搬迁安装费用以及其他与搬迁相关的费用 第十条 资产处置支出，是指企业由于搬迁而处置各类资产所发生的支出，包括变卖及处置各类资产的净值、处置过程中所发生的税费等支出。企业由于搬迁而报废的资产，如无转让价值，其净值作为企业的资产处置支出 第十五条 企业在搬迁期间发生的搬迁收入和搬迁支出，可以暂不计入当期应纳税所得额，而在完成搬迁的年度，对搬迁收入和支出进行汇总清算 第十九条 企业同时符合下列条件的，视为已经完成搬迁：（一）搬迁规划已基本完成；（二）当年生产经营收入占规划搬迁前年度生产经营收入 50% 以上 第二十一条 企业以前年度发生尚未弥补亏损的，凡企业由于搬迁停止生产经营无所得的，从搬迁年度次年起，至搬迁完成年度前一年度止，可作为停止生产经营活动年度，从法定亏损结转弥补年限中减除；企业边搬迁、边生产的，其亏损结转年度应连续计算
2	《财政部 国家税务总局关于专项用途财政性资金企业所得税处理问题的通知》	财税〔2011〕70 号	一、企业从县级以上各级人民政府财政部门及其他部门取得的应计入收入总额的财政性资金，凡同时符合以下条件的，可以作为不征税收入，在计算应纳税所得额时从收入总额中减除：（一）企业能够提供规定资金专项用途的资金拨付文件；（二）财政部门或其他拨付资金的政府部门对该资金有专门的资金管理办法或具体管理要求；（三）企业对该资金以及以该资金发生的支出单独进行核算 二、上述不征税收入用于支出所形成的费用，不得在计算应纳税所得额时扣除；用于支出所形成的资产，其计算的折旧、摊销不得在计算应纳税所得额时扣除

续表

序号	文件名称	文号	内容
3	国家税务总局关于印发《房地产开发经营业务企业所得税处理办法》的通知	国税发〔2009〕31 号	第七条　企业将开发产品用于捐赠、赞助、职工福利、奖励、对外投资、分配给股东或投资人、抵偿债务、换取其他企事业单位和个人的非货币性资产等行为，应视同销售，于开发产品所有权或使用权转移，或于实际取得利益权利时确认收入（或利润）的实现。确认收入（或利润）的方法和顺序为：（一）按本企业近期或本年度最近月份同类开发产品市场销售价格确定；（二）由主管税务机关参照当地同类开发产品市场公允价值确定；（三）按开发产品的成本利润率确定。开发产品的成本利润率不得低于 15%，具体比例由主管税务机关确定 第二十七条　开发产品计税成本支出的内容如下：（一）土地征用费及拆迁补偿费。指为取得土地开发使用权（或开发权）而发生的各项费用，主要包括土地买价或出让金、大市政配套费、契税、耕地占用税、土地使用费、土地闲置费、土地变更用途和超面积补交的地价及相关税费、拆迁补偿支出、安置及动迁支出、回迁房建造支出、农作物补偿费、危房补偿费等。（二）前期工程费。指项目开发前期发生的水文地质勘查、测绘、规划、设计、可行性研究、筹建、场地通平等前期费用。（三）建筑安装工程费。指开发项目开发过程中发生的各项建筑安装费用。主要包括开发项目建筑工程费和开发项目安装工程费等。（四）基础设施建设费。指开发项目在开发过程中所发生的各项基础设施支出，主要包括开发项目内道路、供水、供电、供气、排污、排洪、通讯、照明等社区管网工程费和环境卫生、园林绿化等园林环境工程费。（五）公共配套设施费：指开发项目内发生的、独立的、非营利性的，且产权属于全体业主的，或无偿赠与地方政府、政府公用事业单位的公共配套设施支出。（六）开发间接费。指企业为直接组织和管理开发项目所发生的，且不能将其归属于特定成本对象的成本费用性支出。主要包括管理人员工资、职工福利费、折旧费、修理费、办公费、水电费、劳动保护费、工程管理费、周转房摊销以及项目营销设施建造费等
4	国家税务总局关于发布《企业所得税税前扣除凭证管理办法》的公告	国家税务总局公告 2018 年第 28 号	第九条　企业在境内发生的支出项目属于增值税应税项目的，对方为已办理税务登记的增值税纳税人，其支出以发票（包括按照规定由税务机关代开的发票）作为税前扣除凭证；对方为依法无须办理税务登记的单位或者从事小额零星经营业务的个人，其支出以税务机关代开的发票或者收款凭证及内部凭证作为税前扣除凭证，收款凭证应载明收款单位名称、个人姓名及身份证号、支出项目、收款金额等相关信息 第十条　企业在境内发生的支出项目不属于应税项目的，对方为单位的，以对方开具的发票以外的其他外部凭证作为税前扣除凭证；对方为个人的，以内部凭证作为税前扣除凭证。企业在境内发生的支出项目虽不属于应税项目，但按税务总局规定可以开具发票的，可以发票作为税前扣除凭证

（二）被拆迁主体企业所得税相关处理

根据《广东省“三旧”改造税收指引（2019 年版）》（粤税发〔2019〕188 号），被拆迁主体因转让房地产或相关情形可能产生不同类型的收入和支出，其企业所得税处理主要概括为三种情形：

第一，原权属人拥有的房地产所有权或使用权，被政府征收或收回的，应区分是否符合政策性搬迁分别处理。符合政策性搬迁规定的，可享受递延纳税优惠，即搬迁收入和搬迁支出在发生当年暂不计入当期应纳税所得额，在完成搬迁（不超过5年）的年度再对搬迁收入和支出进行汇总清算。不符合政策性搬迁规定的，按照企业所得税一般规定处理，拆迁补偿收入（含货币或非货币）即计入企业所得税收入总额，与取得收入有关的合理的支出，在计算应纳税所得额时扣除。

何谓“搬迁收入”和“搬迁支出”？根据《国家税务总局关于发布〈企业政策性搬迁所得税管理办法〉的公告》（国家税务总局公告2012年第40号），企业的“搬迁收入”，包括搬迁过程中从本企业以外（包括政府或其他单位）取得的搬迁补偿收入（含货币或非货币），以及本企业搬迁资产处置收入等。其中，搬迁补偿收入，是指企业由于搬迁取得的货币性和非货币性补偿收入，具体包括：对被征用资产价值的补偿，因搬迁、安置而给予的补偿，对停产停业形成的损失而给予的补偿，资产搬迁过程中遭到毁损而取得的保险赔款，其他补偿收入。企业搬迁资产处置收入，是指企业由于搬迁而处置企业各类资产所取得的收入；但企业由于搬迁处置存货而取得的收入，应按正常经营活动取得的收入进行所得税处理，不作为企业搬迁收入。企业的“搬迁支出”，包括搬迁费用支出以及由于搬迁所发生的企业资产处置支出。其中，搬迁费用支出，是指企业搬迁期间所发生的各项费用，包括安置职工实际发生的费用、停工期间支付给职工的工资及福利费、临时存放搬迁资产而发生的费用、各类资产搬迁安装费用以及其他与搬迁相关的费用。资产处置支出，是指企业由于搬迁而处置各类资产所发生的支出，包括变卖及处置各类资产的净值、处置过程中所发生的税费等支出；企业由于搬迁而报废的资产，如无转让价值，其净值作为企业的资产处置支出。

第二，被拆迁主体拥有的房地产所有权或使用权，被政府或第三方收购的，按照企业所得税一般规定处理，即资产转让收益计入企业所得税收入总额，取得收入有关的合理的支出，可在计算应纳税所得额时扣除。

对于上述第一项和第二项，企业所得税处理关键在于准确识别“政策性搬迁”，并在识别后对相关所得税征收管理事项单独进行税务管理和核算。那么什么样的搬迁才属于政策性搬迁？首先，搬迁须基于社会公共利益的需要。根据《国家税务总局关于发布〈企业政策性搬迁所得税管理办法〉的公告》（国家税务总局公告2012年第40号）第三条，“社会公共利益的需要”包括国防和外交的需要，由政府组织实施的能源、交通、水利等基础设施的需要，由政府组织实施的科技、教育、文化、卫生、体育、环境和资源保护、防灾减灾、文物保护、社会福利、市政公用等公共事业的需要，由政府组织实施的保障性安居工程建设的需要，由政府依照《中华人民共和国城乡规划法》有关规定组织实施的对危房集中、基础设施落后等地段进行旧城区改建的需要，法律、行政法规规定的其他公共利益的需要。其中，“由政府依照《中华人民共和国城乡规划法》有关规定组织实施的对危房集中、基础设施落后等地段进行旧城区改建的需要”对城市更新项目可参照适用。其次，搬迁须在政府主导下进行。具体到城市更新项目中，则需要提供城市更新年度计划、经政府审议批复的实施方案或等效文件，如广州的城市更新年度计划、实施方案，深圳的城市更新计划方案、城市更新规划批复方案，东莞的城市更新单元划定方案、“1+N”总体实施方案等，以证明搬迁活动是政府主导且符合社会公益需要。最后，所得税征收管理事项必须单独核算。企业应按要求，就政策性搬迁过程中涉及的搬迁收入、搬迁支出、搬迁资产税务处理、搬迁所得等所得税征收管理事项，单独进行税务管理和核算。不能单独进行税务管理和核算的，应视为企业自行搬迁或商业性搬迁等非政策性搬迁进行所得税处理。

第三，被拆迁主体因实施城市更新而获得的其他收入或负担的其他支出，如租金收入、财政专项资金、土地出让收益分成及分得部分建成物业、固定资产建造、补交土地出让金等，均按照企业所得税一般规定处理。

需要注意的是，对于财政专项资金，符合特定条件的，属于不征税收入，不计入企业所得税收入总额，同时上述不征税收入用于支出所形成的费用，不得在计算应纳税所得额时扣除，用于支出所形成的资产，其计算的折旧、摊销不得在计算应纳税所得额时扣除；不符合特定条件的，计入企业所得税收入总额，相应费用以及形成资产所计提的折旧、摊销，可以在企业所得税税前扣除。所谓“符合特定条件”，根据《财政部 国家税务总局关于专项用途财政性资金企业所得税处理问题的通知》（财税〔2011〕70号）第一条规定：“企业从县级以上各级人民政府财政部门及其他部门取得的应计入收入总额的财政性资金，凡同时符合以下条件的，可以作为不征税收入，在计算应纳税所得额时从收入总额中减除：（一）企业能够提供规定资金专项用途的资金拨付文件；（二）财政部门或其他拨付资金的政府部门对该资金有专门的资金管理办法或具体管理要求；（三）企业对该资金以及以该资金发生的支出单独进行核算。”

具体规定见表5-5。

表5-5　　被拆迁主体企业所得税税务处理

改造模式		情况描述	税务处理
政府主导	收储模式	收储模式，是指政府征收（含征收村集体土地及收回国有土地使用权等情况）、收购储备土地并完成拆迁平整后出让，由受让人开发建设的情形	被征收方（原权属人）的厂房用地被政府征收（收回），并取得货币补偿 （1）符合政策性搬迁规定情形的，根据《国家税务总局关于发布〈企业政策性搬迁所得税管理办法〉的公告》（国家税务总局公告2012年第40号）和《国家税务总局关于企业政策性搬迁所得税有关问题的公告》（国家税务总局公告2013年第11号）规定处理：企业应当就政策性搬迁过程中涉及的搬迁收入、搬迁支出、搬迁资产税务处理、搬迁所得等所得税征收管理事项，单独进行税务管理和核算。在搬迁期间发生的搬迁收入和搬迁支出，可以暂不计入当期应纳税所得额，而在完成搬迁（不超过5年）的年度，对搬迁收入和支出进行汇总清算 （2）不符合政策性搬迁规定情形的，按照《中华人民共和国企业所得税法》及其实施条例的相关规定处理：取得的拆迁补偿收入（含货币或非货币），应计入企业所得税收入总额，发生与取得收入有关的、合理的支出，可在计算应纳税所得额时扣除
	收购模式	政府以收购方式储备土地的，原权属人按转让土地使用权（不动产）计算缴纳增值税及附加税费、企业所得税（个人所得税）、土地增值税和印花税	原权属人取得资产转让收益，应按照《中华人民共和国企业所得税法》及其实施条例的相关规定计入企业所得税收入总额，发生与取得收入有关的、合理的支出，可在计算应纳税所得额时扣除

续表

<table>
<tr><th colspan="2">改造模式</th><th>情况描述</th><th>税务处理</th></tr>
<tr><td rowspan="4">政府主导</td><td>统租模式</td><td>统租模式，是指政府下属企事业单位连片租赁村集体的旧厂房用地并实施改造的情形</td><td>土地出租方（村集体）出租村集体建设用地，并取得土地租金。根据《中华人民共和国企业所得税法》及其实施条例规定，出租方出租土地取得的租金收入以及土地租赁终止或期满取得的增设建筑物等资产，应计入企业所得税收入总额，发生与取得收入有关的、合理的支出，可在计算应纳税所得额时扣除
【延伸】承租方在承租土地上出资增设建筑物，并将建成的房屋用于出租
（1）根据《中华人民共和国企业所得税法》及其实施条例规定，承租方在租赁期内利用建筑物取得的经营收入，应计入企业所得税收入总额，发生与取得收入有关的、合理的支出，可在计算应纳税所得额时扣除
（2）承租方在承租土地上出资增设建筑物应作为长期待摊费用，按照《中华人民共和国企业所得税法》及其实施条例的相关规定在租赁期内摊销</td></tr>
<tr><td>综合整治模式</td><td>政府投资主导整治改造，不涉及拆除现状建筑及不动产权属变动，整治工程内容主要包括完善小区公共服务设施、基础设施、小区道路、园林绿化、建筑修缮等</td><td>综合整治区域范围内不动产权属不变，由政府拨款给原权属人进行改造
（1）原权属人取得的政府拨款应计入收入总额
（2）如果同时符合《财政部　国家税务总局关于专项用途财政性资金企业所得税处理问题的通知》（财税〔2011〕70号）规定的3个条件，可作为不征税收入，在计算应纳税所得额时减除，但相应的用于改造支出以及形成资产所计提的折旧、摊销，不得在计算应纳税所得额时扣除</td></tr>
<tr><td rowspan="2">合作改造模式</td><td>第一种类型，政府在拆迁阶段通过招标等公开方式引入土地前期整理合作方承担具体拆迁工作，该企业需要垫付征地拆迁补偿款。完成拆迁后，政府将拟出让土地通过招标、拍卖或者挂牌等公开方式确定土地使用权人，在土地使用权人支付地价款后，政府再向土地前期整理合作方支付拆迁费用与合理利润</td><td rowspan="2">被征收方（原权属人）的土地被政府征收（收回），并取得货币补偿
（1）符合政策性搬迁规定情形的，根据《国家税务总局关于发布〈企业政策性搬迁所得税管理办法〉的公告》（国家税务总局公告2012年第40号）和《国家税务总局关于企业政策性搬迁所得税有关问题的公告》（国家税务总局公告2013年第11号）规定处理：企业应当就政策性搬迁过程中涉及的搬迁收入、搬迁支出、搬迁资产税务处理、搬迁所得等所得税征收管理事项，单独进行税务管理和核算。在搬迁期间发生的搬迁收入和搬迁支出，可以暂不计入当期应纳税所得额，而在完成搬迁（不超过5年）的年度，对搬迁收入和支出进行汇总清算
2. 不符合政策性搬迁规定情形的，按照《中华人民共和国企业所得税法》及其实施条例的相关规定处理：取得的拆迁补偿收入（含货币或非货币），应计入企业所得税收入总额，发生与取得收入有关的、合理的支出，可在计算应纳税所得额时扣除</td></tr>
<tr><td>第二种类型，政府通过招标等公开方式征选合作方，既承担土地前期整理的具体拆迁工作，又是土地使用权人。该合作方承担具体拆迁工作，垫付征地拆迁补偿款（含货币与非货币补偿），完成拆迁后，政府直接将拟出让土地使用权供应给该合作方，所支付拆迁费用与合理利润抵减其应向政府缴纳的地价款</td></tr>
</table>

续表

改造模式		情况描述	税务处理
市场方主导	村企合作	【土地整理后出让】在符合国土空间规划的前提下，村集体将其所属的国有建设用地，或将集体建设用地转为国有建设用地后，通过招标方式引入土地前期整理合作方，由合作方先行垫资完成改造范围内改造意愿征询、土地房产调查、搬迁补偿、土地平整等土地前期整理事项，在达到土地出让条件后交由政府以招标、拍卖或挂牌或协议方式出让土地，村集体取得出让分成或返还物业，合作方按土地整理协议取得相应收益	【原集体土地使用方】拥有承租土地使用权，可获得提前解除租赁合同的违约费用、地上建筑物补偿的拆迁补偿费用与搬迁费用（货币补偿） （1）符合政策性搬迁规定情形的，根据《国家税务总局关于发布〈企业政策性搬迁所得税管理办法〉的公告》（国家税务总局公告2012年第40号）和《国家税务总局关于企业政策性搬迁所得税有关问题的公告》（国家税务总局公告2013年第11号）规定处理：企业应当就政策性搬迁过程中涉及的搬迁收入、搬迁支出、搬迁资产税务处理、搬迁所得等所得税征收管理事项，单独进行税务管理和核算。在搬迁期间发生的搬迁收入和搬迁支出，可以暂不计入当期应纳税所得额，而在完成搬迁（不超过5年）的年度，对搬迁收入和支出进行汇总清算 （2）不符合政策性搬迁规定情形的，按照《中华人民共和国企业所得税法》及其实施条例的相关规定处理：取得的拆迁补偿收入（含货币或非货币），应计入企业所得税收入总额，发生与取得收入有关的、合理的支出，可在计算应纳税所得额时扣除 【村集体】申请办理集体建设用地转为国有建设用地手续，取得土地出让收益分成，并按土地出让合同的约定无偿从土地受让方处取得部分建成物业。取得土地出让收益分成及部分建成物业，应按照《中华人民共和国企业所得税法》及其实施条例的相关规定计入企业所得税收入总额，发生与取得收入有关的、合理的支出，可在计算应纳税所得额时扣除
		【土地整理后租赁经营】在符合国土空间规划的前提下，村集体将其所属的国有建设用地，或将集体建设用地转为国有建设用地后，通过招标方式引入土地前期整理合作方，由合作方先行垫资完成改造范围内改造意愿征询、土地房产调查、搬迁补偿、土地平整等土地前期整理事项，在达到土地再开发条件后，合作方以租赁形式从村集体处取得该国有建设用地改造后地块经营权，并由其按国土空间规划和约定经营开发，合作方获得全部经营收益，在租赁期满后，合作方无偿（或有偿）将改造后地块及其地上建（构）筑物交回村集体	【原集体土地使用方】拥有承租土地使用权，可获得提前解除租赁合同的违约费用、地上建筑物补偿的拆迁补偿费用与搬迁费用（货币补偿） （1）符合政策性搬迁规定情形的，根据《国家税务总局关于发布〈企业政策性搬迁所得税管理办法〉的公告》（国家税务总局公告2012年第40号）和《国家税务总局关于企业政策性搬迁所得税有关问题的公告》（国家税务总局公告2013年第11号）规定处理：企业应当就政策性搬迁过程中涉及的搬迁收入、搬迁支出、搬迁资产税务处理、搬迁所得等所得税征收管理事项，单独进行税务管理和核算。在搬迁期间发生的搬迁收入和搬迁支出，可以暂不计入当期应纳税所得额，而在完成搬迁（不超过5年）的年度，对搬迁收入和支出进行汇总清算 （2）不符合政策性搬迁规定情形的，按照《中华人民共和国企业所得税法》及其实施条例的相关规定处理：取得的拆迁补偿收入（含货币或非货币），应计入企业所得税收入总额，发生与取得收入有关的、合理的支出，可在计算应纳税所得额时扣除 【村集体】申请办理集体建设用地转为国有建设用地手续，取得土地租金，并在土地租赁期满后无偿取得整理地块上建筑物。根据《中华人民共和国企业所得税法》及其实施条例规定，出租方出租土地取得的租金收入，以及土地租赁终止或期满取得的增设建筑物等资产，应计入企业所得税收入总额，发生与取得收入有关的、合理的支出，可在计算应纳税所得额时扣除

续表

<table>
<tr><th colspan="2">改造模式</th><th>情况描述</th><th>税务处理</th></tr>
<tr><td rowspan="5">市场方主导</td><td rowspan="3">村企合作</td><td>【土地整理后以复建地块集中安置】村集体将集体土地申请转为国有土地，分为融资地块与复建地块，并与房地产企业合作实施改造</td><td rowspan="3">原权属人，包括原集体土地使用方和村集体：
（1）符合政策性搬迁规定情形的，根据《国家税务总局关于发布〈企业政策性搬迁所得税管理办法〉的公告》（国家税务总局公告2012年第40号）和《国家税务总局关于企业政策性搬迁所得税有关问题的公告》（国家税务总局公告2013年第11号）规定处理：企业应当就政策性搬迁过程中涉及的搬迁收入、搬迁支出、搬迁资产税务处理、搬迁所得等所得税征收管理事项，单独进行税务管理和核算。在搬迁期间发生的搬迁收入和搬迁支出，可以暂不计入当期应纳税所得额，而在完成搬迁（不超过5年）的年度，对搬迁收入和支出进行汇总清算
（2）不符合政策性搬迁规定情形的，按照《中华人民共和国企业所得税法》及其实施条例的相关规定处理：取得的拆迁补偿收入（含货币或非货币），应计入企业所得税收入总额，发生与取得收入有关的、合理的支出，可在计算应纳税所得额时扣除</td></tr>
<tr><td>【土地整理后回购物业】村集体将集体土地申请转为国有土地，并与房地产企业合作实施改造。村集体以一定比例的货币补偿款购置房地产企业所开发的物业</td></tr>
<tr><td>【土地整理后合作经营】村集体将集体土地申请转为国有土地，与合作方出资成立项目公司，由项目公司实施改造并负责项目运营管理，改造后，村集体从项目公司取得货币、非货币补偿</td></tr>
<tr><td>企业自改模式</td><td>在符合国土空间规划的前提下，由企业自行选择土地前期整理合作方，或由企业自行对土地进行平整并达到土地出让条件后，由政府直接以协议方式出让给该企业。或者，在不实施拆除重建的情况下，由企业按照经批准的规划用途自行实施“微改造”</td><td>权属人通过向政府补缴地价，将土地用途由工业用途改变为商业用途，并通过协议方式取得土地使用权自行进行改造开发
（1）企业改造完成作固定资产自用的，根据《中华人民共和国企业所得税法》及其实施条例规定，符合固定资产改良支出条件且原固定资产已提足折旧的，按照固定资产预计尚可使用年限分期摊销；未足额提取折旧前进行改扩建的，如属于推倒重置的，该资产原值减除提取折旧后的净值，应并入重置后的固定资产计税成本，并在该固定资产投入使用后的次月起，按照税法规定的折旧年限，一并计提折旧；如属于提升功能、增加面积的，该固定资产的改扩建支出，并入该固定资产计税基础，并从改扩建完工投入使用后的次月起，重新按税法规定的该固定资产折旧年限计提折旧，如该改扩建后的固定资产尚可使用的年限低于税法规定的最低年限的，可以按尚可使用的年限计提折旧
（2）改变土地用途所补缴的土地出让金及发生的相关支出，按无形资产摊销处理</td></tr>
<tr><td>企业收购改造模式</td><td>在符合国土空间规划的前提下，企业收购改造地块周边相邻的土地使用权和房产并办理转移登记后，由地方自然资源主管部门进行归宗，再将土地使用权以协议方式出让给该企业，由该企业依据批准的规划用途实施全面改造。或者，在不实施拆除重建的情况下，由企业按照经批准的规划用途自行实施“微改造”</td><td>原权属人（被收购方）转让其拥有的房产、土地，并取得收入。根据《中华人民共和国企业所得税法》及其实施条例规定，被收购方转让资产取得的收入，应计入企业所得税收入总额，发生的与取得收入有关的、合理的支出，可在计算应纳税所得额时扣除
【延伸】收购方取得房屋、土地，进行连片改造后对外出租：
1. 收购方对收购的资产进行改造，实际发生的支出，应计入固定资产的计税基础，按照规定计提固定资产折旧，在计算应纳税所得额时扣除
2. 收购方取得的租金收入，应计入企业所得税收入总额，发生与取得收入有关的、合理的支出，可在计算应纳税所得额时扣除</td></tr>
</table>

续表

改造模式		情况描述	税务处理
市场方主导	单一主体归宗改造模式	在符合国土空间规划的前提下，改造范围内的权利主体通过以签订搬迁补偿协议的方式，将房地产的相关权益转移到单一主体后，由该主体申请实施改造，在完成上盖物拆除后注销原有不动产权证书、办理土地收归国有手续，再由自然资源主管部门直接与单一改造主体签订协议出让合同。或者，在不实施拆除重建的情况下，由企业按照经批准的规划用途自行实施“微改造”	房屋土地原权属人，一般委托具有独立法人资格的公司作为单一主体实施改造，与其签订拆迁补偿安置协议，将待拆房产和土地相关权益让渡至该公司 （1）符合政策性搬迁规定情形的，根据《国家税务总局关于发布〈企业政策性搬迁所得税管理办法〉的公告》（国家税务总局公告2012年第40号）和《国家税务总局关于企业政策性搬迁所得税有关问题的公告》（国家税务总局公告2013年第11号）规定处理：企业应当就政策性搬迁过程中涉及的搬迁收入、搬迁支出、搬迁资产税务处理、搬迁所得等所得税征收管理事项，单独进行税务管理和核算。在搬迁期间发生的搬迁收入和搬迁支出，可以暂不计入当期应纳税所得额，而在完成搬迁（不超过5年）的年度，对搬迁收入和支出进行汇总清算 （2）不符合政策性搬迁规定情形的，按照《中华人民共和国企业所得税法》及其实施条例的相关规定处理：取得的拆迁补偿收入（含货币或非货币），应计入企业所得税收入总额，发生与取得收入有关的、合理的支出，可在计算应纳税所得额时扣除

（三）市场主体企业所得税相关处理

根据《广东省“三旧”改造税收指引（2019年版）》（粤税发〔2019〕188号），市场主体在城市更新项目中的身份相对多元，可能单纯参与二级开发，作为土地受让方，也可能参与一二级联动开发，同时作为土地前期整理合作方。其企业所得税处理主要概括如下：

第一，企业取得土地使用权所发生的支出、拆迁补偿支出、公共配套设施支出等，作为开发成本进行税务处理。提示关注两种情况：一种是若政府通过“限地价、竞配建”方式供地，且企业向政府直接移交公建配套（不涉及权属转移）的，则该配套建设相关支出视为取得土地使用权成本的一部分，纳入开发产品计税成本。另一种是在部分一二级联动开发项目中，由于企业或其关联方实际承担了复建地块相关支出、代垫了拆迁费用，政府出让土地价格偏低，该情况下，企业需争取将复建地块相关支出、提前垫付的拆迁费用等作为土地征用及拆迁补偿费的一部分，纳入开发产品计税成本。

第二，企业正常销售物业，取得的相关收入应计入企业所得税收入总额，发生与取得收入有关的、合理的支出，可在计算应纳税所得额时扣除。该等情形包括：政府回购公建配套（涉及权属转移）；企业向村集体销售物业等。

第三，企业无偿移交物业视同销售，计入企业所得税收入总额，发生与取得收入有关的、合理的支出，可在计算应纳税所得额时扣除。该等情形包括：企业向政府无偿移交公建配套（涉及权属转移）；企业在土地整理后出让模式下向村集体无偿返还建成物业等。

对于视同销售物业，其收入（或利润）需按照税法规定进行确认。根据《国家税务总局关于印发〈房地产开发经营业务企业所得税处理办法〉的通知》（国税发〔2009〕31号），企业将开发产品用于捐赠、赞助、职工福利、奖励、对外投资、分配给股东或投资人、抵偿债务、换取其他企事业单位和个人的非货币性资产等行为，应视同销售，于开发产品所有权或使用权转移，或于实际取得利益权利时确认收入（或利润）的实现。确认收入（或利润）的方法和顺序为：第一，按本企业近期或本年度最近月份同类开发产品市场销售价格确定；第二，由主管税务机关参照当地同类开发产品市场公允价值确定；第三，按开发产品的成本利润率确定。开发产品的成本利润率不得低于 15%，具体比例由主管税务机关确定。

具体规定见表 5－6。

表 5－6　　　　市场主体企业所得税税务处理

改造模式		情况描述	税务处理
政府主导	收储模式	收储模式是指政府征收（含征收村集体土地及收回国有土地使用权等情况）、收购储备土地并完成拆迁平整后出让，由受让人开发建设的情形	受让方以出让方式取得土地使用权 根据《国家税务总局关于印发〈房地产开发经营业务企业所得税处理办法〉的通知》（国税发〔2009〕31 号）规定，取得土地使用权所发生的支出作为土地开发成本进行税务处理
		征收或收购方式收储后，以“限地价、竞配建”方式供地。配套建设移交方式包括：直接移交、无偿移交和政府回购	受让方以出让方式取得土地使用权 （1）直接移交方式。受让方按照《国家税务总局关于印发〈房地产开发经营业务企业所得税处理办法〉的通知》（国税发〔2009〕31 号）规定，配套建设的相关支出应单独核算，作为取得土地使用权的成本，计入开发产品计税成本 （2）无偿移交方式。受让方根据《国家税务总局关于印发〈房地产开发经营业务企业所得税处理办法〉的通知》（国税发〔2009〕31 号）规定，对无偿移交行为视同销售，计入企业所得税收入总额，发生与取得收入有关的、合理的支出，可在计算应纳税所得额时扣除 （3）政府回购方式。根据《国家税务总局关于印发〈房地产开发经营业务企业所得税处理办法〉的通知》（国税发〔2009〕31 号）的规定，取得的相关收入应计入企业所得税收入总额，发生与取得收入有关的、合理的支出，可在计算应纳税所得额时扣除
	合作改造模式	第一种类型，政府在拆迁阶段通过招标等公开方式引入土地前期整理合作方承担具体拆迁工作，该企业需要垫付征地拆迁补偿款。完成拆迁后，政府将拟出让土地通过招标、拍卖或者挂牌等公开方式确定土地使用权人，在土地使用权人支付地价款后，政府再向土地前期整理合作方支付拆迁费用与合理利润	【土地前期整理合作方】承担拆迁工作，先垫资支付给被征收方的拆迁补偿与建筑物拆除、土地平整等费用，后从政府土地出让收入中取得征地拆迁收入（拆迁费用加上合理利润）。其所得税处理见下文“工程施工方”企业所得税处理 【土地受让方】以出让方式取得土地使用权，根据《国家税务总局关于印发〈房地产开发经营业务企业所得税处理办法〉的通知》（国税发〔2009〕31 号）的规定，取得土地使用权所发生的支出作为土地开发成本进行税务处理
		第二种类型，政府通过招标等公开方式征选合作方，既承担土地前期整理的具体拆迁工作，又是土地使用权人。该合作方承担具体拆迁工作，垫付征地拆迁补偿款（含货币与非货币补偿），完成拆迁后，政府直接将拟出让土地使用权供应给该合作方，所支付拆迁费用与合理利润抵减其应向政府缴纳的地价款	该类型与第一种类型的主要差异在于，土地受让方与工程施工方为同一企业。一方面作为受让方，以出让方式取得土地使用权，取得土地使用权所发生的支出作为土地开发成本进行税务处理。另一方面作为施工方，其所得税处理见下文“工程施工方”企业所得税处理

续表

改造模式		情况描述	税务处理
市场方主导	村集体自行改造	在符合国土空间规划的前提下，村集体将其所属的国有建设用地，或将集体建设用地转为国有建设用地后，通过招标方式引入土地前期整理合作方，或者自行组织完成改造范围内改造意愿征询、土地房产调查、搬迁补偿、土地平整等土地前期整理事项，在达到土地出让条件后由政府以协议出让方式将土地使用权出让给该村集体成立的全（独）资公司	受让方以协议出让方式取得土地使用权，根据《国家税务总局关于印发〈房地产开发经营业务企业所得税处理办法〉的通知》（国税发〔2009〕31 号）的规定，取得土地使用权所发生的支出作为土地开发成本进行税务处理
	村企合作改造	【土地整理后出让】在符合国土空间规划的前提下，村集体将其所属的国有建设用地，或将集体建设用地转为国有建设用地后，通过招标方式引入土地前期整理合作方，由合作方先行垫资完成改造范围内改造意愿征询、土地房产调查、搬迁补偿、土地平整等土地前期整理事项，在达到土地出让条件后交由政府以招标、拍卖或挂牌或协议方式出让土地，村集体取得出让分成或返还物业，合作方按土地整理协议取得相应收益	【合作方】向集体土地使用方支付土地前期整理费用，聘请工程施工方完成场地围蔽、建筑物拆除、平整土地等费用，并取得相应收益。其所得税处理参见下文“工程施工方”企业所得税处理 【土地受让方】 （1）根据《国家税务总局关于印发〈房地产开发经营业务企业所得税处理办法〉的通知》（国税发〔2019〕31 号）的规定，取得土地使用权所发生的支出作为土地开发成本进行税务处理 （2）根据《国家税务总局关于印发〈房地产开发经营业务企业所得税处理办法〉的通知》（国税发〔2009〕31 号）的规定，对无偿移交行为视同销售，应计入企业所得税收入总额，发生与取得收入有关的、合理的支出，可在计算应纳税所得额时扣除
		【土地整理后租赁经营】在符合国土空间规划的前提下，村集体将其所属的国有建设用地，或将集体建设用地转为国有建设用地后，通过招标方式引入土地前期整理合作方，由合作方先行垫资完成改造范围内改造意愿征询、土地房产调查、搬迁补偿、土地平整等土地前期整理事项，在达到土地再开发条件后，合作方以租赁形式从村集体处取得该国有建设用地改造后地块经营权，并由其按国土空间规划和约定经营开发，合作方获得全部经营收益，在租赁期满后，合作方无偿（或有偿）将改造后地块及其地上建（构）筑物交回村集体	合作方支付提前解除租赁合同的违约费用与地上建筑物补偿等拆迁补偿费，以及聘请工程施工方完成场地围蔽、建筑物拆除、平整土地等费用，并逐年支付土地租金，以村集体名义按规划工业用途开发建设厂房，支付相关工程款项 （1）根据《中华人民共和国企业所得税法》及其实施条例规定，承租方在租赁期内利用建筑物取得的经营收入，应计入企业所得税收入总额，发生与取得收入有关的、合理的支出，可在计算应纳税所得额时扣除 （2）合作方在承租土地上出资增设建筑物应作为长期待摊费用，按照《中华人民共和国企业所得税法》及其实施条例的相关规定在租赁期内摊销
		【土地整理后以复建地块集中安置】村集体将集体土地申请转为国有土地，分为融资地块与复建地块，并与房地产企业合作实施改造	受让方取得融资地块土地使用权，并以建造复建地块房产为代价补偿村集体或村民。根据《国家税务总局关于印发〈房地产开发经营业务企业所得税处理办法〉的通知》（国税发〔2019〕31 号）的规定，取得土地使用权所发生的支出（包括复建地块相关支出）作为土地开发成本进行税务处理

续表

<table>
<tr><th colspan="2">改造模式</th><th>情况描述</th><th>税务处理</th></tr>
<tr><td rowspan="3">市场方主导</td><td rowspan="2">村企合作</td><td>【土地整理后回购物业】村集体将集体土地申请转为国有土地，并与房地产企业合作实施改造。村集体以一定比例的货币补偿款购置房地产企业所开发的物业</td><td>房地产企业向村集体销售房屋，应根据《国家税务总局关于印发〈房地产开发经营业务企业所得税处理办法〉的通知》（国税发〔2019〕31 号）的规定，计入企业所得税收入总额，发生与取得收入有关的、合理的支出，可在计算应纳税所得额时扣除</td></tr>
<tr><td>【土地整理后合作经营】村集体将集体土地申请转为国有土地，与合作方出资成立项目公司，由项目公司实施改造并负责项目运营管理，改造后，村集体从项目公司取得货币、非货币补偿</td><td>【合作方】
（1）提供建筑物拆除、土地平整等服务，其所得税处理参见下文“工程施工方”企业所得税处理
（2）合作方取得项目公司分回的利润按《中华人民共和国企业所得税法》及其实施条例的相关规定确认股息红利收入
【项目公司】
（1）项目公司成立前，拆迁补偿、拆除费用、因改造项目而发生的其他投入，由合作企业代项目公司垫付
（2）项目公司根据《国家税务总局关于印发〈房地产开发经营业务企业所得税处理办法〉的通知》（国税发〔2009〕31 号）的规定取得的相关收入应计入企业所得税收入总额，发生与取得收入有关的、合理的支出，可在计算应纳税所得额时扣除</td></tr>
<tr><td>单一主体归宗改造模式</td><td>在符合国土空间规划的前提下，改造范围内的权利主体通过以签订搬迁补偿协议的方式，将房地产的相关权益转移到单一主体后，由该主体申请实施改造，在完成上盖物拆除后注销原有不动产权证书、办理土地收归国有手续，再由自然资源主管部门直接与单一改造主体签订协议出让合同。或者，在不实施拆除重建的情况下，由企业按照经批准的规划用途自行实施“微改造”</td><td>项目公司作为受让方，以出让方式有偿取得土地使用权，向原权属人支付货币或实物补偿，支付公交设施用地及地上建筑物相关平整土地和建筑安装工程相关费用，公交设施用地及地上建筑物被政府收回（征收）
【拆迁补偿环节】
（1）用于房地产开发情形的，根据《国家税务总局关于印发〈房地产开发经营业务企业所得税处理办法〉的通知》（国税发〔2009〕31 号）的规定，可作为土地开发成本进行税务处理
（2）用于房地产开发以外情形的，根据《中华人民共和国企业所得税法》及其实施条例，取得的土地使用权支出作为无形资产摊销，发生的各类拆迁补偿支出在税前扣除
【交付公交设施环节】
根据《国家税务总局关于印发〈房地产开发经营业务企业所得税处理办法〉的通知》（国税发〔2009〕31 号）的规定，公共设施发生的相关支出计入开发产品计税成本</td></tr>
</table>

第四，企业在土地整理过程中提供建筑物拆除、土地平整等服务，其所得税按“工程施工方”企业所得税处理。在城市更新项目中，工程施工方（含土地前期整理合作方）企业所得税处理相对简单，其提供的服务包括建筑物拆除、土地平整，建筑物、构筑物及其附属设施的建造、修缮、装饰，线路、管道、设备、设施等的安装以及其他工程作业，根据《中华人民共和国企业所得税法》及其实施条例，施工企业从事建筑、安装、装配工程业务等各项收入，应计入企业所得税收入总额，发生与取得收入有关的、合理的支出，可在计算应纳税所得额时扣除。企业从事上述劳务持续时间超过 12 个月的，按照纳税年度内完工进

度或者完成的工作量确认收入的实现。

上述税务处理适用的具体情形见表 5 – 7。

表 5 – 7　　　　适用情形

改造模式		情况描述
政府主导	收储模式	收储模式，是指政府征收（含征收村集体土地及收回国有土地使用权等情况）、收购储备土地并完成拆迁平整后出让，由受让人开发建设的情形。工程施工方在该模式下提供建筑物拆除、土地平整等劳务
	综合整治模式	政府投资主导整治改造，不涉及拆除现状建筑及不动产权属变动，整治工程内容主要包括完善小区公共服务设施、基础设施、小区道路、园林绿化、建筑修缮等。工程施工方在该模式下提供建筑物修缮等劳务
	合作改造模式	第一种类型，政府在拆迁阶段通过招标等公开方式引入土地前期整理合作方承担具体拆迁工作，该企业需要垫付征地拆迁补偿款。完成拆迁后，政府将拟出让土地通过招标、拍卖或者挂牌等公开方式确定土地使用权人，在土地使用权人支付地价款后，政府再向土地前期整理合作方支付拆迁费用与合理利润。土地前期整理合作方（工程施工方）在该模式下提供建筑物拆除、土地平整等劳务
		第二种类型，政府通过招标等公开方式征选合作方，既承担土地前期整理的具体拆迁工作，又是土地使用权人。该合作方承担具体拆迁工作，垫付征地拆迁补偿款（含货币与非货币补偿），完成拆迁后，政府直接将拟出让土地使用权供应给该合作方，所支付拆迁费用与合理利润抵减其应向政府缴纳的地价款。该类型下，土地受让方与工程施工方为同一企业，土地受让方（工程施工方）承担具体拆迁中的建筑物拆除、土地平整等劳务
市场主导	村企合作改造	【土地整理后出让】在符合国土空间规划的前提下，村集体将其所属的国有建设用地，或将集体建设用地转为国有建设用地后，通过招标方式引入土地前期整理合作方，由合作方先行垫资完成改造范围内改造意愿征询、土地房产调查、搬迁补偿、土地平整等土地前期整理事项，在达到土地出让条件后交由政府以招标、拍卖或挂牌或协议方式出让土地，村集体取得出让分成或返还物业，合作方按土地整理协议取得相应收益。合作方在该模式下提供建筑物拆除、土地平整等服务
		【土地整理后租赁经营】在符合国土空间规划的前提下，村集体将其所属的国有建设用地，或将集体建设用地转为国有建设用地后，通过招标方式引入土地前期整理合作方，由合作方先行垫资完成改造范围内改造意愿征询、土地房产调查、搬迁补偿、土地平整等土地前期整理事项，在达到土地再开发条件后，合作方以租赁形式从村集体处取得该国有建设用地改造后地块经营权，并由其按国土空间规划和约定经营开发，合作方获得全部经营收益，在租赁期满后，合作方无偿（或有偿）将改造后地块及其地上建（构）筑物交回村集体。合作方在该模式下提供建筑物拆除、土地平整等服务
		【土地整理后以复建地块集中安置】村集体将集体土地申请转为国有土地，分为融资地块与复建地块，并与房地产企业合作实施改造。工程施工方在该模式下提供建筑物拆除、土地平整等服务
		【土地整理后合作经营】村集体将集体土地申请转为国有土地，与合作方出资成立项目公司，由项目公司实施改造并负责项目运营管理，改造后，村集体从项目公司取得货币、非货币补偿。合作方在该模式下提供建筑物拆除、土地平整等服务
	企业自改模式	在符合国土空间规划的前提下，由企业自行选择土地前期整理合作方，或由企业自行对土地进行平整并达到土地出让条件后，由政府直接以协议方式出让给该企业。或者，在不实施拆除重建的情况下，由企业按照经批准的规划用途自行实施“微改造”。工程施工方在该模式下提供建筑物、构筑物及其附属设施的建造、修缮、装饰，线路、管道、设备、设施等的安装以及其他工程作业
	单一主体归宗改造模式	在符合国土空间规划的前提下，改造范围内的权利主体通过以签订搬迁补偿协议的方式，将房地产的相关权益转移到单一主体后，由该主体申请实施改造，在完成上盖物拆除后注销原有不动产权证书、办理土地收归国有手续，再由自然资源主管部门直接与单一改造主体签订协议出让合同。或者，在不实施拆除重建的情况下，由企业按照经批准的规划用途自行实施“微改造”。工程施工方在该模式下提供建筑物拆除、土地平整等服务

第三节　增值税对成本费用的确认和处理

一、一般项目增值税税务处理

（一）增值税与增值税纳税义务人

增值税是以商品和劳务在流转过程中产生的增值额作为征税对象而征收的一种流转税。

在中华人民共和国境内销售货物或者加工、修理修配劳务，销售服务、无形资产、不动产以及进口货物的单位和个人，为增值税的纳税人。为简化增值税的计算和征收，也有利于减少税收征管漏洞，增值税纳税人按会计核算水平和经营规模分为一般纳税人和小规模纳税人两类。

（二）增值税征税范围及其税率

1. 纳税人销售货物、劳务、有形动产租赁服务或者进口货物，除本条第 2 项、第 4 项、第 5 项另有规定外，税率为 17%（目前已调整为 13%）。

2. 纳税人销售交通运输、邮政、基础电信、建筑、不动产租赁服务，销售不动产，转让土地使用权，销售或者进口下列货物，税率为 11%（目前已调整为 9%）：

（1）粮食等农产品、食用植物油、食用盐；

（2）自来水、暖气、冷气、热水、煤气、石油液化气、天然气、二甲醚、沼气、居民用煤炭制品；

（3）图书、报纸、杂志、音像制品、电子出版物；

（4）饲料、化肥、农药、农机、农膜；

（5）国务院规定的其他货物。

3. 纳税人销售服务、无形资产，除本条第 1 项、第 2 项、第 5 项另有规定外，税率为 6%。

4. 纳税人出口货物，税率为零；但是，国务院另有规定的除外。

5. 境内单位和个人跨境销售国务院规定范围内的服务、无形资产，税率为零。

增值税应税行为须同时应具备的四个条件：第一，应税行为发生在中华人民共和国境内；第二，应税行为是属于《财政部　国家税务总局关于全面推开营业税改征增值税试点的通知》（财税〔2016〕36 号）附件 1 所附《销售服务、无形资产、不动产注释》范围内的业务活动；第三，应税服务是为他人提供的；第四，应税行为是有偿的。

（三）增值税的计税方法

对于一般纳税人，应纳增值税的计算一般采用当期购进扣税法，计算公式是：当期应纳增值税税额 = 当期销项税额 − 当期进项税额。所谓“销项税额”，是发生应税销售行为时，按照销售额与规定税率计算并向购买方收取的增值税税额。属于一般纳税人的销售方，在没有抵扣其进项税额前，收取的销项税额不是其应纳增值税税额。所谓“进项税额”，是纳税人购进货物、劳务、服务、无形资产、不动产所支付或者负担的增值税税额，它与销售方收取的销项税额相对应。

对于小规模纳税人，应纳增值税的计算公式是：当期应纳增值税额 = 当期销售额（不含增值税）×征收率。一般纳税人发生特定应税销售行为，也可以选择适用简易计税方法计税，但是不得抵扣进项税额。

（四）增值税征税视同销售情形

不满足销售条件，但应当缴纳增值税的情形，在增值税税收规定中称为“视同销售”。单位或者个体工商户的下列行为，在会计上不产生营业收入，但在税法上视同销售，应按规定确认销售额，缴纳增值税。

1. 将货物交付其他单位或者个人代销。
2. 销售代销货物。
3. 设有两个以上机构并实行统一核算的纳税人，将货物从一个机构移送其他机构用于销售，但相关机构设在同一县（市）的除外。
4. 将自产或者委托加工的货物用于非增值税应税项目。
5. 将自产、委托加工的货物用于集体福利或者个人消费。
6. 将自产、委托加工或者购进的货物作为投资，提供给其他单位或者个体工商户。
7. 将自产、委托加工或者购进的货物分配给股东或者投资者。
8. 将自产、委托加工或者购进的货物无偿赠送其他单位或者个人。
9. 单位或者个体工商户向其他单位或者个人无偿销售应税服务、无偿转让无形资产或者不动产，但用于公益事业或者以社会公众为对象的除外。用于公益事业或以社会公众为对象的、无偿销售服务、无形资产、不动产，不缴纳增值税。
10. 财政部和国家税务总局规定的其他情形。

视同发生应税销售行为销售额的确定，必须遵从下列顺序：第一，按纳税人最近时期同类货物或者应税行为的平均售价；第二，按其他纳税人最近时期同类货物或者应税行为平均售价；第三，无同类价格，按组成计税价格确定。组成计税价格的公式为：组成计税价格 = 成本×（1 + 成本利润率）。①

二、城市更新项目增值税税务处理

（一）相关法律法规及政策内容（见表5-8）

表5-8　城市更新项目增值税相关文件

序号	文件名称	文号	内容
1	《财政部　国家税务总局关于全面推开营业税改征增值税试点的通知》	财税〔2016〕36号	附件3《营业税改征增值税试点过渡政策的规定》第一条：下列项目免征增值税：……（三十七）土地所有者出让土地使用权和土地使用者将土地使用权归还给土地所有者

① 王虹，章成蓉，陈立．税法与税务筹划（第三版）［M］．北京：经济管理出版社，2017.

续表

序号	文件名称	文号	内容
1	《财政部　国家税务总局关于全面推开营业税改征增值税试点的通知》	财税〔2016〕36号	附件2《营业税改征增值税试点有关事项的规定》第一条第（三）款第10项：房地产开发企业中的一般纳税人销售其开发的房地产项目（选择简易计税方法的房地产老项目除外），以取得的全部价款和价外费用，扣除受让土地时向政府部门支付的土地价款后的余额为销售额。房地产老项目，是指《建筑工程施工许可证》注明的合同开工日期在2016年4月30日前的房地产项目 附件1《营业税改征增值税试点实施办法》第四十四条：纳税人发生应税行为价格明显偏低或者偏高且不具有合理商业目的的，或者发生本办法第十四条所列行为而无销售额的，主管税务机关有权按照下列顺序确定销售额：（一）按照纳税人最近时期销售同类服务、无形资产或者不动产的平均价格确定。（二）按照其他纳税人最近时期销售同类服务、无形资产或者不动产的平均价格确定。（三）按照组成计税价格确定。组成计税价格的公式为：组成计税价格 = 成本 ×（1 + 成本利润率），成本利润率由国家税务总局确定。不具有合理商业目的，是指以谋取税收利益为主要目的，通过人为安排，减少、免除、推迟缴纳增值税税款，或者增加退还增值税税款
2	《国家税务总局关于发布〈房地产企业销售自行开发的房地产项目增值税征收管理暂行办法〉的公告》	国家税务总局公告2016年第18号	房地产企业中的一般纳税人销售自行开发的房地产项目，适用一般计税方法计税，按照取得的全部价款和价外费用，扣除当期销售房地产项目对应的土地价款后的余额计算销售额。房地产企业以出让方式取得土地使用权，向政府部门支付土地价款，可按照规定的计算方法将允许扣除的土地价款在当期销售额中扣除
3	《财政部　国家税务总局关于明确金融　房地产开发　教育辅助服务等增值税政策的通知》	财税〔2016〕140号	第七条《营业税改征增值税试点有关事项的规定》（财税〔2016〕36号）第一条第（三）项第10点中“向政府部门支付的土地价款”，包括土地受让人向政府部门支付的征地和拆迁补偿费用、土地前期开发费用和土地出让收益等。房地产开发企业中的一般纳税人销售其开发的房地产项目（选择简易计税方法的房地产老项目除外），在取得土地时向其他单位或个人支付的拆迁补偿费用也允许在计算销售额时扣除。纳税人按上述规定扣除拆迁补偿费用时，应提供拆迁协议、拆迁双方支付和取得拆迁补偿费用凭证等能够证明拆迁补偿费用真实性的材料
4	《财政部　国家税务总局关于进一步明确全面推开营改增试点有关劳务派遣服务、收费公路通行费抵扣等政策的通知》	财税〔2016〕47号	第三条第（二）款：纳税人以经营租赁方式将土地出租给他人使用，按照不动产经营租赁服务缴纳增值税

（二）被拆迁主体增值税相关处理

根据《广东省“三旧”改造税收指引（2019年版）》（粤税发〔2019〕188号），被拆迁主体包括原权属人和原使用人，其增值税处理主要概括为四种情形：

第一，原权属人的土地被政府征收（收回），或原权属人将其集体土地申请转为国有建设用地，根据《财政部　国家税务总局关于全面推开营业税改征增值税试点的通知》（财税〔2016〕36号）附件3《营业税改征增值税试点过渡政策的规定》第一条，属于土地使用者将土地使用权归还给土地所有者，免征增值税。

第二，原权属人的土地或房产被政府或第三方企业收购，原权属人应按转让土地使用权或转让不动产缴纳增值税。

第三，原物业使用人因权属人提前解除租赁合同而收到违约费用、拆迁补偿费用、搬迁费用等经济利益，未提供增值税应税行为，无须缴纳增值税。

第四，原权属人将其土地或房产对外出租，根据《财政部　国家税务总局关于进一步明确全面推开营改增试点有关劳务派遣服务、收费公路通行费抵扣等政策的通知》（财税〔2016〕47号）第三条第（二）款：纳税人以经营租赁方式将土地出租给他人使用，按照不动产经营租赁服务缴纳增值税。

具体规定见表5－9。

表5－9　　被拆迁主体增值税税务处理

改造模式		情况描述	税务处理
政府主导	收储模式	收储模式，是指政府征收（含征收村集体土地及收回国有土地使用权等情况）、收购储备土地并完成拆迁平整后出让，由受让人开发建设的情形	被征收方（原权属人）的厂房用地被政府征收（收回），并取得货币补偿，属于土地使用者将土地使用权归还给土地所有者，按规定可免征增值税
	收购模式	政府以收购方式储备土地的，原权属人按转让土地使用权（不动产）计算缴纳增值税及附加税费、企业所得税（个人所得税）、土地增值税和印花税	政府以收购方式储备土地的，原权属人应按转让土地使用权缴纳增值税
	统租模式	统租模式是指政府下属企事业单位连片租赁村集体的旧厂房用地并实施改造的情形	土地出租方（村集体）出租村集体建设用地，并取得土地租金。根据《财政部　国家税务总局关于进一步明确全面推开营改增试点有关劳务派遣服务、收费公路通行费抵扣等政策的通知》（财税〔2016〕47号）第三条第（二）款的规定，纳税人以经营租赁方式将土地出租给他人使用，按照不动产经营租赁服务缴纳增值税。村集体将土地出租给承租方，应按不动产经营租赁服务缴纳增值税 【延伸】承租方在承租土地上出资增设建筑物，并将建成的房屋用于出租。承租方将建成的建筑物用于出租，应按不动产经营租赁服务征收增值税
	综合整治模式	政府投资主导整治改造，不涉及拆除现状建筑及不动产权属变动，整治工程内容主要包括完善小区公共服务设施、基础设施、小区道路、园林绿化、建筑修缮等	综合整治区域范围内不动产权属不变，由政府拨款给原权属人进行改造。原权属人从政府取得拨款并用于综合整治项目，应针对综合整治中建设配套设施、修建道路、园林绿化等具体行为，根据现行规定按对应税目缴纳增值税

续表

改造模式		情况描述	税务处理
政府主导	合作改造模式	第一种类型，政府在拆迁阶段通过招标等公开方式引入土地前期整理合作方承担具体拆迁工作，该企业需要垫付征地拆迁补偿款。完成拆迁后，政府将拟出让土地通过招标、拍卖或者挂牌等公开方式确定土地使用权人，在土地使用权人支付地价款后，政府再向土地前期整理合作方支付拆迁费用与合理利润	被征收方（原权属人）的土地被政府征收（收回），并取得货币补偿，属于土地使用者将土地使用权归还给土地所有者，按规定可免征增值税
		第二种类型，政府通过招标等公开方式征选合作方，既承担土地前期整理的具体拆迁工作，又是土地使用权人。该合作方承担具体拆迁工作，垫付征地拆迁补偿款（含货币与非货币补偿），完成拆迁后，政府直接将拟出让土地使用权供应给该合作方，所支付拆迁费用与合理利润抵减其应向政府缴纳的地价款	被征收方（原权属人）的土地被政府征收，并取得货币或实物补偿，属于土地使用者将土地使用权归还给土地所有者，按规定可免征增值税
市场方主导	村集体自行改造	在符合国土空间规划的前提下，村集体将其所属的国有建设用地，或将集体建设用地转为国有建设用地后，通过招标方式引入土地前期整理合作方，或者自行组织完成改造范围内改造意愿征询、土地房产调查、搬迁补偿、土地平整等土地前期整理事项，在达到土地出让条件后由政府以协议出让方式将土地使用权出让给该村集体成立的全（独）资公司	土地使用者将土地使用权归还给土地所有者免征增值税。村集体申请将集体土地转为国有建设用地并交由政府出让，属于土地使用者将土地使用权归还给土地所有者，按规定可免征增值税
		【土地整理后出让】在符合国土空间规划的前提下，村集体将其所属的国有建设用地，或将集体建设用地转为国有建设用地后，通过招标方式引入土地前期整理合作方，由合作方先行垫资完成改造范围内改造意愿征询、土地房产调查、搬迁补偿、土地平整等土地前期整理事项，在达到土地出让条件后交由政府以招标、拍卖或挂牌或协议方式出让土地，村集体取得出让分成或返还物业，合作方按土地整理协议取得相应收益	【原集体土地使用方】因村集体提前解除租赁合同而收到违约费用、拆迁补偿费用、搬迁费用等经济利益，未提供增值税应税行为，无须缴纳增值税 【村集体】向自然资源主管部门申请办理集体建设用地转为国有建设用地手续，取得土地出让收益分成，并按土地出让合同的约定无偿从土地受让方处取得部分建成物业。村集体申请将集体土地转为国有建设用地并交由政府出让，属于土地使用者将土地使用权归还给土地所有者，按规定可免征增值税

续表

改造模式		情况描述	税务处理
市场方主导	村企合作	【土地整理后租赁经营】在符合国土空间规划的前提下，村集体将其所属的国有建设用地，或将集体建设用地转为国有建设用地后，通过招标方式引入土地前期整理合作方，由合作方先行垫资完成改造范围内改造意愿征询、土地房产调查、搬迁补偿、土地平整等土地前期整理事项，在达到土地再开发条件后，合作方以租赁形式从村集体处取得该国有建设用地改造后地块经营权，并由其按国土空间规划和约定经营开发，合作方获得全部经营收益，在租赁期满后，合作方无偿（或有偿）将改造后地块及其地上建（构）筑物交回村集体	【原集体土地使用方】合作方向集体土地使用方支付提前解除租赁合同的违约费用以及地上建筑物补偿与搬迁费用（货币补偿）。集体土地使用方因村集体提前解除租赁合同而收到违约费用、拆迁补偿费用、搬迁费用等经济利益，未提供增值税应税行为，无须缴纳增值税 【村集体】向自然资源主管部门申请办理集体建设用地转为国有建设用地手续，取得土地租金，并在土地租赁期满后无偿取得整理地块地上建筑物。根据《财政部　国家税务总局关于进一步明确全面推开营改增试点有关劳务派遣服务、收费公路通行费抵扣等政策的通知》（财税〔2016〕47 号）第三条第（二）款的规定，纳税人以经营租赁方式将土地出租给他人使用，按照不动产经营租赁服务缴纳增值税。村集体将土地出租给合作企业，应按不动产经营租赁服务缴纳增值税
		【土地整理后以复建地块集中安置】村集体将集体土地申请转为国有土地，分为融资地块与复建地块，并与房地产企业合作实施改造	被征收方（包括村集体和村民）：土地使用者将土地使用权归还给土地所有者免征增值税。村集体申请将集体土地转为国有建设用地并交由政府出让，属于土地使用者将土地使用权归还给土地所有者，按规定可免征增值税
		【土地整理后回购物业】村集体将集体土地申请转为国有土地，并与房地产企业合作实施改造。村集体以一定比例的货币补偿款购置房地产企业所开发的物业	【原集体土地使用方】因村集体提前解除租赁合同而收到违约费用、拆迁补偿费用、搬迁费用等经济利益，未提供增值税应税行为，无须缴纳增值税 【村集体】是土地整理实施方，向自然资源主管部门申请办理集体建设用地转为国有建设用地手续，取得土地使用权补偿及拆迁安置补偿。村集体申请将集体土地转为国有建设用地并交由政府出让，属于土地使用者将土地使用权归还给土地所有者，按规定可免征增值税
		【土地整理后合作经营】村集体将集体土地申请转为国有土地，与合作方出资成立项目公司，由项目公司实施改造并负责项目运营管理，改造后，村集体从项目公司取得货币、非货币补偿	【原集体土地使用方】因村集体提前解除租赁合同而收到违约费用、拆迁补偿费用、搬迁费用等经济利益，未提供增值税应税行为，无须缴纳增值税 【村集体】村集体申请将集体土地转为国有建设用地并交由政府出让，属于土地使用者将土地使用权归还给土地所有者，按规定可免征增值税
	企业自改模式	在符合国土空间规划的前提下，由企业自行选择土地前期整理合作方，或由企业自行对土地进行平整并达到土地出让条件后，由政府直接以协议方式出让给该企业。或者，在不实施拆除重建的情况下，由企业按照经批准的规划用途自行实施“微改造”	不动产权属人通过向政府补缴地价，将土地用途由工业用途改变为商业用途，并通过协议方式取得土地使用权自行进行改造开发。不动产权属人向政府部门支付土地价款，按照取得的全部价款和价外费用，扣除当期销售房地产项目对应的土地价款后的余额计算销售额

续表

改造模式		情况描述	税务处理
市场方主导	企业收购改造模式	在符合国土空间规划的前提下，企业收购改造地块周边相邻的土地使用权和房产并办理转移登记后，由地方自然资源主管部门进行归宗，再将土地使用权以协议方式出让给该企业，由该企业依据批准的规划用途实施全面改造。或者，在不实施拆除重建的情况下，由企业按照经批准的规划用途自行实施“微改造”	被收购方转让其拥有的房产、土地，并取得收入。被收购方转让其拥有的房产并取得收入，应按转让不动产缴纳增值税；被收购方转让其拥有的土地使用权并取得收入，应按转让土地使用权缴纳增值税
	单一主体归宗改造模式	在符合国土空间规划的前提下，改造范围内的权利主体通过以签订搬迁补偿协议的方式，将房地产的相关权益转移到单一主体后，由该主体申请实施改造，在完成上盖物拆除后注销原有不动产权证书、办理土地收归国有手续，再由自然资源主管部门直接与单一改造主体签订协议出让合同。或者，在不实施拆除重建的情况下，由企业按照经批准的规划用途自行实施“微改造”	在单一主体归宗改造模式中，完成上盖物拆除后，自然资源部门注销原有不动产权证土地收归国有，再直接与单一改造主体签订协议出让合同。根据《广东省人民政府关于深化改革加快推动“三旧”改造促进高质量发展的指导意见》（粤府〔2019〕71号）有关指导精神，可凭县级（含县级）以上人民政府通过政府会议纪要、“三旧”改造批复或其他文件证明上述操作属于政府征收（收回）房产、土地并出让的行为 根据《财政部　国家税务总局关于全面推开营业税改征增值税试点的通知》（财税〔2016〕36号）附件3《营业税改征增值税试点过渡政策的规定》第一条第（三十七）款规定，土地使用者将土地使用权归还给土地所有者免征增值税。原权属人的土地被政府征收（收回），属于土地使用者将土地使用权归还给土地所有者，按规定可免征增值税

（三）市场主体增值税相关处理

根据《广东省“三旧”改造税收指引（2019年版）》（粤税发〔2019〕188号），市场主体在城市更新项目中的身份相对多元，可能作为土地受让方，也可能同时作为土地前期整理合作方，市场主体还可能通过关联方或其他主体作为工程施工单位，为城市更新项目提供建筑物拆除、土地平整、建筑物修缮等服务。其增值税处理主要概括为如下六类：

1. 市场主体作为土地受让方，以出让方式取得土地使用权，向政府部门支付土地价款，可按照规定的计算方法将允许扣除的土地价款在当期销售额中扣除。根据《国家税务总局关于发布〈房地产企业销售自行开发的房地产项目增值税征收管理暂行办法〉的公告》（国家税务总局公告2016年第18号）规定，房地产企业中的一般纳税人销售自行开发的房地产项目，适用一般计税方法计税，按照取得的全部价款和价外费用，扣除当期销售房地产项目对应的土地价款后的余额计算销售额。

2. 市场主体作为土地受让方，向政府、被拆迁主体支付货币补偿的，该拆迁补偿费用允许在计算销售额时扣除。根据《财政部　国家税务总局关于明确金融　房地产开发　教育辅助服务等增值税政策的通知》（财税〔2016〕140号）第七条，“向政府部门支付的土地价款”，包括土地受让人向政府部门支付的征地和拆迁补偿费用、土地前期开发费用和土地出让收益等；房地产企业中的一般纳税人销售其开发的房地产项目（选择简易计税方法的房地产老项目除外），在取得土地时向其他单位或个人支付的拆迁补偿费用也允许在计算销售额时扣除。纳税人按上述规定扣除拆迁补偿费用时，应提供拆迁协议、拆迁双方支付和取得拆迁补偿费用凭证等能够证明拆迁补偿费用真实性的材料。

3. 市场主体向政府、被拆迁主体提供非货币形式的补偿，应按现行规定缴纳增值税。其中：

（1）市场主体无偿转让不动产给政府、被拆迁主体，且非用于公益事业或者以社会公众为对象的，按照视同销售不动产的规定缴纳增值税。如在收储模式下，市场主体向政府指定的行政事业单位无偿移交配套建设；在村企合作模式下，市场主体将约定物业无偿移交村集体等。

（2）市场主体在城市更新项目中无偿提供建造服务，且土地和物业不在该市场主体名下的，属于无偿提供建筑服务，应按照视同销售建筑服务的规定缴纳增值税。如在收储模式下，市场主体向政府指定的行政事业单位直接移交配套建设；在村企合作模式下，复建地块土地使用权与地上物业权属始终在村集体名下，市场主体承担复建地块物业建造及河涌整治、打通消防通道等事项。

需要注意的是，对于市场主体向政府、被拆迁主体提供非货币形式的补偿，在视同销售处理的同时，是否允许市场主体按《财政部　国家税务总局关于明确金融　房地产开发　教育辅助服务等增值税政策的通知》（财税〔2016〕140 号）第七条的规定，将承担的支出纳入拆迁补偿费用，并在计算销售额时扣除，乃目前政策的空白点，亟待释明。作者认为，既然在“房地产企业向村集体直接支付货币补偿，由村集体作为复建物业建设单位，自行委托施工企业进行设计、施工和竣工验收工作，相关费用支出由村集体实际负担”的情形下，房地产企业支付的货币补偿可以纳入拆迁补偿费用，那不妨把市场主体向政府、被拆迁主体提供非货币形式的补偿理解为两个步骤，第一步是市场主体向政府、被拆迁主体支付货币补偿，第二步是政府、被拆迁主体用货币补偿款购买不动产或建筑服务，两步并为一步，则表现为市场主体向政府、被拆迁主体无偿提供不动产或建筑服务。从该角度分析，市场主体不论通过货币补偿，还是非货币补偿，万变不离其宗，建议后续政策允许非货币补偿对应的支出纳入拆迁补偿费用处理。

4. 市场主体有偿转让不动产给政府、被拆迁主体的，按转让不动产的规定缴纳增值税。如在收储模式下，市场主体通过转移登记将配套建设的权属办至政府指定回购单位名下；在村企合作模式下，村集体以一定比例的货币补偿款购置房地产企业开发的物业；项目公司与村集体签订房屋销售合同，将分成物业的权属办至村集体名下等。

5. 市场主体将建成的建筑物用于出租，应按不动产经营租赁服务征收增值税。根据《财政部　国家税务总局关于进一步明确全面推开营改增试点有关劳务派遣服务、收费公路通行费抵扣等政策的通知》（财税〔2016〕47 号）第三条第（二）款：纳税人以经营租赁方式将土地出租给他人使用，按照不动产经营租赁服务缴纳增值税。

具体规定见表 5－10。

表 5－10　市场主体增值税税务处理

改造模式		情况描述	税务处理
政府主导	收储模式	收储模式是指政府征收（含征收村集体土地及收回国有土地使用权等情况）、收购储备土地并完成拆迁平整后出让，由受让人开发建设的情形	受让方以出让方式取得土地使用权，向政府部门支付土地价款，受让方按照取得的全部价款和价外费用，扣除当期销售房地产项目对应的土地价款后的余额计算销售额。房地产企业以出让方式取得土地使用权，向政府部门支付土地价款，可按照规定的计算方法将允许扣除的土地价款在当期销售额中扣除

续表

改造模式		情况描述	税务处理
政府主导	收储模式	征收或收购方式收储后，以“限地价、竞配建”方式供地。配套建设移交方式包括：直接移交、无偿移交和政府回购	1. 受让方取得土地使用权，向政府部门支付土地价款，受让方按照取得的全部价款和价外费用，扣除当期销售房地产项目对应的土地价款后的余额计算销售额。房地产企业以出让方式取得土地使用权，向政府部门支付土地价款，可按照规定的计算方法将允许扣除的土地价款在当期销售额中扣除 2. 受让方移交配套建设： （1）直接移交方式。不动产登记部门直接将配套建设首次登记到政府指定的行政事业单位，受让方属于为政府无偿提供建筑服务，应按照视同销售的相关规定缴纳增值税 （2）无偿移交方式。受让方按照合同约定无偿移交配套建设，属于无偿转让不动产，应按照视同销售的相关规定缴纳增值税。如配套建设用于公益事业或者以社会公众为对象，不属于视同销售 （3）政府回购方式。受让方通过转移登记将配套建设的权属办至政府指定回购单位名下，应按现行规定缴纳增值税
	合作改造模式	第一种类型，政府在拆迁阶段通过招标等公开方式引入土地前期整理合作方承担具体拆迁工作，该企业需要垫付征地拆迁补偿款。完成拆迁后，政府将拟出让土地通过招标、拍卖或者挂牌等公开方式确定土地使用权人，在土地使用权人支付地价款后，政府再向土地前期整理合作方支付拆迁费用与合理利润	土地受让方以出让方式取得土地使用权，向政府部门支付土地价款，受让方按照取得的全部价款和价外费用，扣除当期销售房地产项目对应的土地价款后的余额计算销售额。房地产企业以出让方式取得土地使用权，向政府部门支付土地价款，可按照规定的计算方法将允许扣除的土地价款在当期销售额中扣除
		第二种类型，政府通过招标等公开方式征选合作方，既承担土地前期整理的具体拆迁工作，又是土地使用权人。该合作方承担具体拆迁工作，垫付征地拆迁补偿款（含货币与非货币补偿），完成拆迁后，政府直接将拟出让土地使用权供应给该合作方，所支付拆迁费用与合理利润抵减其应向政府缴纳的地价款	土地受让方与工程施工方（合作方），合作方以出让方式取得土地使用权，向被征收方支付货币或实物补偿，并承担具体拆迁中的建筑物拆除、土地平整等劳务 合作方以出让方式取得土地使用权： （1）向政府部门支付土地价款，按照取得的全部价款和价外费用，扣除当期销售房地产项目对应的土地价款后的余额计算销售额。房地产企业以出让方式取得土地使用权，向政府部门支付土地价款，可按照规定的计算方法将允许扣除的土地价款在当期销售额中扣除 （2）根据《财政部　国家税务总局关于明确金融　房地产开发　教育辅助服务等增值税政策的通知》（财税〔2016〕140 号）第七条规定，房地产开发企业中的一般纳税人销售其开发的房地产项目（选择简易计税方法的房地产老项目除外），在取得土地时向其他单位或个人支付的拆迁补偿费用也允许在计算销售额时扣除。纳税人按上述规定扣除拆迁补偿费用时，应提供拆迁协议、拆迁双方支付和取得拆迁补偿费用凭证等能够证明拆迁补偿费用真实性的材料 （3）合作方向被征收方提供非货币形式的补偿，应按现行规定缴纳增值税

续表

改造模式		情况描述	税务处理
	村集体自行改造	在符合国土空间规划的前提下，村集体将其所属的国有建设用地，或将集体建设用地转为国有建设用地后，通过招标方式引入土地前期整理合作方，或者自行组织完成改造范围内改造意愿征询、土地房产调查、搬迁补偿、土地平整等土地前期整理事项，在达到土地出让条件后由政府以协议出让方式将土地使用权出让给该村集体成立的全（独）资公司	受让方以协议出让方式取得土地使用权，向政府部门支付土地价款，受让方按照取得的全部价款和价外费用，扣除当期销售房地产项目对应的土地价款后的余额计算销售额
市场方主导	村企合作	【土地整理后出让】在符合国土空间规划的前提下，村集体将其所属的国有建设用地，或将集体建设用地转为国有建设用地后，通过招标方式引入土地前期整理合作方，由合作方先行垫资完成改造范围内改造意愿征询、土地房产调查、搬迁补偿、土地平整等土地前期整理事项，在达到土地出让条件后交由政府以招标、拍卖或挂牌或协议方式出让土地，村集体取得出让分成或返还物业，合作方按土地整理协议取得相应收益	土地受让方以出让方式取得土地使用权： （1）向政府部门支付土地价款，按照取得的全部价款和价外费用，扣除当期销售房地产项目对应的土地价款后的余额计算销售额。房地产企业以出让方式取得土地使用权，向政府部门支付土地价款，可按照规定的计算方法将允许扣除的土地价款在当期销售额中扣除 （2）根据《财政部　国家税务总局关于明确金融　房地产开发　教育辅助服务等增值税政策的通知》（财税〔2016〕140号）第七条规定，房地产企业中的一般纳税人销售其开发的房地产项目（选择简易计税方法的房地产老项目除外），在取得土地时向其他单位或个人支付的拆迁补偿费用也允许在计算销售额时扣除。纳税人按上述规定扣除拆迁补偿费用时，应提供拆迁协议、拆迁双方支付和取得拆迁补偿费用凭证等能够证明拆迁补偿费用真实性的材料 （3）受让方将约定物业无偿移交村集体，属于无偿转让不动产，应按照视同销售的相关规定缴纳增值税
		【土地整理后租赁经营】在符合国土空间规划的前提下，村集体将其所属的国有建设用地，或将集体建设用地转为国有建设用地后，通过招标方式引入土地前期整理合作方，由合作方先行垫资完成改造范围内改造意愿征询、土地房产调查、搬迁补偿、土地平整等土地前期整理事项，在达到土地再开发条件后，合作方以租赁形式从村集体处取得该国有建设用地改造后地块经营权，并由其按国土空间规划和约定经营开发，合作方获得全部经营收益，在租赁期满后，合作方无偿（或有偿）将改造后地块及其地上建（构）筑物交回村集体	合作方支付提前解除租赁合同的违约费用与地上建筑物补偿等拆迁补偿费，以及聘请工程施工方完成场地围蔽、建筑物拆除、平整土地等费用，并逐年支付土地租金，以村集体名义按规划工业用途开发建设厂房，支付相关工程款项 合作方将建成的建筑物用于出租，应按不动产经营租赁服务征收增值税

续表

改造模式		情况描述	税务处理
市场方主导	村企合作	【土地整理后以复建地块集中安置】村集体将集体土地申请转为国有土地，分为融资地块与复建地块，并与房地产企业合作实施改造	1. 土地受让方（房地产企业）取得融资地块土地使用权，并以建造复建地块房产为代价补偿农村集体经济组织或村民 （1）房地产企业取得融资地块土地使用权并向政府部门支付土地价款，按照取得的全部价款和价外费用，扣除当期销售房地产项目对应的土地价款后的余额计算销售额。房地产企业以出让方式取得土地使用权，向政府部门支付土地价款，可按照规定的计算方法将允许扣除的土地价款在当期销售额中扣除 （2）根据《财政部　国家税务总局关于明确金融　房地产开发　教育辅助服务等增值税政策的通知》（财税〔2016〕140号）第七条规定，房地产企业中的一般纳税人销售其开发的房地产项目（选择简易计税方法的房地产老项目除外），在取得土地时向其他单位或个人支付的拆迁补偿费用也允许在计算销售额时扣除。纳税人按上述规定扣除拆迁补偿费用时，应提供拆迁协议、拆迁双方支付和取得拆迁补偿费用凭证等能够证明拆迁补偿费用真实性的材料 （3）房地产企业承担复建地块物业建造及河涌整治、打通消防通道等事项，且复建地块土地使用权与地上物业权属始终在村集体名下，属于无偿提供建筑服务，应按照视同销售的相关规定缴纳增值税 2. 房地产企业向村集体直接支付货币补偿，由村集体作为复建物业建设单位，自行委托施工企业进行设计、施工和竣工验收工作，相关费用支出由村集体实际负担 根据《财政部　国家税务总局关于明确金融　房地产开发　教育辅助服务等增值税政策的通知》（财税〔2016〕140号）第七条规定，房地产企业中的一般纳税人销售其开发的房地产项目（选择简易计税方法的房地产老项目除外），在取得土地时向其他单位或个人支付的拆迁补偿费用也允许在计算销售额时扣除。纳税人按上述规定扣除拆迁补偿费用时，应提供拆迁协议、拆迁双方支付和取得拆迁补偿费用凭证等能够证明拆迁补偿费用真实性的材料。房地产企业向村集体直接支付货币补偿可作为拆迁补偿费用在计算销售额时扣除

续表

改造模式		情况描述	税务处理
市场方主导	村企合作	【土地整理后回购物业】村集体将集体土地申请转为国有土地，并与房地产企业合作实施改造。村集体以一定比例的货币补偿款购置房地产企业所开发的物业	(1) 房地产企业取得融资地块土地使用权并向政府部门支付土地价款，按照取得的全部价款和价外费用，扣除当期销售房地产项目对应的土地价款后的余额计算销售额。房地产企业以出让方式取得土地使用权，向政府部门支付土地价款，可按照规定的计算方法将允许扣除的土地价款在当期销售额中扣除 (2) 根据《财政部 国家税务总局关于明确金融 房地产开发 教育辅助服务等增值税政策的通知》(财税〔2016〕140号)第七条规定，房地产企业中的一般纳税人销售其开发的房地产项目(选择简易计税方法的房地产老项目除外)，在取得土地时向其他单位或个人支付的拆迁补偿费用也允许在计算销售额时扣除。纳税人按上述规定扣除拆迁补偿费用时，应提供拆迁协议、拆迁双方支付和取得拆迁补偿费用凭证等能够证明拆迁补偿费用真实性的材料 (3) 村集体以一定比例的货币补偿款购置房地产企业开发的物业时，房地产企业应按现行规定缴纳增值税
市场方主导	村企合作	【土地整理后合作经营】村集体将集体土地申请转为国有土地，与合作方出资成立项目公司，由项目公司实施改造并负责项目运营管理，改造后，村集体从项目公司取得货币、非货币补偿	(1) 项目公司取得土地使用权并向政府部门支付土地价款，按照取得的全部价款和价外费用，扣除当期销售房地产项目对应的土地价款后的余额计算销售额。房地产企业以出让方式取得土地使用权，向政府部门支付土地价款，可按照规定的计算方法将允许扣除的土地价款在当期销售额中扣除 (2) 根据《财政部 国家税务总局关于明确金融 房地产开发 教育辅助服务等增值税政策的通知》(财税〔2016〕140号)第七条规定，房地产企业中的一般纳税人销售其开发的房地产项目(选择简易计税方法的房地产老项目除外)，在取得土地时向其他单位或个人支付的拆迁补偿费用也允许在计算销售额时扣除。纳税人按上述规定扣除拆迁补偿费用时，应提供拆迁协议、拆迁双方支付和取得拆迁补偿费用凭证等能够证明拆迁补偿费用真实性的材料 (3) 项目公司与村集体签订房屋销售合同，将分成物业的权属办至村集体名下，应按现行规定缴纳增值税
市场方主导	企业收购改造模式	在符合国土空间规划的前提下，企业收购改造地块周边相邻的土地使用权和房产并办理转移登记后，由地方自然资源主管部门进行归宗，再将土地使用权以协议方式出让给该企业，由该企业依据批准的规划用途实施全面改造。或者，在不实施拆除重建的情况下，由企业按照经批准的规划用途自行实施"微改造"	收购方取得房屋、土地，进行连片改造后对外出租 收购方进行连片改造后对外出租不动产，应按不动产经营租赁服务缴纳增值税

续表

改造模式		情况描述	税务处理
市场方主导	单一主体归宗改造模式	在符合国土空间规划的前提下，改造范围内的权利主体通过以签订搬迁补偿协议的方式，将房地产的相关权益转移到单一主体后，由该主体申请实施改造，在完成上盖物拆除后注销原有不动产权证书、办理土地收归国有手续，再由自然资源主管部门直接与单一改造主体签订协议出让合同。或者，在不实施拆除重建的情况下，由企业按照经批准的规划用途自行实施“微改造”	受让方以出让方式有偿取得土地使用权，向原权属人支付货币或实物补偿，支付公交设施用地及地上建筑物相关平整土地和建筑安装工程相关费用，公交设施用地及地上建筑物被政府收回（征收） 1. 拆迁补偿环节 （1）受让方取得土地使用权并向政府部门支付土地价款，按照取得的全部价款和价外费用，扣除当期销售房地产项目对应的土地价款后的余额计算销售额。房地产企业以出让方式取得土地使用权，向政府部门支付土地价款，可按照规定的计算方法将允许扣除的土地价款在当期销售额中扣除 （2）根据《财政部　国家税务总局关于明确金融　房地产开发　教育辅助服务等增值税政策的通知》（财税〔2016〕140 号）第七条规定，房地产企业中的一般纳税人销售其开发的房地产项目（选择简易计税方法的房地产老项目除外），在取得土地时向其他单位或个人支付的拆迁补偿费用也允许在计算销售额时扣除。纳税人按上述规定扣除拆迁补偿费用时，应提供拆迁协议、拆迁双方支付和取得拆迁补偿费用凭证等能够证明拆迁补偿费用真实性的材料 2. 交付公交设施环节 受让方向政府交付公交站场，属于无偿转让不动产或提供应税服务，但以社会公众为对象，无需按视同销售缴纳增值税

6. 市场主体（工程施工单位）在城市更新项目中提供建筑物拆除、土地平整、建筑物修缮等服务，应按建筑服务缴纳增值税。

上述税务处理适用的具体情形见表 5－11。

表 5－11　　适用情形

改造模式		情况描述
政府主导	收储模式	收储模式，是指政府征收（含征收村集体土地及收回国有土地使用权等情况）、收购储备土地并完成拆迁平整后出让，由受让人开发建设的情形。工程施工方在该模式下提供建筑物拆除、土地平整等劳务
	综合整治模式	政府投资主导整治改造，不涉及拆除现状建筑及不动产权属变动，整治工程内容主要包括完善小区公共服务设施、基础设施、小区道路、园林绿化、建筑修缮等。工程施工方在该模式下提供建筑物修缮等劳务
	合作改造模式	第一种类型，政府在拆迁阶段通过招标等公开方式引入土地前期整理合作方承担具体拆迁工作，该企业需要垫付征地拆迁补偿款。完成拆迁后，政府将拟出让土地通过招标、拍卖或者挂牌等公开方式确定土地使用权人，在土地使用权人支付地价款后，政府再向土地前期整理合作方支付拆迁费用与合理利润。工程施工方在该模式下提供建筑物拆除、土地平整等劳务
		第二种类型，政府通过招标等公开方式征选合作方，既承担土地前期整理的具体拆迁工作，又是土地使用权人。该合作方承担具体拆迁工作，垫付征地拆迁补偿款（含货币与非货币补偿），完成拆迁后，政府直接将拟出让土地使用权供应给该合作方，所支付拆迁费用与合理利润抵减其应向政府缴纳的地价款。该类型下，土地受让方与工程施工方为同一企业，土地受让方（工程施工方）承担具体拆迁中的建筑物拆除、土地平整等劳务

续表

改造模式		情况描述
市场主导	村企合作改造	【土地整理后出让】在符合国土空间规划的前提下，村集体将其所属的国有建设用地，或将集体建设用地转为国有建设用地后，通过招标方式引入土地前期整理合作方，由合作方先行垫资完成改造范围内改造意愿征询、土地房产调查、搬迁补偿、土地平整等土地前期整理事项，在达到土地出让条件后交由政府以招标、拍卖或挂牌或协议方式出让土地，村集体取得出让分成或返还物业，合作方按土地整理协议取得相应收益。合作方在该模式下提供建筑物拆除、土地平整等服务
		【土地整理后租赁经营】在符合国土空间规划的前提下，村集体将其所属的国有建设用地，或将集体建设用地转为国有建设用地后，通过招标方式引入土地前期整理合作方，由合作方先行垫资完成改造范围内改造意愿征询、土地房产调查、搬迁补偿、土地平整等土地前期整理事项，在达到土地再开发条件后，合作方以租赁形式从村集体处取得该国有建设用地改造后地块经营权，并由其按国土空间规划和约定经营开发，合作方获得全部经营收益，在租赁期满后，合作方无偿（或有偿）将改造后地块及其地上建（构）筑物交回村集体。合作方在该模式下提供建筑物拆除、土地平整等服务
		【土地整理后以复建地块集中安置】村集体将集体土地申请转为国有土地，分为融资地块与复建地块，并与房地产企业合作实施改造。工程施工方在该模式下提供建筑物拆除、土地平整等服务
		【土地整理后回购物业】村集体将集体土地申请转为国有土地，并与房地产企业合作实施改造。村集体以一定比例的货币补偿款购置房地产企业所开发的物业。房地产企业在该模式下提供建筑物拆除、土地平整等服务
		【土地整理后合作经营】村集体将集体土地申请转为国有土地，与合作方出资成立项目公司，由项目公司实施改造并负责项目运营管理，改造后，村集体从项目公司取得货币、非货币补偿。合作方在该模式下提供建筑物拆除、土地平整等服务
	企业自改模式	在符合国土空间规划的前提下，由企业自行选择土地前期整理合作方，或由企业自行对土地进行平整并达到土地出让条件后，由政府直接以协议方式出让给该企业。或者，在不实施拆除重建的情况下，由企业按照经批准的规划用途自行实施“微改造”。工程施工方在该模式下提供建筑物、构筑物及其附属设施的建造、修缮、装饰，线路、管道、设备、设施等的安装以及其他工程作业
	单一主体归宗改造模式	在符合国土空间规划的前提下，改造范围内的权利主体通过以签订搬迁补偿协议的方式，将房地产的相关权益转移到单一主体后，由该主体申请实施改造，在完成上盖物拆除后注销原有不动产权证书、办理土地收归国有手续，再由自然资源主管部门直接与单一改造主体签订协议出让合同。或者，在不实施拆除重建的情况下，由企业按照经批准的规划用途自行实施“微改造”。工程施工方在该模式下提供建筑物拆除、土地平整等服务

第四节　市场主体拆迁补偿支出的税收规定

城市更新项目拆迁补偿问题直接关系被拆迁主体切身利益，其中，旧村全面改造项目的拆迁补偿关系最为复杂，拆迁补偿方案必须获得村集体民主表决通过，以稳定被拆迁主体基本住房保障在内的民生需要。

在拆迁补偿方式方面，如本书第二章第一节所述，最常见的方式包括复建安置、异地安置或者货币补偿。但由于补偿对象的具体情形多有不同，如宅基地还未开始建设或仅建设一两层，而个别是超过标准高度进行建设，建设楼层超过6层甚至超过8层，存在宅基地面积的容积率较低或者偏高的情形，或者存在违法建筑等情形，不同情形所对应的补偿价值应该有所差别，需要区别对待进行补偿。在实际补偿安置过程中，会存在补偿安置面积变化调整的情况，一是由于复建安置建设指标的限制，复建安置用房面积不足以分配给被拆迁主体；二是被拆迁主体改变选择的补偿方式，导致复建安置用房的面积少于实际补偿面积；三是被拆迁主体调整选择货币补偿方式，导致已经批准建设的复建安置用房面积有节余等。由此会出现市场主体需要从融资地块建设的房产补偿给被拆迁主体，或者市场主体获得集体建设用地上所建设复建安置用房等情况。不同的拆迁补偿方式，以及实际补偿安置面积变化调整的情况，对市场主体项目实施的税务处理将产生不同影响。

在拆迁补偿环节方面，涉及被拆迁主体先交出土地和房屋，市场主体组织房屋拆除、土地平整，复建安置物业建设，市场主体向被拆迁主体移交安置房屋等环节。本书第二章、第三章以被拆迁主体为视角进行分析，本章第四节将以市场主体为视角，对其相关环节税收规定和税务处理予以介绍。

一、本地安置补偿方式

如《广州市城市更新办法》第五十一条规定，城市更新项目涉及房屋拆迁安置的，应当坚持“先安置后拆迁”的原则。以拆迁补偿关系最复杂的旧村全面改造项目为例，市场主体参与本地安置补偿的模式，较为典型的有以下两类。

第一种模式：物业回购。

旧村改造范围内的所有土地经过一系列手续后，通过政府“招、拍、挂”的形式由房地产企业摘牌。房地产企业取得土地后，为村民建设复建安置物业。村集体从土地拍卖价款中取得补偿费用，并在复建安置物业建设完成后，以约定价格从市场主体购置复建安置物业，分配给村民。

第二种模式：自主建设。

村集体成立全资或控股公司，作为旧村改造的项目公司，改造范围内划定融资地块和复建地块，复建地块建设复建安置物业，融资地块进行正常的房地产开发。市场主体前期主要为项目公司提供资金支持和负责项目建设，在复建安置物业移交后，通过股权受让、增资扩股等方式取得项目公司股权，获取融资地块房地产开发的权益。

（一）物业回购模式

市场主体在旧村改造过程中，按照政府规定的流程取得改造项目的土地使用权，支付土地出让价款，并按照土地出让条件为村集体建设复建安置物业，建成后以成本价销售给村集体。市场主体相关税收规定和税务处理如下：

1. 支付土地出让金环节。市场主体在土地出让过程中，其支付的土地出让金中已经包含村集体回购复建安置房的价款，该土地出让金作为整个房地产建设项目中的支出，按照税收相关规定计入项目土地成本。

（1）增值税。《国家税务总局关于发布〈房地产企业销售自行开发的房地产项目增值税征收管理暂行办法〉的公告》（国家税务总局公告2016年第18号）的规定，房地产企业中的一般纳税人销售自行开发的房地产项目，适用一般计税方法计税，按照取得的全部价款和价外费用，扣除当期销售房地产项目对应的土地价款后的余额计算销售额。房地产企业以出让方式取得土地使用权，向政府部门支付土地价款，可按照规定的计算方法将允许扣除的土地价款在当期销售额中扣除。

（2）土地增值税。根据《中华人民共和国土地增值税暂行条例》第六条的规定，取得土地使用权所支付的金额，属于计算增值额的扣除项目，在计算缴纳土地增值税过程中扣除。

（3）契税。《根据财政部　国家税务总局关于国有土地使用权出让等有关契税问题的通知》（财税〔2004〕134 号）规定，以协议方式出让的，其契税计税价格为成交价格。成交价格包括土地出让金、土地补偿费、安置补助费、地上附着物和青苗补偿费、拆迁补偿费、市政建设配套费等承受者应支付的货币、实物、无形资产及其他经济利益。

（4）企业所得税。根据《国家税务总局关于印发〈房地产开发经营业务企业所得税处理办法〉的通知》（国税发〔2009〕31 号）规定，取得土地使用权所发生的支出作为土地开发成本进行税务处理。

（5）印花税。《财政部　国家税务总局关于印花税若干政策的通知》（财税〔2006〕162 号）第三条规定，对土地使用权出让合同、土地使用权转让合同按产权转移书据征收印花税。根据《中华人民共和国印花税暂行条例》（国务院令第 11 号）所附《印花税税目税率表》，产权转移书据，由立据人按所载金额的万分之五贴花。所立书据以合同方式签订的，应由持有书据的各方分别按全额贴花。因此，出让方、受让方均要按规定计算贴花。

2. 复建安置物业建设环节。市场主体进行复建安置物业建设，与一般开发建设房地产项目一样，所涉及的成本、费用，按照正常的房地产开发建设项目的成本、费用进行核算。

3. 复建安置物业销售环节。市场主体建成复建安置物业后，按照建造成本价或约定的较低价格向村集体进行销售，其取得的收入，按照销售不动产取得收入的规定计算缴纳相关税费。

（1）增值税。根据《财政部　国家税务总局关于全面推开营业税改征增值税试点的通知》（财税〔2016〕36 号）和《国家税务总局关于发布〈房地产企业销售自行开发的房地产项目增值税征收管理暂行办法〉的公告》（国家税务总局公告 2016 年第 18 号）的规定，市场主体向村集体销售复建安置物业，属于增值税应税行为，按照适用一般计税方法计税的，按照 11% 的适用税率计算（目前税率已调整为 9%）。适用简易计税方法计税的，按照 5% 的征收率计算。

（2）土地增值税。市场主体向村集体销售复建安置物业，属于土地增值税应税行为。根据《中华人民共和国土地增值税暂行条例实施细则》第十六条的规定，纳税人在项目全部竣工结算前转让房地产取得的收入，由于涉及成本确定或其他原因，而无法据以计算土地增值税的，可以预征土地增值税，待该项目全部竣工、办理结算后再进行清算，多退少补。具体办法由各省、自治区、直辖市地方税务局根据当地情况制定。同时，国家税务总局在 2016 年 11 月 10 日发布《国家税务总局关于营改增后土地增值税若干征管规定的公告》中对预征税款作出了相关规定，为方便纳税人，简化土地增值税预征税款计算，房地产企业采取预收款方式销售自行开发的房地产项目的，可按照以下方法计算土地增值税预征计征依据：土地增值税预征的计征依据 = 预收款 − 应预缴增值税税款。

（3）企业所得税。根据《国家税务总局关于印发〈房地产开发经营业务企业所得税处理办法〉的通知》（国税发〔2009〕31号）第六条的规定，企业通过正式签订房地产预售合同所取得的收入，应确认为销售收入，缴纳企业所得税。由于增值税是价外税，企业所得税的收入应不含增值税，房地产企业采取预售方式销售开发产品取得款项虽然会计处理计入预收账款，但在企业所得税上属于收入的概念，应该换算为不含增值税的收入缴纳企业所得税。因此，《国家税务总局关于印发〈房地产开发经营业务企业所得税处理办法〉的通知》（国税发〔2009〕31号）第九条规定，企业销售未完工开发产品取得的收入，应先按预计计税毛利率分季（或月）计算出预计毛利额，计入当期应纳税所得额。企业销售未完工开发产品取得的收入口径暂按以下公式计算：企业销售未完工开发产品取得的收入 = 预售收入/（1 + 税率或征收率）。

（4）印花税。根据《中华人民共和国印花税暂行条例》及其实施细则的规定：在预售商品房时，如签订商品房销售合同或商品房预售合同的，应在签订合同时，按合同所记载金额的万分之五计税贴花或按月汇总缴纳印花税。

（5）销售价格明显低于市场价格问题。旧村改造项目中通过土地出让款补偿村集体，再由村集体从房地产企业处按照成本价格回购复建安置物业，房屋的成交价格会远远低于市场价格。《中华人民共和国税收征收管理法》第三十五条第一款第（六）项规定，纳税人申报的计税依据明显偏低，又无正当理由的，税务机关有权核定其应纳税额。在旧村改造项目中，根据项目改造实施方案等相关文件，房地产企业建设的复建安置物业按照方案规定的价格销售给村集体的，笔者认为，属于有正当理由的情形，房地产企业不需要按照市场销售价格核定其应纳税额。

【案例5-4】 黄岗村集体根据政府部门批复的旧村改造实施方案，黄岗村将集体土地交回给政府部门后，由政府部门挂牌出让，黄岗村按照分成比例获得相应补偿，并约定黄岗村按照建设成本1500元每平方米的价格（市场价格12000元每平方米），从项目改造实施主体穗改房地产公司回购复建安置物业20000平方米，用于保障村民的利益。复建安置物业建设完成后，黄岗村从取得的经济补偿款中提取3000万元支付给穗改房地产公司。穗改房地产公司从村集体取得复建安置物业的销售价款3000万元，计入商品房销售收入，按照规定计算缴纳相关税费。

（二）自主建设模式

由于村集体大多不具备开发建设经验，缺乏推进改造过程中所需的大额资金，往往需要与市场主体进行合作。在广州地区，较为典型的是在改造原址确定部分地块用作复建安置物业建设，即复建地块，村集体向政府部门申请旧村改造获批后，根据改造实施方案确定模式，确定融资地块和复建地块，通过融资地块的房地产开发，保障改造项目的建设资金，通过复建地块的复建安置物业屋建设，保障村民的回迁安置。一般由村集体成立全资或控股的项目公司，由项目公司负责旧村改造工作。其中，市场主体前期为项目公司提供资金支持、负责复建安置物业建设，该建设成本实质由市场主体承担；在复建安置物业全部或分期移交后，项目公司有权按照较低的价格取得全部或分期融资地块的土地使用权（比如，广州市旧村改造规定，房地产企业可以按照融资地块评估地价的20%取得土地使用权），市场主体通过股权受让等方式取得项目公司股权，获取融资地块房地产开发权益。

尽管市场主体可以按照较低价格取得土地使用权，但其为取得土地使用权所实际承担的成本支出已包括前期动迁、房屋拆除和土地平整以及复建安置物业建设等，如果不把这部分金额纳入土地开发成本中，市场主体房地产开发将虚高其利润水平，承担较高的税收负担。因此，妥善处理前期复建安置成本费用，是市场主体在旧村改造过程中需要面对的税收难点。

1. 复建安置物业建设成本，是否属于房地产开发成本？

此模式下的复建安置物业建设，系房地产项目整体开发环节的一部分，除了复建安置物业用地，市场主体不需要承担土地出让金外，复建安置物业的建设资金，包括报批报建费、规划设计费、勘察丈量费、工程招标费、三通一平费、临时设施费、基础设施费、建筑安装工程费、公共配套设施费以及开发间接费用等，均需要市场主体实际承担。市场主体建设复建安置物业，目的是取得融资地块进行房地产开发，复建安置物业的建设成本实质是融资地块土地价款的一部分。因此，复建安置物业的建造成本是拆迁补偿费的一种体现形式，实质是旧村改造过程中，对村民住房的一种补偿方式，笔者认为，应计入融资地块房地产开发项目的“土地征用及拆迁补偿费”中，作为融资地块房地产开发项目的开发成本。

2. 复建安置物业建设成本，如何与拆迁补偿费匹配？

正常情况下，复建安置物业的建造费用是可以确定的，包括前期工程费、基础设施费、建筑安装工程费、公共配套设施费以及开发间接费用，根据每一个项目的具体支出能够具体确定。如果按照平移该成本的方式确定复建安置物业建造费，能够较为客观地反映房地产企业为取得融资地块，真正承担的建造复建安置物业的拆迁补偿成本，但由于目前旧村改造项目的特殊性，没有统一的模式，税收管理的具体政策上还存在比较模糊的地带，特别是因为无偿向村民提供复建安置物业的行为，如何进行税务处理，特别是在增值税、土地增值税和企业所得税三大税种的处理方面，仍然存在较多不确定因素。

（1）土地增值税。相比企业所得税和增值税，土地增值税政策对复建安置物业移交给被拆迁主体的规定最为清晰。市场主体为取得土地使用权而向被拆迁主体无偿移交复建安置物业的，属于支付补偿的一种形式，复建安置物业先按视同销售确认销售收入，同时将该复建安置物业视同销售的销售收入视为拆迁补偿费，列入融资地块房地产开发的土地征用及拆迁补偿费支出，允许加计扣除。具体的政策规定包括：

《国家税务总局关于土地增值税清算有关问题的通知》（国税函〔2010〕220 号）第六条第（一）款规定，房地产企业用建造的本项目房地产安置回迁户的，安置用房视同销售处理，按《国家税务总局关于房地产开发企业土地增值税清算管理有关问题的通知》（国税发〔2006〕187 号）第三条第（一）款规定确认收入，同时将此确认为房地产开发项目的拆迁补偿费。房地产企业支付给回迁户的补差价款，计入拆迁补偿费；回迁户支付给房地产企业的补差价款，应抵减本项目拆迁补偿费。

国家税务总局《关于房地产开发企业土地增值税清算管理有关问题的通知》（国税发〔2006〕187 号）第三条第（一）款规定，房地产企业将开发产品用于职工福利、奖励、对外投资、分配给股东或投资人、抵偿债务、换取其他单位和个人的非货币性资产等，发生所有权转移时应视同销售房地产，其收入按下列方法和顺序确认：“1. 按本企业在同一地区、同一年度销售的同类房地产的平均价格确定；2. 由主管税务机关参照当地当年、同类房地产的市场价格或评估价值确定。”

（2）企业所得税。市场主体通过项目公司名义建设复建安置物业，并无偿分配给被拆迁主体，按照企业所得税的基本原则，应视同销售计算收入。根据《国家税务总局关于印发〈房地产开发经营业务企业所得税处理办法〉的通知》（国税发〔2009〕31 号）第七条规定，企业将开发产品用于捐赠、赞助、职工福利、奖励、对外投资、分配给股东或投资人、抵偿债务、换取其他企事业单位和个人的非货币性资产等行为，应视同销售，于开发产品所有权或使用权转移，或于实际取得利益权利时确认收入（或利润）的实现。确认收入（或利润）的方法和顺序为："1. 按本企业近期或本年度最近月份同类开发产品市场销售价格确定；2. 由主管税务机关参照当地同类开发产品市场公允价值确定；3. 按开发产品的成本利润率确定。开发产品的成本利润率不得低于 15%，具体比例由主管税务机关确定。"

市场主体拆迁还房，相当于建造复建安置物业换取土地使用权。按此逻辑，企业所得税和土地增值税对房地产拆迁后补偿复建安置物业的行为应规定一致，允许按视同销售确认的收入，同时作为拆迁补偿费，列入融资地块房地产开发的土地征用费及拆迁补偿费中，但目前并没有权威的政策文件规定企业所得税按此原则处理。

（3）增值税。相比土地增值税和企业所得税，复建安置物业的增值税处理最为复杂，争议也最大。

一方面，按照复建安置物业的税收政策，在流转税方面，基本保持应按照规定缴纳流转税的政策导向，但视同销售的销售额如何确定？

在 2016 年 5 月 1 日之前的营业税时期，复建安置物业需要按照规定缴纳营业税，具体规定如下：《国家税务总局关于纳税人开发回迁安置用房有关营业税问题的公告》（国家税务总局公告 2014 年第 2 号）规定，纳税人以自己名义立项，在该纳税人不承担土地出让价款的土地上开发复建安置物业，并向原居民无偿转让复建安置物业所有权的行为，按照《中华人民共和国营业税暂行条例实施细则》第五条之规定，视同销售不动产征收营业税，其计税营业额按财政部国家税务总局令第 52 号第二十条第一款第（三）项的规定予以核定，但不包括复建安置物业所处地块的土地使用权价款。确定具体营业额方面，根据《中华人民共和国营业税暂行条例实施细则》第二十条，纳税人有条例第七条所称价格明显偏低并无正当理由或者本细则第五条所列视同发生应税行为而无营业额的，按下列顺序确定其营业额："（一）按纳税人最近时期发生同类应税行为的平均价格核定；（二）按其他纳税人最近时期发生同类应税行为的平均价格核定；（三）按下列公式核定：营业额 = 营业成本或者工程成本 ×（1 + 成本利润率）÷（1 − 营业税税率）。公式中的成本利润率，由省、自治区、直辖市税务局确定。"

全面营改增后，对复建安置物业的增值税政策，很多税务机关延续了营业税时期的政策规定。

如深圳市全面推开"营改增"试点工作指引（之四）对复建安置物业的增值税处理方式是：纳税人以自己名义立项，在该纳税人不承担土地出让价款的土地上开发复建安置物业，并向原居民无偿转让复建安置物业所有权的行为，如开具发票的，应按照发票上注明的销售额计算缴纳增值税；如发票上注明的销售额明显低于视同销售销售额的，或者未开具发票的，按照视同销售不动产计算缴纳增值税。（1）确认复建安置物业面积，主要依据经城市更新部门备案的拆迁补偿协议中房屋补偿约定的具体补偿标准或面积进行确认。（2）确定视同销售的销售额：①实际回迁面积未超过拆迁补偿协议约定的，销售额按照组成计税价格确定。组成计税价格 = 建筑工程成本 ×（1 + 10% 成本利润率）。②实际回迁面积超过拆迁补偿协议约定面积的部分，按照《营业税改征增值税试点实施办法》第四十四条的规定确定销售额并计算缴纳增值税。

如河南国税在营改增问题快速处理机制专期十七答复：在国家税务总局未明确之前，暂比照《国家税务总局关于纳税人开发回迁安置用房有关营业税问题的公告》（国家税务总局公告2014年第2号）和各省辖市地方税务局依据《河南省地方税务局关于印发〈河南省地方税务局销售不动产营业税管理办法〉的通知》（豫地税发〔2005〕16号）第七条第四款规定的成本利润率执行。即纳税人以自己名义立项，在该纳税人不承担土地出让价款的土地上开发复建安置物业，并向原居民无偿转让复建安置物业所有权的行为属于视同销售不动产征收增值税，其计税销售额按组成计税价格 = 成本 ×（1 + 成本利润率）予以核定。各省辖市的成本利润率，暂按营改增前各省辖市地方税务局依据《河南省地方税务局关于印发〈河南省地方税务局销售不动产营业税管理办法〉的通知》第七条第四款规定确定的成本利润率执行。

如河北省国家税务局关于全面推开营改增，有关政策问题的解答八第十一条“关于房地产企业向被拆迁业主交付回迁房如何计税问题”规定，房地产企业以自己名义立项，开发回迁房并向被拆迁业主无偿转让回迁房所有权的行为，按照《营业税改征增值税试点实施办法》第十四条之规定，视同销售不动产征收增值税。区分以下两种情形：（1）房地产企业在承担土地出让价款的土地上开发回迁房并向被拆迁业主无偿转让回迁房所有权的，其销售额按下列方法和顺序确定：一是按照本企业最近时期销售同类房产的平均价格确定。二是按照其他房地产企业最近时期销售同类房产的平均价格确定。（2）房地产企业在不承担土地出让价款的土地上开发回迁房并向被拆迁主体无偿转让回迁房所有权的，其销售额按组成计税价格确定。组成计税价格公式为：组成计税价格 = 成本 ×（1 + 成本利润率）成本利润率在国家税务总局未发布之前，暂按照《国家税务总局关于印发〈房地产开发经营业务企业所得税处理办法〉的通知》（国税发〔2009〕31号）中有关房地产企业视同销售成本利润率的相关规定，开发产品的成本利润率不得低于15%，具体比例由各市国税局确定。公式中成本不包含土地成本。

如湖北省营改增对复建安置物业的政策执行口径是“房地产企业向被拆迁业主交付还建房，应以每套还建房为单位，分别计算缴纳增值税。房地产企业向被拆迁业主交付还建房，实际面积大于拆迁还建协议约定的面积的，应以实际收取的超出部分面积的平均单价作为还建房屋的计税价格。房地产企业向被拆迁业主交付还建房，实际面积与拆迁还建协议约定的面积相同的，以同楼层相同或者类似房屋的平均单价作为计税价格。房地产企业向被拆迁业主交付还建房，实际面积小于拆迁还建协议约定的面积的，以房地产企业向被拆迁业主实际退还的不足部分面积的平均单价作为还建房屋的计税价格。还建房屋的计税价格不得低于房屋的成本价格”。

从各地政策可以看出，复建安置物业与融资地块商品房性质不同，不宜按照同等房屋的市场价核定销售额征收增值税。

另外，视同销售的销售额能否作为拆迁补偿费，在计算增值税时作为进项税额抵扣？

一种观点认为，按照视同销售收入计算销项税额，同时将此视同销售收入作为拆迁补偿费，则直接从销售收入中抵减拆迁补偿费，由于房地产开发项目所适用的税率一致，视同销售的销项税额与进项税额相同并抵扣后，没有增加增值税实际税负。另一种观点认为，不将视同销售的收入作为拆迁补偿费，则无对应进销税额，增值税完全按照销售额乘以适用税率缴纳。该情形不仅导致增值税税负较高，而且与旧村改造面临的实际问题脱节，与土地增值税和企业所得税税务处理也不一致。据此，笔者认为第一种观点更为合理。

二、异地安置补偿方式

除本地复建安置外，根据城市更新项目实际情况，经被拆迁主体同意，市场主体可以采取异地安置方式进行回迁安置。异地安置模式下，市场主体可以通过异地重建或异地购置房产进行安置补偿。

（一）异地购置房产进行补偿

【案例5－5】穗改房地产公司是增值税一般纳税人，在黄岗村旧村改造项目中取得改造项目土地，根据土地出让协议的约定，除了正常缴纳土地出让金1.5亿元外，还需要为该改造项目黄岗村原住户提供安置住房面积6000平方米，穗改房地产公司通过异地购入安置房进行安置，购入价为6000万元。通过购置房产补偿被拆迁主体，穗改房地产公司涉及将购置的房产如何作为房地产项目的成本，以及将购置房产补偿给被拆迁主体如何进行税务处理等涉税问题。

1. 土地增值税。国家税务总局《关于土地增值税清算管理有关问题的通知》（国税函〔2010〕220号）第六条第（二）项规定，房地产企业采取异地安置，异地安置的房屋属于购入的，以实际支付的购房支出计入拆迁补偿费。

国家税务总局《关于房地产开发企业土地增值税清算管理有关问题的通知》（国税发〔2006〕187号）第三条“非直接销售和自用房地产的收入确定”第（一）款规定，房地产企业将开发产品用于职工福利、奖励、对外投资、分配给股东或投资人、抵偿债务、换取其他单位和个人的非货币性资产等，发生所有权转移时应视同销售房地产，其收入按下列方法和顺序确认：“1. 按本企业在同一地区、同一年度销售的同类房地产的平均价格确定；2. 由主管税务机关参照当地当年、同类房地产的市场价格或评估价值确定。”

根据上述规定，案例涉及的土地增值税具体税务处理如下：

第一，异地购入的安置房按照二手房销售进行土地增值税清算，计算土地增值税时按照视同销售确认收入金额。按照国家税务总局《关于房地产开发企业土地增值税清算管理有关问题的通知》（国税发〔2006〕187号）第三条第（一）项规定的方法和顺序确定视同销售的具体金额，本案例视同销售收入为6000万元。清算扣除金额按销售二手房规定计算，包括取得成本以及每年加计扣除的比例。

第二，在确认安置房视同销售收入时，相应确认项目拆迁补偿费。与收入金额不同，确认拆迁补偿费的金额是含增值税的金额，本案例应按6000万元确认拆迁补偿费。

第三，土地增值税可扣除金额计算。如果企业开发费用选择按10%扣除，考虑到加计扣除20%，土地增值税实际可扣除的拆迁补偿费为拆迁补偿费的130%，本案例可扣除7800万元。

第四，收付差价。如涉及安置房补差价的，应计入或抵减拆迁补偿费。

2. 企业所得税。《国家税务总局关于印发〈房地产开发经营业务企业所得税处理办法〉的通知》（国税发〔2009〕31号）第七条规定，企业将开发产品用于捐赠、赞助、职工福利、奖励、对外投资、分配给股东或投资人、抵偿债务、换取其他企事业单位和个人的非货币性资产等行为，应视同销售，于开发产品所有权或使用权转移或于实际取得利益权利时确认收入（或利润）的实现。确认收入（或利润）的方法和顺序为：一是按本企业近期或本年度最近月份同类开发产品市场销售价格确定。二是由主管税务机关参照当地同类开发产品市场公允价值确定。三是按开发产品的成本利润率确定。开发产品的成本利润率不得低于15%，具体比例由主管税务机关确定。

《国家税务总局关于印发〈房地产开发经营业务企业所得税处理办法〉的通知》（国税发〔2009〕31 号）第三十一条规定，对企业以非货币交易方式取得土地使用权，另一方如以换取开发产品为目的，将土地使用权投资该企业的，换取的开发产品如为该项土地开发、建造的，接受投资的企业在接受土地使用权时暂不确认其成本，待首次分出开发产品时，再按应分出开发产品（包括首次分出的和以后应分出的）的市场公允价值和土地使用权转移过程中应支付的相关税费计算确认该项土地使用权的成本。如涉及补价，土地使用权的取得成本还应加上应支付的补价款或减除应收到的补价款。

根据上述规定，案例涉及的企业所得税具体税务处理如下：

第一，确认安置房视同销售的收入和成本。企业购入安置房作为固定资产处理，安置房交付应确认视同销售收入，本案例企业确认收入 6000 万元，安置房转让时相应的计税基础作为成本扣除。

第二，确认土地使用权的成本。安置房的市场公允价值 6000 万元，应作为该项目土地使用权成本的组成部分。根据纳税义务发生时间的规定，需要在交付安置房时，才能确认土地使用权成本。

安置房市场公允价值是否可以确认为土地使用权成本，目前存在较大分歧。有观点认为，无偿移交应作为捐赠进行企业所得税处理，但从该行为的实质出发，之所以将住房补偿给被拆迁主体，是因为将取得改造项目的土地使用权，是有相应对价的交易，不属于无偿赠送的情形，不应该按照捐赠进行税务处理。还有观点认为，安置房的计税基础作为成本，在安置房视同销售时已对应扣除其成本，但其视同销售的价款作为土地使用权的成本，没有相应的政策依据。

对此，笔者认为应确认为土地使用权的成本。一是根据实质交易的内涵，异地购置安置房并补偿给被拆迁主体，其实际是市场主体取得土地使用权对价的一部分，应按照实质重于形式的原则认定为土地使用权的成本；二是根据企业所得税的收入成本核算，需要对相应收入匹配相应的成本费用，通过视同销售收入，同时作为土地使用权成本，能够比较客观地反映收入成本匹配事项；三是市场主体向被拆迁主体移交住房时，发生住房所有权转移行为，应在当时计算缴纳企业所得税，而对应作为土地使用权成本，将在后续旧村改造项目中作为成本进行分摊，视同销售收入与作为土地使用权成本在企业所得税处理时，存在时间性差异问题。

第三，收付差价。涉及补差价的，相应增加或减少土地使用权成本。

3. 增值税。《财政部　国家税务总局关于全面推开营业税改征增值税试点的通知》（财税〔2016〕36 号）附件 1《营业税改征增值税试点实施办法》第一条、第十条、第十一条规定，在中华人民共和国境内销售服务、无形资产或者不动产的单位和个人，为增值税纳税人，应当按照本办法缴纳增值税。其中，销售服务、无形资产或者不动产，是指有偿提供服务、有偿转让无形资产或者不动产。有偿，是指取得货币、货物或者其他经济利益。

《财政部　国家税务总局营业税改征增值税试点实施办法》第十四条规定，下列情形视同销售服务、无形资产或者不动产："（1）单位或者个体工商户向其他单位或者个人无偿提供服务，但用于公益事业或者以社会公众为对象的除外。（2）单位或者个人向其他单位或者个人无偿转让无形资产或者不动产，但用于公益事业或者以社会公众为对象的除外。（3）财政部和国家税务总局规定的其他情形。"

第四十四条规定，纳税人发生应税行为价格明显偏低或者偏高且不具有合理商业目的的，或者发生本办法第十四条所列行为而无销售额的，主管税务机关有权按照下列顺序确定销售额："（1）按照纳税人最近时期销售同类服务、无形资产或者不动产的平均价格确定。（2）按照其他纳税人最近时期销售同类服务、无形资产或者不动产的平均价格确定。（3）按照组成计税价格确定。组成计税价格的公式为：组成计税价格＝成本×（1＋成本利润率）。"

《财政部　国家税务总局关于全面推开营业税改征增值税试点的通知》（财税〔2016〕36号）附件三《营业税改征增值税试点过渡政策的规定》的规定，土地使用者将土地使用权归还给土地所有者，免征土地增值税。

《财政部　国家税务总局关于明确金融　房地产开发　教育辅助服务等增值税政策的通知》（财税〔2016〕140号）第七条规定，《营业税改征增值税试点有关事项的规定》（财税〔2016〕36号）第一条第（三）项第10点中"向政府部门支付的土地价款"，包括土地受让人向政府部门支付的征地和拆迁补偿费用、土地前期开发费用和土地出让收益等。房企中的一般纳税人销售其开发的房地产项目（选择简易计税方法的房地产老项目除外），在取得土地时向其他单位或个人支付的拆迁补偿费用也允许在计算销售额时扣除。纳税人按上述规定扣除拆迁补偿费用时，应提供拆迁协议、拆迁双方支付和取得拆迁补偿费用凭证等能够证明拆迁补偿费用真实性的材料。

根据上述规定，案例涉及的增值税具体税务处理如下：

第一，确认销售收入。有观点认为，房地产企业提供安置房是无偿行为，根据《财政部　国家税务总局营业税改征增值税试点有关事项的规定》（财税〔2016〕36号）附件1《营业税改征增值税试点实施办法》第十四条和第四十四条的规定，应确认视同销售收入6000万元。笔者认为，房地产企业以房换地，取得的经济利益是土地使用权，依据《财政部　国家税务总局营业税改征增值税试点实施办法》第一条、第十条、第十一条规定，直接认定为销售，确认销售收入6000万元。

第二，进项允许抵扣。安置房购入发票注明的进项税额允许抵扣。

第三，作为土地使用权价款计算扣除销售额属于目前政策空白，需要与主管税务机关沟通。有一种观点认为，回迁户以地换房，其提供土地使用权的行为应视同销售或直接认定为销售，即回迁户向房地产企业转让土地使用权，应向房地产企业开具发票，房地产企业按发票进项税额抵扣；还有一种观点认为，回迁户是将土地使用权归还给政府，应向政府开具免税发票，不能向房地产企业开票。笔者认为，房地产企业是从政府取得土地使用权，所以其与回迁户之间并无交房义务，但基于政府原因，才需要代政府交付安置房。房地产企业安置回迁户的行为，可分解成：第一步，房地产企业支付与安置房市场价同等金额的货币给政府，作为土地补偿费；第二步，政府将货币支付给回迁户；第三步，回迁户用货币向房地产企业购买安置房。为方便高效，将这三步并成一步，直接由房地产企业将安置房交给回迁户。因此，通过分解步骤，可以视为房地产企业向政府支付了拆迁补偿费。参照《国家税务总局关于土地增值税清算有关问题的通知》（国税函〔2010〕220 号）的规定，提供安置房实质就是支付拆迁补偿费，只是该拆迁补偿通过支付现金购置房产后再补偿实现，与将资金支付给被拆迁主体，再由被拆迁主体购置房产的结果是一样的，从业务实质出发应确认为支付拆迁补偿费。因此，存在此种情形时，建议凭拆迁协议、回迁户收据等能证明拆迁补偿真实性的材料，与主管税务机关沟通，争取在计算增值税销售额时予以扣除。

4. 契税。《财政部　国家税务总局关于国有土地使用权出让等有关契税问题的通知》（财税〔2004〕134 号）规定，出让国有土地使用权的，其契税计税价格为承受人为取得该土地使用权而支付的全部经济利益。以协议方式出让的，其契税计税价格为成交价格。成交价格包括土地出让金、土地补偿费、安置补助费、地上附着物和青苗补偿费、拆迁补偿费、市政建设配套费等承受者应支付的货币、实物、无形资产及其他经济利益。据此，房地产企业通过购置房产进行安置补偿取得土地使用权，相当于支付了拆迁补偿费或其他经济利益，应作为契税计税依据。

笔者认为，这里涉及两个层面的契税处理问题：一是房地产企业在购置房产时，按照房产的购置价格计算缴纳契税，其已在购置阶段缴纳契税；二是将购置的房产补偿给被拆迁主体时，实质是将房产作为对价换取土地使用权。根据《契税暂行条例》第四条和《契税暂行条例细则》第十条规定，土地使用权交换、房屋交换、土地使用权与房屋所有权之间相互交换，为所交换的土地使用权、房屋的价格的差额，如果考虑房地产以房屋与政府交换土地使用权的实质，对交换对等金额的部分可免缴契税。

（二）异地重建房产进行补偿

【案例 5-6】穗改房地产公司是增值税一般纳税人。通过政府的“招、拍、挂”获得黄岗村旧村改造的实施主体资格，同时约定需要承担当地村民的复建安置物业，需要向被拆迁主体建设 6 万平方米的回迁安置补偿面积。由于该村改造涉及的因素比较复杂，难以在短期内对被拆迁主体进行回迁安置，经与村集体协商一致，将采取由穗改房地产公司异地已经建设好的 6 万平方米房产，对被拆迁主体进行回迁安置补偿。建设该安置住房的开发成本 1.8 亿元，对应取得的进项税额 1200 万元。与补偿给被拆迁主体的同类住房的销售价格为 1 万元每平方米（不含税）。

异地建设的房产补偿被拆迁主体，涉及房产转移登记视同销售税务处理，以及如何确定补偿金额作为旧村改造项目的土地取得成本。

1. 土地增值税。根据国家税务总局《关于房地产开发企业土地增值税清算管理有关问题的通知》（国税发〔2006〕187 号）第三条第（一）项规定，房地产企业将开发产品用于职工福利、奖励、对外投资、分配给股东或投资人、抵偿债务、换取其他单位和个人的非货币性资产等，发生所有权转移时应视同销售房地产，其收入按下列方法和顺序确认：（1）按本企业在同一地区、同一年度销售的同类房地产的平均价格确定；（2）由主管税务机关参照当地当年、同类房地产的市场价格或评估价值确定。

根据《国家税务总局关于土地增值税清算有关问题的通知》（国税函〔2010〕220 号）第六条的规定，用自行开发建造的房屋异地安置的，参照市场价计入本项目的拆迁补偿费。

根据上述规定，案例涉及的土地增值税具体税务处理如下：

房地产企业将建设的住房作为复建安置物业补偿被拆迁主体，应依据《国家税务总局关于房地产开发企业土地增值税清算管理有关问题的通知》（国税发〔2006〕187 号）第三条第（一）项的规定，按照同期同类住房的销售价格，视同销售计算缴纳土地增值税。同时，根据《国家税务总局关于土地增值税清算有关问题的通知》（国税函〔2010〕220 号）第六条的规定，将视同销售的价款，计入改造项目的拆迁补偿费，并允许加计扣除。

2. 企业所得税。与购置住房进行回迁安置的情形基本一致，主要的差异在于建设的复建安置物业在移交被拆迁主体时，计算视同销售收入，并相应结转房地产开发成本。

3. 增值税。与购置住房进行回迁安置的情形基本一致，主要的差异在于建设的复建安置物业在移交被拆迁主体时，计算视同销售收入计算销项税额，并通过核算房地产开发过程中产生的进项税额，确定其增值额。

而较为复杂的是，货币安置可以作为拆迁补偿费用在增值税销售收入中进行扣除，但实物安置部分并无明确规定，很多观点认为，实物补偿不能作为拆迁安置补偿在计算增值税时从销售额中扣除。主要是因为，《财政部　国家税务总局关于明确金融　房地产开发　教育辅助服务等增值税政策的通知》（财税〔2016〕140 号）第七条的规定，纳税人按上述规定扣除拆迁补偿费用时，应提供拆迁协议、拆迁双方支付和取得拆迁补偿费用凭证等能够证明拆迁补偿费用真实性的材料，而实物安置中因现金流凭证的缺失无法在销售额中抵扣。笔者认为，实物安置与货币安置对于参与旧村改造的房地产企业而言，都是真实发生的安置成本，不因为形式不同而差别对待。根据业务的实质出发，将实物安置补偿列入可在销售额中抵扣的范畴，符合增值税计算的基本原则，也是促进房地产企业参与旧村改造的政策保障。但当前的政策规定不明晰，向税务机关咨询的答复也没有统一的口径，导致很多房地产企业难以决策，或者通过其他规避的方式回避此事项，导致成为旧村改造中的政策障碍。

4. 契税。根据《财政部　国家税务总局关于国有土地使用权出让等有关契税问题的通知》（财税〔2004〕134 号）规定，出让国有土地使用权的，其契税计税价格为承受人为取得该土地使用权而支付的全部经济利益。以协议方式出让的，其契税计税价格为成交价格。成交价格包括土地出让金、土地补偿费、安置补助费、地上附着物和青苗补偿费、拆迁补偿费、市政建设配套费等承受者应支付的货币、实物、无形资产及其他经济利益。

根据上述规定，以建设的复建安置物业补偿被拆迁主体，其价款作为取得土地使用权时的计税依据没有争议。但具体以什么金额作为其计税基础存在分歧。有观点认为，房地产企业是以建设的住房补偿给被拆迁主体，其实际支付的对价就是建设住房的建设开发成本，应以此作为取得土地使用权的对价，据此作为取得土地使用权计算缴纳契税的基础。而另有观点认为，以建设的住房补偿被拆迁主体，实质发生了所有权转让行为，该转让行为在增值税、土地增值税、企业所得税的计算上均按照视同销售作价处理，因此，应按照视同销售的价格作为取得土地使用权的对价，按照视同销售价款作为取得土地使用权缴纳契税的计税基础。笔者赞同按照视同销售价款作为缴纳契税的计税基础，因为将住房移送给被拆迁主体，其对价不单是住房的开发成本，应该按照进行房地产开发相应的经济利益进行核算，以视同销售价格计算契税，符合市场取得土地使用权的相应对价。

而结合《中华人民共和国契税暂行条例》（国务院令第 224 号）第四条和《中华人民共和国契税暂行条例细则》第十条的规定，土地使用权交换、房屋交换、土地使用权与房屋所有权之间相互交换，为所交换的土地使用权、房屋的价格的差额，如果考虑房地产以房屋与政府交换土地使用权的实质，对交换对等金额的部分可免缴契税。基于此，所建设复建安置物业在取得土地使用权时，所缴纳的契税部分，可在换取旧村改造项目土地使用权时，相应免征异地建设复建安置物业对应土地使用权已经缴纳的契税。

三、货币补偿方式

房地产企业通过取得项目土地使用权，有时需要货币安置回迁户，对此类业务，通常需要重点关注土地增值税、企业所得税、增值税和契税的处理。

【案例5－7】穗改房地产公司是增值税一般纳税人，2020年10月取得一块土地，应缴土地出让金1.5亿元，附带条件是货币补偿地块所在地村民，安置金额为6000万元。

1. 土地增值税。《国家税务总局关于土地增值税清算管理有关问题的通知》（国税函〔2010〕220号）第六条第（三）项规定，货币安置拆迁的，房地产企业凭合法有效凭据计入拆迁补偿费。因此，本案例应确认项目拆迁补偿费6000万元，作为房地产开发成本。如果企业开发费用选择按10%扣除，考虑到加计扣除20%，企业实际可扣除拆迁补偿费7800万元。

2. 企业所得税。《国家税务总局关于印发〈房地产开发经营业务企业所得税处理办法〉的通知》（国税发〔2009〕31号）第二十七条第（一）项规定，开发产品计税成本支出的内容包括土地征用费及拆迁补偿费，具体指为取得土地开发使用权（或开发权）而发生的各项费用，主要包括土地买价或出让金、大市政配套费、契税、耕地占用税、土地使用费、土地闲置费、土地变更用途和超面积补交的地价及相关税费、拆迁补偿支出、安置及动迁支出、回迁房建造支出、农作物补偿费、危房补偿费等。据此，货币补偿6000万元应确认为该项目土地使用权成本。

3. 增值税。《财政部　国家税务总局关于明确金融　房地产开发　教育辅助服务等增值税政策的通知》（财税〔2016〕140号）第七条规定，《营业税改征增值税试点有关事项的规定》（财税〔2016〕36号）第一条第（三）项第10点中“向政府部门支付的土地价款”，包括土地受让人向政府部门支付的征地和拆迁补偿费用、土地前期开发费用和土地出让收益等。房地产中的一般纳税人销售其开发的房地产项目（选择简易计税方法的房地产老项目除外），在取得土地时向其他单位或个人支付的拆迁补偿费用也允许在计算销售额时扣除。纳税人按上述规定扣除拆迁补偿费用时，应提供拆迁协议、拆迁双方支付和取得拆迁补偿费用凭证等能够证明拆迁补偿费用真实性的材料。因此，笔者认为，本案例6000万元拆迁补偿费可以按此规定在计算销售额时扣除。

4. 契税。《财政部　国家税务总局关于国有土地使用权出让等有关契税问题的通知》（财税〔2004〕134号）规定，出让国有土地使用权的，其契税计税价格为承受人为取得该土地使用权而支付的全部经济利益。以协议方式出让的，其契税计税价格为成交价格。成交价格包括土地出让金、土地补偿费、安置补助费、地上附着物和青苗补偿费、拆迁补偿费、市政建设配套费等承受者应支付的货币、实物、无形资产及其他经济利益。因此，拆迁补偿费6000万元应作为契税计税依据的组成部分。

第四篇

城市更新项目中重点关注情形的税务处理

【导言】

本篇主要介绍城市更新项目中较为突出事项的税务处理问题。第六章介绍城市更新项目视同销售的税务处理。很多城市更新项目需要建设回迁安置房安置村民或者无偿建设公建配套设施，按照税收政策的规定需要视同销售处理。本章结合增值税、企业所得税和土地增值税等不同税种视同销售具体规定，介绍视同销售的情形、视同销售收入的确定和视同销售纳税义务发生时间等相关规定。结合城市更新的特点，重点介绍城市更新项目视同销售收入与房地产开发成本衔接起来，解决融资地块房地产开发计算增值税、土地增值税和企业所得税的税务处理难题。

第七章介绍委托代建的税务处理。城市更新项目往往附随相关事项一并处理，其中包括委托代建公建配套设施、委托代建集体物业以及委托建设回迁安置房等。本章从委托代建税收政策的历史沿革出发，根据委托代建的不同情形，介绍具体税收政策规定和处理规则。

第八章介绍留用地的税收相关问题。留用地是保障村集体权益的制度安排，留用地的兑现与所在地的政策规定密切相关，村集体取得留用地之后，采取合适的开发模式实现经济收益。本章结合留用地实现经济收益的不同情形，介绍留用地自主开发模式和合作开发模式下的具体税务处理。

第九章介绍城市更新项目合作开发所涉及的税务处理问题。城市更新项目往往需要合作方参与其中，本章根据合作方在城市更新项目中从事的具体事项，结合具体税收政策，介绍不同合作开发模式下需要重点关注的税务处理事项。

第六章　视同销售税务处理

城市更新涉及的旧村改造过程中，首要解决的是村民的回迁安置问题。较为常见的方式，是采取拆一补一解决村民的回迁安置，即村民将原房产交给市场主体进行拆除，市场主体建设安置用房补偿给村民。一般途径是通过将改造范围划分为回迁安置区和融资区，通过回迁安置区建设回迁安置房，通过融资区交由市场主体开发，解决回迁安置房建设的资金问题。在此过程中，就会出现类似村民以房易房，市场主体以房换地的行为。市场主体建设好房屋交付给村民，实质上属于经济利益的交换行为。按照房地产开发的实质，不论以什么方式结算房地产相应的价款，均属于税收征管的范围，过程中主要涉及增值税、企业所得税、土地增值税、契税等不同税种的税务处理问题。但根据现有税收政策，增值税、企业所得税和土地增值税视同销售的税务处理规定较为模糊。本章节重点结合城市更新过程中，按照回迁安置的方式，分析为村民补偿回迁安置房的视同销售税务处理问题。

第一节　税法对视同销售的一般规定

一、视同销售的税收处理方式

针对纳税人的某一类行为，即使没有直接按照销售进行处理，但根据其具体行为，实质上进行了经济行为的交换，把相同的经济行为按照相同的税务处理，可以更好地体现税收中性原则。因此，具体税收管理上，产生了视同销售进行税务处理的具体规定。城市更新过程中，市场主体将不动产补偿给村民，实质上并非无偿转让行为，只是在交付环节属于无偿的行为。通过视同销售的方式进行税务处理，还原各个环节的经济实质。但基于税种管理的原理不同，不同税种关于视同销售的规定存在差异，以下区分不同税种分析视同销售的情形：

（一）增值税的视同销售

根据增值税采取链条抵扣管理的特点和属地纳税的基本原则，需要上下游进销项进行税款抵扣衔接，可将视同销售区分为委托代销行为类、货物异地移送类、用于非生产性支出类、视同销售服务、无形资产或不动产类。增值税按照视同销售进行税收管理的具体情形见表6－1。

表 6－1　　增值税按照视同销售进行税收管理的具体情形

序号	视同销售的类型	视同销售的具体行为
1	委托代销行为类	（一）将货物交付其他单位或者个人代销
		（二）销售代销货物
2	货物异地移送类	（三）设有两个以上机构并实行统一核算的纳税人，将货物从一个机构移送其他机构用于销售，但相关机构设在同一县（市）的除外
3	用于非生产性支出类	（四）将自产或者委托加工的货物用于非增值税应税项目
		（五）将自产、委托加工的货物用于集体福利或者个人消费
		（六）将自产、委托加工或者购进的货物作为投资，提供给其他单位或者个体工商户
		（七）将自产、委托加工或者购进的货物分配给股东或者投资者
		（八）将自产、委托加工或者购进的货物无偿赠送其他单位或者个人
4	视同销售服务、无形资产或不动产类	（九）单位或者个体工商户向其他单位或者个人无偿提供服务，但用于公益事业或者以社会公众为对象的除外
		（十）单位或者个人向其他单位或者个人无偿转让无形资产或者不动产，但用于公益事业或者以社会公众为对象的除外
		（十一）财政部和国家税务总局规定的其他情形

（二）企业所得税的视同销售

在企业所得税的管理上，针对发生所有权转移的情形，即使没有发生销售行为，但应将其推定为发生了销售行为。因此，企业发生非货币性资产交换，以及将货物、财产、劳务用于捐赠、偿债、赞助、集资、广告、样品、奖励、职工福利或者利润分配等用途的，应当视同销售货物、转让财产或者提供劳务，企业所得税的管理上均按照视同销售进行税务处理。《国家税务总局关于企业处置资产所得税处理问题的通知》（国税函〔2008〕828 号）规定，企业将资产移送他人的下列情形，因资产所有权属已发生改变而不属于内部处置资产，应按规定视同销售确定收入：（1）用于市场推广或销售；（2）用于交际应酬；（3）用于职工奖励或福利；（4）用于股息分配；（5）用于对外捐赠；（6）其他改变资产所有权属的用途。

城市更新中，市场主体将建设的回迁安置房补偿给村民的行为，发生改变资产所有权属，属于视同转让财产的行为。

（三）土地增值税的视同销售

在土地增值税的管理上，以取得收入作为土地增值税的纳税义务，《中华人民共和国土地增值税暂行条例》中明确转让国有土地使用权、地上的建筑物及其附着物并取得收入，是指以出售或者其他方式有偿转让房地产的行为，不包括以继承、赠与方式无偿转让房地产的行为。现行的行政法规并没有将无偿转让房地产的行为纳入土地增值税视同销售进行处理。但是，针对回迁安置房，土地增值税的视同销售处理相比较于增值税和企业所得税的视同销售处理，则有更清晰的指引。《国家税务总局关于土地增值税清算有关问题的通知》（国税函〔2010〕220 号）的规定，用建造的本项目房地产安置回迁户的，安置用房视同销售处理，按《国家税务总局关于房地产开发企业土地增值税清算管理有关问题的通知》（国税发〔2006〕187 号）第三条第（一）款规定确认收入，同时将此确认为房地产开发项目的拆迁补偿费。

二、视同销售收入的确定

采取视同销售进行税务处理，唯有确定其销售收入，才能核算视同销售应该缴纳的税款金额。增值税、土地增值税和企业所得税各税种根据税种管理的特点确立了视同销售的不同情形。但较为有意思的情况是，同一种情形在不同税种上按照视同销售进行税务处理，在如何确定其销售收入的具体问题上，则因为不同税种具体规定的差异，导致出现视同销售收入不一定相同的情况，这对实务操作产生疑难。现行税收政策中，不同税种关于视同销售收入的确定方式见表 6－2。

表 6－2　　不同税种关于视同销售收入的确定方式

序号	税种	视同销售收入
1	增值税	《财政部　国家税务总局关于全面推开营业税改征增值税试点的通知》（财税〔2016〕36 号）附件 1《营业税改征增值税试点实施办法》第四十四条：纳税人发生应税行为价格明显偏低或者偏高且不具有合理商业目的的，或者发生本办法第十四条所列行为而无销售额的，主管税务机关有权按照下列顺序确定销售额：（一）按照纳税人最近时期销售同类服务、无形资产或者不动产的平均价格确定。（二）按照其他纳税人最近时期销售同类服务、无形资产或者不动产的平均价格确定。（三）按照组成计税价格确定。组成计税价格的公式为：组成计税价格 = 成本 ×（1 + 成本利润率）。成本利润率由国家税务总局确定
2	企业所得税	《国家税务总局关于印发〈房地产开发经营业务企业所得税处理办法〉的通知》（国税发〔2009〕31 号）第七条：企业将开发产品用于捐赠、赞助、职工福利、奖励、对外投资、分配给股东或投资人、抵偿债务、换取其他企事业单位和个人的非货币性资产等行为，应视同销售，于开发产品所有权或使用权转移，或于实际取得利益权利时确认收入（或利润）的实现。确认收入（或利润）的方法和顺序为：（一）按本企业近期或本年度最近月份同类开发产品市场销售价格确定。（二）由主管税务机关参照当地同类开发产品市场公允价值确定。（三）按开发产品的成本利润率确定。开发产品的成本利润率不得低于 15%，具体比例由主管税务机关确定
3	土地增值税	《国家税务总局关于房地产开发企业土地增值税清算管理有关问题的通知》（国税发〔2006〕187 号）第三条：房地产开发企业将开发产品用于职工福利、奖励、对外投资、分配给股东或投资人、抵偿债务、换取其他单位和个人的非货币性资产等，发生所有权转移时应视同销售房地产，其收入按下列方法和顺序确认：房地产开发企业将开发产品用于职工福利、奖励、对外投资、分配给股东或投资人、抵偿债务、换取其他单位和个人的非货币性资产等，发生所有权转移时应视同销售房地产，其收入按下列方法和顺序确认： 1. 按本企业在同一地区、同一年度销售的同类房地产的平均价格确定 2. 由主管税务机关参照当地当年、同类房地产的市场价格或评估价值确定

城市更新中，改造项目建设的回迁安置房具有其特殊性，在不动产构成成本核算上，回迁安置区建设的回迁安置房不需要支付土地出让金，不需要分摊土地出让款。在交付回迁安置房阶段，回迁安置房一般不存在市场流通的同类房地产，通过同类可比的价格确定其视同销售价格，现实中不具有可操作性。

（一）增值税的视同销售价格

根据增值税确定视同销售价格的规定，价格明显偏低并无正常理由或者有视同销售货物行为而无销售额者，按照下列顺序确定销售额：（1）按纳税人当月同类货物的平均销售价格确定；（2）按纳税人最近时期同类货物的平均销售价格确定；（3）按组成计税价格确定[①]。由于市场主体不存在最近时期销售同类不动产或其他纳税人最近时期销售同类不动产的情形，较难按照前面两种方式即“按照纳税人最近时期销售同类服务、无形资产或者不动产的平均价格确定”或“按照其他纳税人最近时期销售同类服务、无形资产或者不动产的平均价格确定”。

因此，城市更新回迁房视同销售价格，建议按照第三种方式即组成计税价格确定。组成计税价格的公式为：组成计税价格 = 成本 ×（1 + 成本利润率）。针对组成增值税的计税价格，《国家税务总局关于印发〈增值税若干具体问题的规定〉的通知》（国税发〔1993〕154 号）已经明确“纳税人因销售价格明显偏低或无销售价格等原因，按法规需组成计税价格确定销售额的，其组价公式中的成本利润率为 10%”。

（二）企业所得税的视同销售收入

企业所得税视同销售收入的第一顺序确定方法与增值税基本一致，但因为市场主体不存在最近时期销售同类不动产的平均价格或市场销售价格，难以按照第一顺序方法确定视同销售收入。

第二顺序的确定方法由主管税务机关参照当地同类开发产品市场公允价值确定，其主动权在税务机关，而市场公允价值通常通过评估的方式确定。该方法的实际操作难度在于，税务机关主动确定纳税人的视同销售收入，容易产生引起争议的法律实务问题，如税务机关参照市场公允价值的途径、适用的法律文书、法律程序等问题。

因此，较为合理的方法是按开发产品的成本利润率确定。开发产品的成本利润率不得低于 15%，具体比例由主管税务机关确定。

（三）土地增值税的视同销售收入

土地增值税关于视同销售收入的确认方法仅两种，第一种因为没有同类房地产的平均销售价格，难以通过该纳税人在同一地区、同一年度销售的同类房地产的平均价格确定。因此，较为合理的方法是由主管税务机关参照当地当年、同类房地产的市场价格或评估价值确定。该方法基本与企业所得税的第二顺序方法一致。

（四）视同销售收入对融资地块契税的影响

回迁安置房交付给村民的行为，市场主体不是购买主体，不发生契税缴纳义务，而村民按照旧村改造方案取得的补偿住房，免征契税。回迁安置房视同销售处理过程中不发生契税的征纳关系。之所以回迁安置房的视同销售收入对契税产生影响，是因为市场主体在取得融资地块进行房地产开发时，同时承担回迁安置房的建设，因此获取融资地块所支付的土地出让金较低，即实际缴纳的土地出让金远低于土地价格。根据《财政部　国家税务总局关于国有土地使用权出让等有关契税问题的通知》（财税〔2004〕134 号）第一条规定，出让国有土地使用权的，其契税计税价格为承受人为取得该土地使用权而支付的全部经济利益。以

---

① 翟继光．《中华人民共和国增值税、营业税、消费税暂行条例》释义与实用指南［M］．北京：立信会计出版社，2008：45.

协议方式出让的，其契税计税价格为成交价格。成交价格包括土地出让金、土地补偿费、安置补助费、地上附着物和青苗补偿费、拆迁补偿费、市政建设配套费等承受者应支付的货币、实物、无形资产及其他经济利益。市场主体建设回迁安置房的支出，实质是为取得融资地块土地使用权而支付的拆迁补偿费，应纳入契税的计税基础。鉴于回迁安置房没有市场价格，可按照其视同销售收入确定融资地块补交契税的计税基础。

（五）各税种视同销售收入确定方法比较

基于城市更新的特点，通过旧村改造补偿的回迁安置房与一般的不动产存在差异，最突出的特点是改造项目本地建设的回迁安置房价值当中不包含土地成本，难以通过活跃市场按照同类房地产的价格确定其销售收入。增值税、土地增值税和企业所得税三个税种的规定上，都难以通过第一顺序的方法，确定回迁安置房的视同销售收入。

增值税和企业所得税确定视同销售收入的方法中，均有按照成本利润率来确定的方法，但土地增值税方面，没有关于按照成本利润率确定视同销售收入的方法。增值税和企业所得税可以按照成本利润率确定视同销售收入，但对成本利润率的确定上却差异明显，增值税确定视同销售收入适用的成本利润率为10%，而企业所得税确定视同销售收入适用的成本利润率不得低于15%，据此所计算出来的视同销售收入必然存在差异。

企业所得税和土地增值税确定视同销售收入的方法中，均有由主管税务机关参照当地同类开发产品市场公允价值（评估价值）确定的方法，但增值税方面，没有由主管税务机关参照公允价值来确定的方法。

根据补偿回迁安置房的业务实质，按照相关方法确定的视同销售收入，会计核算上相对应增加开发成本/土地征用及拆迁补偿费/拆迁补偿费，不同税种上确定视同销售收入的差异，必然导致会计核算处理增加难度。同时，回迁安置房的视同销售收入，应作为融资地块成本的组成部分计算缴纳契税，增值税、企业所得税和土地增值税不同税种所确定的视同销售收入不同，也导致难以确定契税的计税基础。

结合城市更新回迁安置房属于补偿的业务实质，笔者认为应该按照统一的方法，确定回迁安置房视同销售收入，并确定和核算土地征用及拆迁补偿费，才能据此进一步确定后续计算增值税时能够从销售额中扣减的土地征用及拆迁补偿费，以及可以在计算土地增值税和企业所得税时应扣除的土地征用及拆迁补偿费。由于各税种确定方法上的差异，且有关于由主管税务机关确定的方法，建议可与当地主管税务机关沟通明确回迁安置房视同销售收入的确认方法。

三、视同销售的纳税义务发生时间

城市更新项目首先需要保障村民尽快能够回迁安置，因此回迁安置房的建设和交付时间一般早于融资地块开发产品的对外销售时间。而回迁安置房的建设作为融资地块房地产开项目中土地征用和拆迁补偿费支出，其能够扣除的时间滞后于回迁安置房的视同销售纳税义务发生时间，直接关系到不同时期当期应缴纳税款数额的多少。增值税、企业所得税与土地增值税在具体纳税时间的安排上，也存在差异，其中土地增值税一般先预征后清算的方式。不同税种纳税义务发生时间的规定见表6-3。

表 6 - 3　　不同税种纳税义务发生时间的规定

序号	税种	纳税义务发生时间
1	增值税	《财政部　国家税务总局关于全面推开营业税改征增值税试点的通知》（财税〔2016〕36号）第四十五条规定，增值税纳税义务、扣缴义务发生时间为纳税人发生应税行为并收讫销售款项或者取得索取销售款项凭据的当天；先开具发票的，为开具发票的当天。收讫销售款项，是指纳税人销售服务、无形资产、不动产过程中或者完成后收到款项。取得索取销售款项凭据的当天，是指书面合同确定的付款日期；未签订书面合同或者书面合同未确定付款日期的，为服务、无形资产转让完成的当天或者不动产权属变更的当天
2	企业所得税	国家税务总局《关于确认企业所得税收入若干问题的通知》（国税函〔2008〕875号）第一条规定，除企业所得税法及实施条例另有规定外，企业销售收入的确认，必须遵循权责发生制原则和实质重于形式原则。企业所得税的发生遵循权责发生制，无论是否收付款项，均作为当期的收入和费用
3	土地增值税	《中华人民共和国土地增值税暂行条例》第十条规定：纳税人应当自转让房地产合同签订之日起7日内向房地产所在地主管税务机关办理纳税申报，并在税务机关核定的期限内缴纳土地增值税 《中华人民共和国土地增值税暂行条例实施细则》第十六条规定：纳税人在项目全部竣工结算前转让房地产取得的收入，由于涉及成本确定或其他原因，而无法据以计算土地增值税的，可以预征土地增值税，待该项目全部竣工、办理结算后再进行清算，多退少补

根据现行的税收规定，回迁安置房的视同销售处理过程中，增值税的纳税义务发生时间为不动产权属变更的当天；企业所得税的纳税义务发生时间遵循权责发生制原则和实质重于形式原则。因此，回迁安置房交付村民的当天，确定为其纳税义务发生时间，符合增值税和企业所得税现行规定所确立的税务处理原则。

土地增值税包括查账征收和核定征收两种征收方式，不同征收方式确定的纳税义务发生时间存在差异。

1. 采取查账征收方式。

（1）签订转让房地产合同。纳税人与当事人签订转让房地产合同之日为纳税义务发生时间。

（2）法院判决或裁定。法院在进行民事判决、民事裁定、民事调解过程中，判决或裁定房地产所有权转移，土地增值税纳税义务发生时间以判决书、裁定书、民事调解书确定的权属转移时间为准。

（3）仲裁机构裁决。依法设立的仲裁机构裁决房地产权属转移，土地增值税纳税义务发生时间以仲裁书明确的权属转移时间为准。

2. 采取核定征收方式。

纳税人依照税务机关核定的税额及规定的期限缴纳土地增值税。

由于房地产项目核算的复杂性，实务中土地增值税一般在确定收入时实行预征，项目达到符合清算条件时进行土地增值税的清算。

【案例 6 - 1】 穗改房地产公司 2017 年 8 月开发黄岗村旧村改造项目，该项目需要回迁安置黄岗村村民，需要建设回迁安置房面积合计 20000 平方米，2020 年 10 月完成回迁安置房的建设工作，并于当月将回迁安置交付给村民。穗改房地产公司对回迁安置房的建造成本为 5000 元/平方米，周边没有同类回迁安置房的销售价格，而周边商品房的市场价格为

50000 元/平方米。

穗改房地产公司交付回迁安置房的行为，应视同销售进行税务处理。没有同类回迁安置房作为价格参考，不能按照同类产品确定销售收入。周边商品房的价格是包括土地价款的市场价格，按商品房的价格确定销售收入没有公允性。按照成本加成法确定其视同销售收入价格，虽然具有可操作性，但在不同税种之间确定成本利润率存在差异。因此，与税务机关沟通确定按照不包含土地价款的市场公允价格确定，较为合理。假定经税务机关确认不包含土地价款的回迁安置房市场价格为 10900 元/平方米（含增值税）。交房时视同销售收入应计算缴纳增值税、企业所得税和土地增值税等税种。

（1）增值税：穗改房地产公司交付回迁安置房时，应确定视同销售收入计算缴纳增值税。

应缴纳的增值税 = 10900 ÷ (1 + 9%) × 20000 × 9% = 1800（万元）

（2）企业所得税：穗改房地产公司交付回迁安置房时，应按照视同销售确认收入，同时结转相应的成本。

视同销售收入 = 10900 ÷ (1 + 9%) × 20000 = 20000（万元）

相应结转成本 = 5000 × 20000 = 10000（万元）

（3）土地增值税：向村民交付回迁安置房时，项目一般未达到清算条件，不需要马上进行土地增值税的清算工作，此时需要对视同销售收入预征土地增值税，假定税务机关核定的预征率为 3%。

预缴土地增值税 = 10900 ÷ (1 + 9%) × 20000 × 3% = 600（万元）

第二节 视同销售收入与项目成本的衔接

城市更新项目中，向被征收方补偿回迁安置房，是市场主体为取得融资地块土地使用权所相应付出的成本，且回迁安置房涉及前期建设、交付视同销售等复杂流程，除了在交付回迁安置房时按照视同销售方式计算缴纳增值税、企业所得税、土地增值税外，还涉及如何将回迁安置房对应的成本转化为融资地块项目开发的土地征用和拆迁补偿费，整个过程涉及较为复杂的税务处理事项。如果将回迁安置房销售收入与融资地块土地征用与拆迁补偿费划分为两个环节，更有利于对整个过程中税务处理的理解。

一、增值税计算方面的衔接

（一）回迁安置房环节计算的增值税

无偿移交回迁安置房视同销售计算增值税，产生对应的销项税额，而建设回迁安置房的过程中，因建设需要所购进材料或者服务取得的进项税额能够抵扣销售税额。回迁安置房视同销售计算缴纳增值税的过程中，相当于开发建设房产对外销售，同时可抵扣建设开发过程中取得的进项税额，具体表现为按照视同销售的增值额计算缴纳增值税。

【案例 6-2】穗改房地产公司 2017 年 8 月开发黄岗村旧村改造项目，建设回迁安置房面积合计 20000 平方米，2020 年 10 月完成回迁安置房的建设工作，并于当月将回迁安置交付给村民。穗改房地产公司对回迁安置房的建造成本为 5000 元/平方米（不含增值税），因建设回迁安置房取得的增值税进项税额合计1000万元。经税务机关确认不包含土地价款的回迁安置房市场价格为10900元/平方米（含增值税）。

穗改房地产公司交付回迁安置房视同销售应计算增值税销项税额：

增值税销项税额 = 10900 ÷（1 + 9%）× 20000 × 9% = 1800（万元）

穗改房地产公司因为建设回迁安置房取得的进项税额1000万元，基于交付回迁安置房增值部分应缴纳的增值税为800万元（1800 - 1000）。

如果回迁安置房的补偿表现为货币补偿，则市场主体对回迁安置房不需要视同销售收入，直接按照销售开发产品进行税务处理，基于回迁安置房建设应缴纳的增值税没有发生变化。

【案例6-3】穗改房地产公司2017年8月开发黄岗村旧村改造项目，在改造方案中约定，穗改房地产公司补偿21800万元，明确村民按照10900元/平方米（含增值税）回购安置房面积合计20000平方米。2020年10月完成回迁安置房的建设工作，穗改房地产公司对回迁安置房的建造成本为5000元/平方米（不含增值税），因建设回迁安置房取得的增值税进项税额合计1000万元。

穗改房地产公司按照约定价格向村民销售回迁安置房，与直接补偿回迁安置房所计算的增值税没有变化，增值税销项税额依然是1800万元，建设回迁安置房取得的进项税额1000万元，销售回迁安置房应缴纳的增值税为800万元。

（二）回迁安置成本衔接融资地块成本问题

1. 拆迁补偿费衔接融资地块成本。无偿移交回迁安置房仅是整个改造项目组成部分，市场主体需要对融资地块房地产开发项目的核算。而回迁安置房建筑所产生的成本是取得融资项目土地的对价之一，如果将回迁安置房销售对价作为融资地块项目的拆迁补偿费，根据《营业税改征增值税试点有关事项的规定》（财税〔2016〕36号）和《财政部　国家税务总局关于明确金融　房地产开发　教育辅助服务等增值税政策的通知》（财税〔2016〕140号）第七条的规定，房地产企业在取得土地时向其他单位或个人支付的拆迁补偿费用允许在计算销售额时扣除。作为房地产企业，在回迁安置房销售环节计算缴纳的增值税，其对应的销售价款能够在融资地块房地产开发中作为土地征用和拆迁补偿费在销售额中扣减，除了纳税义务时间的影响外，不会影响市场主体整体的增值税税负。

【案例6-4】穗改房地产公司向村民支付补偿21800万元，并由村民按照10900元/平方米（含增值税）回购安置房面积合计20000平方米。穗改房地产公司在销售回迁安置房的时候产生增值税销项税额1800万元。

村民购置回迁安置房的资金实际是穗改房地产公司支付给村民的拆迁补偿费。按照规定，穗改房地产公司支付的21800万元拆迁补偿费，允许在计算融资地块房地产销售额时扣减，不会增加穗改房地产公司的增值税负担。

2. 回迁安置房补偿衔接融资地块成本。在无偿移交回迁安置房的情况下，能否作为拆迁补偿费在计算融资地块房地产项目增值税时，从销售额中扣减，目前没有明确的税收政策作出规定，存在较大争议。由于目前的法律法规和具体政策层面没有对回迁安置房补偿的核算规则，实际操作中各执行层面也难以形成统一意见。有观点认为，按照回迁安置房补偿的实质，将其列为融资土地的拆迁补偿费，更符合改造项目的经营实质；也有观点提出“拆迁补偿费用限于货币形式的拆迁补偿费用”。在政策不清晰的情况下，不少地方税务机关倾向于按照后面的观点从严执法，对回迁安置房按照成本加成法确定视同销售收入，但回迁安置房视同销售收入的价款不得在融资地块房地产项目的销售额中扣减，即销售额中仅可以扣减土地出让金和实际货币支付的拆迁补偿费，不包括回迁安置房视同销售收入所确定的价款。

如果无偿移交回迁安置房的对价不能与货币补偿一样在销售额中扣除，其结果是城市更新项目中，为获取融资地块而建设回迁安置房的成本，不能享受一般房地产项目可直接在销售额中扣减土地成本的同等待遇。融资地块房地产销售收入进行增值税核算时，纳入销售额扣减的项目仅为土地出让金，大额的回迁安置房建设支出不能扣减，导致增值税税负增高，不符合增值税核算原理。

结合城市更新的实践项目，笔者认为，回迁安置房涉及的增值税处理上划分视同销售和拆迁补偿两个环节，并将其视同销售收入作为融资地块项目的拆迁补偿费进行核算，比较符合增值税的链条管理。回迁安置房建设过程中，按照建设事项取得增值税专用发票，按照发票税额记载应交税费的进项税额，同时按照不含增值税的支出成本，列入回迁安置房的生产成本。回迁安置房视同销售环节，按照视同销售收入确定其销项税额，并抵扣进项税额，以回迁安置房视同销售收入增值额计算缴纳该环节的增值税。根据市场主体获取融资地块所承担的土地征用及拆迁补偿支出业务实质，在确认视同销售收入缴纳增值税的同时，列入融资地块房地产项目的开发成本/土地征用及拆迁补偿费，能够在后续计算融资地块项目时从销售额中扣减，更好地体现城市更新项目整个链条核算中每个环节应负担的增值税。

二、企业所得税计算方面的衔接

从理论上讲，为取得应税实际发生的全部必要正常的支出都应该允许在所得税前扣除，以确定净所得，只不过对于不同种类的支出而言，确认和配比的时间有所不同[①]。根据《中华人民共和国企业所得税法》和《国家税务总局关于印发〈房地产开发经营业务企业所得税处理办法〉的通知》（国税发〔2009〕31号）等相关规定，对无偿移交回迁安置房的行为视同销售，计入企业所得税收入总额，发生与取得收入有关的、合理的支出，可在计算应纳税所得额时扣除。在回迁安置房视同销售环节，按照视同销售收入减去回迁安置房建造成本、费用等支出，计算缴纳企业所得税。

回迁安置房视同销售环节缴纳企业所得税后，视同销售所对应的金额，能否作为融资地块取得土地使用权所发生成本支出，直接影响融资地块房地产开发项目的成本构成。无偿移交行为视同销售计入收入总额，同时把同等金额作为融资地块的拆迁补偿费，则视同销售收入与视同销售确认的拆迁补偿费相等，对企业所得税的收支核算不产生影响，即回迁安置房在整个改造项目的企业所得税核算中，实际列支的成本为建设回迁安置房产生的支出，除了核算的时间性差异外，与不视同销售的核算结果一样。

【案例6-5】穗改房地产公司2017年8月开发黄岗村旧村改造项目，2020年10月完成回迁安置房的建设工作，并于当月将回迁安置交付给村民。穗改房地产公司对回迁安置房的建造成本为10000万元，经税务机关确认移交村民的视同销售收入20000万元。

---

① 史耀斌，孙瑞标，刘炤.《中华人民共和国企业所得税法》释义及适用指南［M］. 北京：法律出版社，2007：61.

移交回迁安置房核算的企业所得税 =（20000 - 10000）×25% =2500（万元）

融资地块列支拆迁补偿费20000万元，城市更新项目企业所得税核算过程中，不会因为回迁安置房视同销售收入增加企业所得税。视同销售收入的确认时间与融资地块房地产项目拆迁补偿费税前扣除时间存在差异，视同销售对企业所得税的核算会产生时间性差异影响。

三、土地增值税计算方面的衔接

无偿移交回迁安置房在土地增值税方面的政策较为明确，根据《国家税务总局关于土地增值税清算有关问题的通知》（国税函〔2010〕220号），“（一）房地产企业用建造的本项目房地产安置回迁户的，安置用房视同销售处理，按《国家税务总局关于房地产开发企业土地增值税清算管理有关问题的通知》（国税发〔2006〕187号）第三条第（一）款规定确认收入，同时将此确认为房地产开发项目的拆迁补偿费。房地产企业支付给回迁户的补差价款，计入拆迁补偿费；回迁户支付给房地产企业的补差价款，应抵减本项目拆迁补偿费。（二）房地产企业采取异地安置，异地安置的房屋属于自行开发建造的，房屋价值按国税发〔2006〕187号第三条第（一）款的规定计算，计入本项目的拆迁补偿费；异地安置的房屋属于购入的，以实际支付的购房支出计入拆迁补偿费”。国税发〔2006〕187号第三条第（一）款视同销售确认收入的方法和顺序为：“1. 按本企业在同一地区、同一年度销售的同类房地产的平均价格确定；2. 由主管税务机关参照当地当年、同类房地产的市场价格或评估价值确定。”具体详见本章第一节“视同销售收入的确定”。

市场主体的土地增值税清算是按照项目管理的方式进行核算，在计算增值额的扣除项目时，土地征用及拆迁补偿费可加计20%扣除，也可提高房地产开发费用和利息支出按比例计算的基数。因此，在同一项目的土地增值税核算中，如果能够将无偿移交回迁安置房视同销售计入拆迁补偿费，将有助于降低应纳税额。

四、视同销售税务处理的规范化

回迁安置房无偿移交村民的增值税、土地增值税和企业所得税政策，主要散见于各个税种的计算规定和相关的规范性文件，但难于结合城市更新的业务特点作出清晰指引，甚至存在现行规定严重滞后于城市更新的业务要求，出现一些税务规定的空白地带。因此，实务操作中需要针对城市更新的业务特点，结合现行税收政策作出相应解释，各地税务机关也结合工作实际，探索推进城市更新的税务处理工作。如《广东省“三旧”改造税收指引》中，结合不同类型业务的视同销售行为提出税务处理方式指引，便于城市更新项目不同税种之间的核算。

根据现行税收政策和相关指引类文件，土地增值税方面对无偿移交回迁安置房视同销售确认收入，同时确认为拆迁补偿费的规定比较明确。而增值税和企业所得税的税收政策方面，无偿移交回迁安置房视同销售收入能否同时作为融资地块的扣除项，仍然存在分歧。如企业所得税方面，并没有具体政策明确视同销售收入对应的金额，属于“与取得土地使用权所发生的支出”。

税收应遵循量能课税原则，该原则涉及分配正义问题。在正义的观点下，量能课税原则所把握的给付能力系与所得、收益、财产、获得所得、所得使用等外部特征相联结[1]。城市更新项目无偿移交回迁安置房视同销售的税务处理，需要回归无偿移交回迁安置房在城市更新项目中的业务实质，将无偿移交回迁安置房视同销售收入拆迁补偿成本，在各税种间统一处理口径，包括统一视同销售收入在不同税种间的确定规则，统一视同销售收入与融资地块项目成本在不同税种间的衔接方式。

另外需要注意的是，如前文所述，按照旧村改造政策规定，村民宅基地可按照宅基地地基面积，以三层半确定其合法建筑面积。村民在合法宅基地建设的房产没有达到三层半的情况下，可以享受按照建筑成本购买同等面积的回迁安置房，一般称作购买权益面积。实务操作中，权益建筑面积由被拆迁主体购买，正常支付对价，可视为市场主体按照旧改政策向村民销售住房，并根据旧村改造实施方案和双方约定的价格确定销售收入，不属于无偿转让或者没有合理理由低价转让的情形，应区别于视同销售的税务处理。

① 杨小强．税法总论［M］．湖南：湖南人民出版社，2002：110.

第七章　委托代建税务处理

我国经济腾飞的同时，房地产市场也迎来蓬勃发展的时机，多样化的房地产开发建设模式不断涌现，其中代建模式就是典型的方式。《国务院关于投资体制改革的决定》明确提出："对非经营性政府投资项目加快推行'代建制'，即通过招标等方式，选择专业化的项目管理单位负责建设实施，严格控制项目投资、质量和工期，竣工验收后移交使用单位。"从房产权属性质划分来看，包括政府公共配套设施代建、商业代建、个人代建等模式，代建的业务类型包括项目代建、资本代建和政府代建。城市更新项目中，政府要求的公建配套设施、集体物业、村民回迁房等建设行为，也普遍存在通过代建模式实现改造的实际案例。委托方可以通过委托代建解决缺乏资金和经验等实际困难，而房地产企业可以运用自身专业化团队组织和丰富管理经验，为政府部门或者村集体等完成建设服务，实现多方共赢的效果。城市更新过程中的委托代建行为涉及多个主体，以及存在不同的业务模式，其中有部分情形可以按照委托代建情形进行税务处理，而另外一些情形则需要按照销售或者视同销售进行税务，涉及的税务问题较为复杂，需要根据具体业务类型结合具体的税收政策进行相应税务处理。

第一节　一般委托代建行为的税收规定

房地产开发企业的代建工程包括代建房屋、场地和城市道路、基础设施等市政工程，包括两种方式：一种是受托方与委托方实行全额结算，只向委托方收取代建手续费的业务；另一种是受托方与委托方实行拨付结算，即在建设过程中施工方、设计方、监理方等直接与受托方签认合同，不与委托方签订合同，资金由委托方拨付给受托方，受托方再拨付给施工方、设计方、监理方等[①]。委托代建业务的税务处理，需要根据具体代建业务实质，确定其应缴纳的税收种类和征收的具体税目类型。建设的类型不同，涉及需要缴纳相关税款的主体不同，缴纳的税收种类以及计税方法也有差异，较为突出的问题是按照销售房地产税目缴纳税款还是按照建筑服务税目缴纳税款，涉及如何确定增值税税目以及是否需要缴纳土地增值税的问题。基于委托代建的复杂性，实务操作中需要结合业务的实质选择适用具体的税收政策，而委托代建业务中，最为复杂的当属流转税的处理问题。

---

① 蔡昌．房地产企业全程会计核算与税务处理［M］．北京：中国市场出版社，2017：142.

一、"营改增"前的委托代建

委托代建行为涉及建设不动产，不同的建设模式对应缴纳流转税的情形不一样，在营业税改征增值税之前，很多税务机关结合实践经验，针对委托代建的不同情形，对应归类不同的税目明确流转税征收方式。例如：

1.《国家税务总局关于"代建"房屋行为应如何征收营业税问题的批复》（国税函〔1998〕554号）。

"新疆维吾尔自治区地方税务局：

你局《关于对房地产开发企业代建房屋行为如何征收营业税问题的请示》（新地税一字〔1998〕041号）收悉。关于房地产开发企业为其他单位代建房屋行为应如何征收营业税问题，经研究，现批复如下：

房地产开发企业（以下简称甲方）取得土地使用权并办理施工手续后根据其他单位（以下简称乙方）的要求进行施工，并按施工进度向乙方预收房款，工程完工后，甲方替乙方办理产权转移等手续。

甲方的上述行为属于销售不动产，应按销售不动产税目征收营业税；如甲方自备施工力量修建该房屋，还应对甲方的自建行为，按建筑业税目征收营业税。"

2.《陕西省地方税务局关于委托建房征收营业税问题的通知》（陕地税发〔1999〕79号）。

"对纳税人接受建房单位委托，为其代建房屋或其他不动产的行为，属于代理业务，应按服务业——代理业税目征收营业税。营业额为向委托方收取的手续费。这里所说的'代建房屋'须同时符合下列条件：（一）必须事先与委托方订有委托代建合同。并在合同上载明收费依据及标准；（二）所建房屋的基建计划与立项必须是计划部门下达给建设单位的，不发生土地使用权转移；（三）以委托方的名义与负责施工的施工队结算；（四）不垫付建设资金。凡未同时具备上述四个条件的代建业务，对受托方按销售不动产税目征收营业税。"

3.《河北省地方税务局关于房地产业营业税有关政策问题的通知》（冀地税发〔2000〕93号）。

"二、委托建房征税问题对房地产开发企业接受建房单位委托，为其代建房屋的行为，应按服务业—代理业征收营业税，其营业额为其向委托方收取的代建手续费。这里所指的代建房屋行为必须同时符合下列条件：（一）以委托方的名义办理房屋立项及相关手续；（二）与委托方不发生土地使用权、产权的转移；（三）与委托方事前签订委托代建合同；（四）不以受托方的名义办理工程结算。凡不同时符合上述条件的，受托方不论以何种形式与对方结算，均属房屋销售行为，按销售不动产税目征收营业税。"

4.《辽宁省地方税务局关于对房地产开发企业"代建房"收入征收营业税问题的批复》（辽地税流〔2000〕291号）。

"你单位如为高等院校代建房，应由委托建房单位提供自有土地使用证书或由其以自己名义办理土地征用手续，并取得有关部门的建设项目批准手续和基建计划；房地产开发企业不垫付资金，建筑施工企业将建筑业发票开具给委托建房单位（由房地产开发企业将发票转交给委托建房单位）；房地产开发企业与委托建房单位实行全额结算，并另外向委托建房单位收取代建手续费。

房地产开发企业的代建房行为，凡同时具备上述条件的，对其取得的代建手续费收入按服务业—代理业税目计征营业税，税率5%；否则，不论委托建房单位与房地产开发企业如何签订协议，也不论房地产企业如何签订协议，也不论房地产开发企业的财务和会计账务如何处理，应对房地产开发企业与委托建房单位的全额结算收入按销售不动产税目计征营业税。"

5. 《浙江省地方税务局关于营业税若干政策业务问题的通知》（浙地税函〔2004〕437号）。

"对纳税人接受建房单位委托，为其代建房屋（或其他不动产）的行为，应按服务业代理业征收营业税。这里所说的代建房屋必须同时符合下列四个条件：1. 由委托方自行立项；2. 不发生土地使用权或产权转移；3. 受托方不垫付资金；（此条浙江地税已取消）；4. 事先与委托方订有委托代建合同。凡不同时符合上述四个条件的代建行为，对受托方应按销售不动产征收营业税。"

6. 《安徽省房地产税收管理暂行办法》（皖地税〔2005〕76号）第十二条规定。

房地产开发企业受托建房按照收取的代建费征收"服务业—代理业"营业税。受托建房应同时满足下列条件：（1）委托建房单位有相关部门项目批准书；（2）委托建房单位具有土地使用证；（3）签有代建房屋协议，并在协议中列明所收取的"代建费"；（4）受托方不垫付资金。受托建房的房地产开发企业不同时具备上述条件的，应按"销售不动产"征收营业税。

从上述税务机关对委托代建业务关于流转税的税务处理意见，可按照服务业征收营业税的情形，一般需要满足以下条件：（1）由委托方自行立项；（2）不发生土地使用权或产权转移；（3）受托方不垫付资金，单独收取代建手续费或管理费；（4）事先与委托方签订有委托代建合同；（5）施工企业将发票开具给委托建房单位。否则，建设单位应按照"销售不动产"税目征收营业税。

二、"营改增"后的委托代建

全面推开营业税改征增值税试点后，税务机关没有单独关于委托代建的政策文件，个别税务机关就纳税人关于委托代建问题的提问，作出相关答复。例如：

1. 河南国税关于全面推开营改增后，房地产开发企业"代建"房屋的行为如何征收增值税的答复：

房地产开发企业营改增之前，国税函〔1998〕554号对"代建"行为的规定为："房地产开发企业（以下简称甲方）取得土地使用权并办理施工手续后根据其他单位（以下简称乙方）的要求进行施工，并按施工进度向乙方预收房款，工程完工后，甲方替乙方办理产权转移等手续。甲方的上述行为属于销售不动产，应按'销售不动产'税目征收营业税；如甲方自备施工力量修建该房屋，还应对甲方的自建行为，按'建筑业'税目征收营业税。"营改增后，房地产开发企业"代建"房屋的行为，若只自备施工力量修建房屋不替乙方办理产权转移手续的，应按照建筑业税目征收增值税；若自备施工力量修建房屋的同时替乙方办理产权转移手续的，应按照销售不动产税目征收增值税。

2. 河北国税关于全面推开营改增后，纳税人"代建"房屋的行为如何征收增值税问题的答复：

纳税人接受建房单位委托，为其代建房屋的行为，应按“经纪代理服务”税目征收增值税，其销售额为其向委托方收取的代建手续费。这里所指的代建房屋行为必须同时符合下列条件：（1）以委托方的名义办理房屋立项及相关手续；（2）与委托方不发生土地使用权、产权的转移；（3）与委托方事前签订委托代建合同；（4）不以受托方的名义办理工程结算。

营业税改征增值税后，虽然没有针对委托代建如何征税的具体政策条文，但根据税务机关就相关问题的答复，可以按照具体业务的实质判断如何缴纳增值税。一是业务实质属于收取代建手续费的，房产地开发企业按照现代服务业/商务辅助服务/经纪代理业务缴纳增值税。二是业务实质为提供建设服务的，按照建筑业税目计算缴纳增值税。三是业务实质涉及房屋产权由建设方转移到委托方的，按照销售不动产税目缴纳增值税。

第二节　城市更新项目的委托代建

一、城市更新委托代建的情形

城市更新中委托代建情形下，一般先由政府收回融资地块，通过“招、拍、挂”方式挂牌协议出让，房地产企业竞得土地后向政府支付融资地块的土地出让金，作为《国有土地使用权出让合同》的附加协议条款，房地产企业需承担公共配套设施或复建安置房全部改造成本并代为建设。

（一）公建配套设施的代建

城市更新改造过程中，政府在确定改造方案时，一般附带相关条件，改造主体与政府签订改造协议时，除了正常支付融资地块的土地出让金外，还需要承担相关公建配套设施的建设，并在建成后无偿移交给政府部门。

（二）集体物业的代建

合作改造过程中，村集体与房地产企业约定，房地产企业除了作为旧村改造的合作主体，进行融资地块和复建地块的建设开发外，还承担村集体留用地的开发建设。村集体作为土地所有权人，房地产企业进行代建开发，全额负担集体物业开发的所有建设费用。

（三）回迁安置物业委托代建

在一二级联动的旧村改造过程中，改造土地分成融资地块和复建地块，融资地块由房地产企业进行项目开发，复建地块登记在村集体名下，用于建设村民的回迁安置用房，房地产企业接受村集体的委托，代为建设复建安置用房。

二、城市更新委托代建的税收处理

城市更新项目中，最典型的特点是，房地产企业代为建设项目过程中产生的成本费用，需要由房地产企业垫资完成，根据税务机关认定委托代建进行征税的标准，很难认定属于代建服务。城市更新项目的实际操作中，需要结合房地产企业为对方代为建设项目的业务实质，区分不同的类型进行税务处理。

（一）公建配套设施代建的税务处理

根据城市更新改造方案以及与政府部门签订的土地出让协议，房地产企业承建改造项目范围内的公建配套设施，建成后移交政府部门，区分是否有偿移交、是否发生产权转移等情况进行税务处理。对于有偿移交且产权转移的建设行为，如某地的城市更新改造政策规定，房地产开发企业建设的物业，需要将项目建筑面积的10%按照成本价移交政府部门，由政府部门统筹安排。在城市更新改造政策中明确按照成本价移交政府的有偿移交行为，虽然其价格明显低于市场价格，但属于具有合理理由的交易行为，按照取得的收入进行增值税及其附加、土地增值税和企业所得税等税种的税务处理。而房地产开发企业无偿移交物业的代建行为，涉税的税务处理相对复杂。在不同税种的处理方面，房地产企业需要无偿移交公建配套的情形均有相应的规定。

1. 增值税。房地产企业建设的公建配套，所发生成本费用取得的增值税进项税额，需要结合移送公建配套设施物业的处理方式，确定其是否允许抵扣。房地产企业向政府部门无偿移交公建配套设施，若该公建配套设施属于以社会公众为对象，根据《财政部 国家税务总局关于全面推开营业税改征增值税试点的通知》（财税〔2016〕36号）文件附件一《营业税改征增值税试点实施办法》第十四条："下列情形视同销售服务、无形资产或者不动产：（一）单位或者个体工商户向其他单位或者个人无偿提供服务，但用于公益事业或者以社会公众为对象的除外。（二）单位或者个人向其他单位或者个人无偿转让无形资产或者不动产，但用于公益事业或者以社会公众为对象的除外。（三）财政部和国家税务总局规定的其他情形。"房地产企业无偿移交不动产不缴纳增值税。与此同时，其因建设需要无偿移交的不动产相对应的进项税额，属于增值税非应税项目，根据《财政部 国家税务总局营业税改征增值税试点实施办法》第二十七条的规定，用于免征增值税项目的进项税额不得从销项税额中抵扣。

若房地产企业无偿移送公建配套设施，非用于公益事业或者以社会公众为对象，则一般认为无偿转让不动产或者提供应税服务，视同销售缴纳增值税，其对应的进项税额允许抵扣销项税额。视同销售的处理可参阅本书第六章的处理意见。

2. 企业所得税。对于无偿移交公建配套的行为，在企业所得税上一般按照视同销售处理。《中华人民共和国企业所得税法实施条例》（中华人民共和国国务院令第512号）第二十五条规定："企业发生非货币性资产交换，以及将货物、财产、劳务用于捐赠、偿债、赞助、集资、广告、样品、职工福利或者利润分配等用途的，应当视同销售货物、转让财产或者提供劳务，但国务院财政、税务主管部门另有规定的除外。"《国家税务总局关于企业处置资产所得税处理问题的通知》（国税函〔2008〕828）第二条规定："企业将资产移送他人的下列情形，因资产所有权属已发生改变而不属于内部处置资产，应按规定视同销售确定收入：（一）用于市场推广或销售；（二）用于交际应酬；（三）用于职工奖励或福利；（四）用于股息分配；（五）用于对外捐赠；（六）其他改变资产所有权属的用途。"

无偿移交不动产符合上述规定情形的，视同销售计入企业所得税收入总额，发生与取得收入有关的、合理的支出，可在计算应纳税所得额时扣除。

3. 土地增值税。房地产企业开发建设公建配套项目并无偿移交政府部门或相关主体，根据《中华人民共和国土地增值税暂行条例》及其实施细则第二条的规定，应缴纳土地增值税的收入为转让国有土地使用权、地上的建筑物及其附着物（以下简称转让房地产）并取得收入，不包括以继承、赠与方式无偿转让房地产的行为。按照上述处理原则，参照赠与方式无偿移交公建配套设施等物业，不需要视同销售计算缴纳土地增值税。在不需要视同销售计算缴纳土地增值税的情况下，存在其建设成本如何扣除问题，对此，《国家税务总局关于房地产开发企业土地增值税清算管理有关问题的通知》（国税发〔2006〕187号）第四条第（三）项规定："房地产开发企业开发建造的与清算项目配套的居委会和派出所用房、会所、停车场（库）、物业管理场所、变电站、热力站、水厂、文体场馆、学校、幼儿园、托儿所、医院、邮电通讯等公共设施，按以下原则处理：1. 建成后产权属于全体业主所有的，其成本、费用可以扣除；2. 建成后无偿移交给政府、公用事业单位用于非营利性社会公共事业的，其成本、费用可以扣除；3. 建成后有偿转让的，应计算收入，并准予扣除成本、费用。"

笔者认为，城市更新项目中，无偿移交公建配套物业参照赠与方式，不作为土地增值税收入项目计算缴纳土地增值税，与城市更新项目中回迁安置房的处理原则存在不一致的情形。根据《国家税务总局关于土地增值税清算有关问题的通知》（国税函〔2010〕220号）的规定，用建造的本项目房地产安置回迁户的，安置用房视同销售处理，按《国家税务总局关于房地产开发企业土地增值税清算管理有关问题的通知》（国税发〔2006〕187号）第三条第（一）款规定确认收入，同时将此确认为房地产开发项目的拆迁补偿费。在城市更新项目中，无偿移交公建配套物业也是房地产企业为获取开发土地所应付出的对价，与向村民提供回迁安置房的性质上具有共同的特性。如果对于具有补偿性质的公建配套物业，参照回迁安置用房视同销售处理，并确认为房地产开发项目的拆迁补偿费，也是在政策层面和实务操作中值得探讨的处理方式。

4. 契税。城市更新过程中，房地产企业因建设公建配套设施所产生支出，与改造项目取得融资地块关系密不可分，根据《财政部　国家税务总局关于国有土地使用权出让等有关契税问题的通知》（财税〔2004〕134号）："一、出让国有土地使用权的，其契税计税价格为承受人为取得该土地使用权而支付的全部经济利益。（一）以协议方式出让的，其契税计税价格为成交价格。成交价格包括土地出让金、土地补偿费、安置补助费、地上附着物和青苗补偿费、拆迁补偿费、市政建设配套费等承受者应支付的货币、实物、无形资产及其他经济利益"的规定，因城市更新过程中，为取得融资地块开发权益而承担的公建配套设施支出，应作为契税计税依据缴纳契税。

（二）集体物业委托代建的税务处理

城市更新过程中，普遍存在村集体经济组织提供建设用地，房地产企业提供资金，实现集体物业的开发建设。集体物业委托代建行为涉及的税务处理跟合作模式密切相关，建成物业的税务处理需要区分不同主体分别对待。

1. 增值税。

（1）房地产企业没有取得土地使用权。房地产企业没有取得土地使用权，为村集体进行代建的行为主要收取手续费，此种情形下房地产企业主要提供的是代建服务。在此过程中，土地使用权一直保留在村集体名下，以村集体的名义进行立项，涉及项目建设的发票开具给立项单位，建成后的物业权属归村集体经济组织，涉及的建设资金也通常由村集体经济组织和房地产企业的关联方通过融资的模式解决。房地产企业与村集体经济组织签订委托代建合同，按照代建工程项目总投资比例收取代建服务费或按代建工程的建筑面积定额收取代建服务费。

根据《财政部　国家税务总局营业税改征增值税试点实施办法》（财税〔2016〕36号

附件1）所附《销售服务、无形资产、不动产注释》中“经纪代理服务”项的规定，经纪代理服务，是指各类经纪、中介、代理服务，包括金融代理、知识产权代理、货物运输代理、代理报关、法律代理、房地产中介、职业中介、婚姻中介、代理记账、拍卖等。房地产企业为村集体经济组织代建物业的行为，根据收取代建服务费的情形按照“商务辅助服务—经纪代理服务”税目征收增值税。

（2）房地产企业取得土地使用权。如果村集体经济组织将土地使用权转至房地产企业名下，则房地产企业按照取得土地使用权进行开发建设的方式进行增值税的税务处理，开发建设过程中发生的各项成本费用，相应取得增值税专用发票的进项税额。项目建设完成需要将物业移交回给村集体经济组织的，按照销售不动产的规定计算销项税额缴纳增值税。

2. 企业所得税。

（1）房地产企业没有取得土地使用权。房地产企业没有取得土地使用权，为村集体进行代建的行为主要收取手续费，根据取得的代建手续费收入计入企业的收入总额，并相应列支代建行为对应的成本费用，计算缴纳企业所得税。

（2）房地产企业取得土地使用权。在房地产企业取得土地使用权的情况下，需要根据土地获取方式进行税务处理。正常支付货币对价的方式直接确认土地成本，但如果属于非货币性交易模式的情形下，其企业所得税的处理方式较为复杂，根据《国家税务总局关于印发〈房地产开发经营业务企业所得税处理办法〉的通知》第三十一条：“企业以非货币交易方式取得土地使用权的，应按下列规定确定其成本：（一）企业、单位以换取开发产品为目的，将土地使用权投资企业的，按下列规定进行处理：1. 换取的开发产品如为该项土地开发、建造的，接受投资的企业在接受土地使用权时暂不确认其成本，待首次分出开发产品时，再按应分出开发产品（包括首次分出的和以后应分出的）的市场公允价值和土地使用权转移过程中应支付的相关税费计算确认该项土地使用权的成本。如涉及补价，土地使用权的取得成本还应加上应支付的补价款或减除应收到的补价款。”

3. 土地增值税。

（1）房地产企业没有取得土地使用权。房地产企业没有取得土地使用权，为村集体经济组织代建的行为主要收取手续费，不存在销售不动产的行为，不需要缴纳土地增值税。

（2）房地产企业取得土地使用权。房地产企业根据城市更新改造方案，获得整个改造项目的土地，并承担为村集体经济建设集体物业，建成后移交村集体经济组织的行为，属于通过代建作为获取土地的部分支付对价，本质上可归为换取土地的非货币性资产交易，应按照视同销售的方式计算缴纳土地增值税，具体详见本书第六章视同销售的处理方式。

4. 契税。

（1）房地产企业没有取得土地使用权。房地产企业仅以收取代建手续费进行建设开发，没有发生物业产权的转移，不属于契税征税范围，不需要缴纳契税。

（2）房地产企业取得土地使用权。房地产企业取得土地使用权，根据《财政部　国家税务总局关于国有土地使用权出让等有关契税问题的通知》（财税〔2004〕134号）：“一、出让国有土地使用权的，其契税计税价格为承受人为取得该土地使用权而支付的全部经济利益。（一）以协议方式出让的，其契税计税价格为成交价格。成交价格包括土地出让金、土地补偿费、安置补助费、地上附着物和青苗补偿费、拆迁补偿费、市政建设配套费等承受者应支付的货币、实物、无形资产及其他经济利益”的规定，其取得土地使用权所支付的对价，作为契税计税依据计算缴纳契税。

5. 房产税。

如果物业产权登记在村集体经济组织名下，根据《中华人民共和国房产税暂行条例》第二条的规定，房产税由物业所有权人村集体经济组织缴纳。

但对于村集体经济组织委托房地产企业代建集体物业的模式中，即使物业产权登记在村集体经济组织名下，由于村集体缺乏运营经验、管理团队以及资金等种种考虑，往往会将集体物业交给房地产企业运营，参照广东省“三旧改造”税收指引，一般认为该情形属于无租使用，房地产企业按照物业余值计算缴纳房产税，在税收管理上更符合实际：一是项目物业实际由房地产企业运营，由其缴纳房产税更具有可操作性。二是村集体经济组织没有获得额外的利益，由其缴纳房产税会增加其税收负担，不具有合理性。三是房地产企业作为实际建造主体，可按照从值缴纳房产税，以建造成本的70%，按照1.2%的税率计征房产税，税收负担较轻；而村集体经济组织作为物业所有权人，如果按照出租方式缴纳房产税，其计税方式按照租金收入的12%税率计算缴纳房产税，税收负担较重。

（三）回迁安置房委托代建的税务处理问题

城市更新项目中，房地产企业取得国有建设用地进行开发的同时，需要根据改造方案的规定或者土地出让合同的约定，承担建设回迁安置房，作为取得土地使用权相应对价的组成部分。房地产企业建设回迁安置房无偿移交的行为，属于以实物作为对价换取土地，税收管理上按照视同销售进行处理。

1. 增值税。《财政部　国家税务总局关于全面推开营业税改征增值税试点的通知》（财税〔2016〕36号）规定：“下列情形视同销售服务、无形资产或者不动产：单位或者个人向其他单位或者个人无偿转让无形资产或者不动产，但用于公益事业或者以社会公众为对象的除外。纳税人发生应税行为价格明显偏低或者偏高且不具有合理商业目的的，或者发生本办法第十四条所列行为而无销售额的，主管税务机关有权按照下列顺序确定销售额：（一）按照纳税人最近时期销售同类服务、无形资产或者不动产的平均价格确定。（二）按照其他纳税人最近时期销售同类服务、无形资产或者不动产的平均价格确定。（三）按照组成计税价格确定。组成计税价格的公式为：组成计税价格 = 成本 ×（1 + 成本利润率）。成本利润率由国家税务总局确定。不具有合理商业目的，是指以谋取税收利益为主要目的，通过人为安排，减少、免除、推迟缴纳增值税税款，或者增加退还增值税税款。”

房地产企业代为建设回迁安置房，实质属于取得融资地块的对价组成部分，应视同销售处理。具体应区分产权主体属于谁，如果以村集体名义进行报批建设，房地产企业承担的是建设施工的角色，按照视同提供建筑施工服务计算缴纳增值税。如果以项目公司名义进行报批建设，则项目公司按照视同销售房产计算缴纳增值税。视同销售计算缴纳增值税的争议不大，但视同销售对应的收入能否作为融资地块的土地征用和拆迁补偿费，则存在较大争议，具体分析详见第六章视同销售部分。

2. 企业所得税。回迁安置房的开发建设，移交给村集体时应视同销售处理。《中华人民共和国企业所得税法实施条例》规定：“企业发生非货币性资产交换，以及将货物、财产、劳务用于捐赠、偿债、赞助、集资、广告、样品、职工福利或者利润分配等用途的，应当视同销售货物、转让财产或者提供劳务，但国务院财政、税务主管部门另有规定的除外。”对于视同销售价格的确定上，根据《国家税务总局关于印发〈房地产开发经营业务企业所得税处理办法〉的通知》（国税发〔2009〕31号）的规定确定，即“企业将开发产品用于捐赠、赞助、职工福利、奖励、对外投资、分配给股东或投资人、抵偿债务、换取其他企事业单位和个人的非货币性资产等行为，应视同销售，于开发产品所有权或使用权转移，或于实际取得利益权利时确认收入（或利润）的实现。确认收入（或利润）的方法和顺序为：（一）按本企业近期或本年度最近月份同类开发产品市场销售价格确定；（二）由主管税务机关参照当地同类开发产品市场公允价值确定；（三）按开发产品的成本利润率确定。开发产品的成本利润率不得低于15%，具体比例由主管税务机关确定”。

在视同销售的同时，应作为房地产开发项目取得土地使用权作出的相应对价，即应作为土地征用和拆迁补偿费进行核算，即在确定视同销售收入的同时，增加房地产开发项目的开发成本/土地征用和拆迁补偿费，总体上使企业的成本费用获得平衡。

3. 土地增值税。《国家税务总局关于土地增值税清算有关问题的通知》（国税函〔2010〕220号）规定：“房地产企业用建造的本项目房地产安置回迁户的，安置用房视同销售处理，按《国家税务总局关于房地产开发企业土地增值税清算管理有关问题的通知》（国税发〔2006〕187号）第三条第（一）款规定确认收入，同时将此确认为房地产开发项目的拆迁补偿费。房地产开发企业支付给回迁户的补差价款，计入拆迁补偿费；回迁户支付给房地产开发企业的补差价款，应抵减本项目拆迁补偿费。开发企业采取异地安置，异地安置的房屋属于自行开发建造的，房屋价值按国税发〔2006〕187号第三条第（一）款的规定计算，计入本项目的拆迁补偿费；异地安置的房屋属于购入的，以实际支付的购房支出计入拆迁补偿费。货币安置拆迁的，房地产开发企业凭合法有效凭据计入拆迁补偿费。”《国家税务总局关于房地产开发企业土地增值税清算管理有关问题的通知》（国税发〔2006〕187号）第三条第（一）款规定：“房地产开发企业将开发产品用于职工福利、奖励、对外投资、分配给股东或投资人、抵偿债务、换取其他单位和个人的非货币性资产等，发生所有权转移时应视同销售房地产，其收入按下列方法和顺序确认：（一）按本企业在同一地区、同一年度销售的同类房地产的平均价格确定；（二）由主管税务机关参照当地当年、同类房地产的市场价格或评估价值确定。”

关于代建回迁安置房如何进行土地增值税处理，详见第六章视同销售部分。

4. 契税。《中华人民共和国契税暂行条例》规定：“国有土地使用权出让、土地使用权出售、房屋买卖，为成交价格。”《中华人民共和国契税暂行条例细则》规定：“条例所称成交价格，是指土地、房屋权属转移合同确定的价格。包括承受者应交付的货币、实物、无形资产或者其他经济利益。”

由于无偿移交回迁安置房的实质是取得土地使用权的对价组成部分，按照上述规定，应当无偿移交回迁安置房的价值并入契税计税依据征收契税。

（四）代建手续费、品牌管理费的税务处理

代建业务一般按照委托方投资总额或者按照代建产品的销售收入一定比例收取管理费。作为代建方，取得代建管理费收入，属于为委托方提供管理服务或者品牌输出所取得的收入，根据《财政部　国家税务总局关于全面推开营业税改征增值税试点的通知》（财税〔2016〕36号）的规定，该管理费收入按照提供代理服务税目征收增值税。同时，按照不含税的服务收入计入企业的收入总额计算缴纳企业所得税。

委托方作为物业产权人，向代建方支付的手续费、品牌管理费用支出，计算增值税时根据增值税专用发票确定的进项税额进行抵扣，并作为物业建设过程中产生的成本在企业所得税税前扣除。但在土地增值税方面如何处理，在性质认定和扣除项目方面存在较大争议。《中华人民共和国土地增值税暂行条例实施细则》第七条第（二）款中规定："开发间接费用，是指直接组织、管理开发项目发生的费用，包括工资、职工福利费、折旧费、修理费、办公费、水电费、劳动保护费、周转房摊销等。"根据上述政策，可以看到土地增值税开发间接费用中没有明确提到代建管理费，不同税务机关对于代建手续费、品牌管理费能否计入开发成本，在土地增值税清算中进行税前扣除的态度有很大差异。在国税地税合并之前的广州地方税务局曾经发文规定，可以在土地增值税前扣除。《广州市地方税务局关于印发 2014 年土地增值税清算工作有关问题的处理指引的通知》（穗地税函〔2014〕175 号）第二条："关于项目管理费、境外设计费的扣除问题：房地产开发企业委托第三方公司进行房地产项目开发管理，支付的有关项目管理费用，能证明直接属于该开发项目、贯穿于工程开发建设的全过程，且在财务核算时与行政管理部门、财务部门及销售部门发生的管理费用、财务费用及销售费用分开核算的，经主管税务机关审核后，允许作为开发间接费用予以扣除。"但其他地方却未能见到类似的规定，不同地区的税务机关能否认可代建管理费作为开发间接费用在土地增值税核算中扣除，仍然存在较大的不确定性。

第八章 留用地税务问题

留用地是指国家征收农村集体土地后，按实际征收土地面积的一定比例，作为征地安置另行安排给被征地农村集体用于发展生产的建设用地，具体类型包括留用地、征地返还用地、非农建设用地等，在此统称留用地。留用地的使用权及其收益全部归该农村集体所有。留用地在用途上，基本要求不能建设商品住房。如广州市人民政府办公厅关于贯彻实施《广东省征收农村集体土地留用地管理办法（试行）》的通知（穗府办〔2012〕7号，失效）和广州市人民政府办公厅《关于进一步加强征收农村集体土地留用地管理的意见》（穗府办规〔2018〕17号）等相关文件中，都明确要求留用地不得建设商品住宅。村集体留用地如何利用，具体经营模式不同，税务处理也存在差异，需要结合留用地实际开发利用的具体情况，进行相应的税务处理。

第一节 留用地政策规定

留用地的实质属于政府给被征地农民除了货币补偿之外，为了保持村集体经济组织稳定权益的一种土地补偿模式。2020年10月1日生效的广东省自然资源厅《关于推进征收农村集体土地留用地高效开发利用的通知》（粤自然资规字〔2020〕4号）规定："留用地应当依据国土空间规划确定为工业、商业等经营性用途，严格按照规划用途开发利用，可按规定建设或改建为租赁住房。"可以建设租赁住房是新增规定。而对于是否可以建设商品住宅，该文未有明确规定，但从上下文理解及结合目前政策环境，留用地应该不可以建设商品住宅。

留用地的土地属性是集体性质，但随着城市化进展，如果留用地在城镇规划区范围内，以及涉及占用其他农村集体土地的，依法征收为国有土地，并可由地级以上市、县（市、区）人民政府无偿返拨给被征收土地农村集体，视同以出让方式取得的国有建设用地，在此过程中转变为国有土地性质的留用地，所有权归国家，但使用权的权属人仍然是集体经济组织。按照国有土地管理法的政策规定，国有土地使用权可以通过公开市场交易发生转移。

如果集体经济组织拥有的留用地在城镇规划区范围外，一般情况下仍然保留集体土地性质，由地级以上市、县（市、区）人民政府依法办理建设用地手续。留用地的土地属性保留集体所有性质，其所有权和使用权归属于集体经济组织，使用权可按规定办理集体建设用地流转手续，流转期满后，集体留用地的使用权仍属村集体。下面以广东省深圳市和广州市为例介绍留用地政策情况。

一、村集体兑现留用地主要的政策规定

政府部门鼓励集体经济组织的留用地进行统筹开发利用，城市更新过程中，可将留用地统一纳入改造范围实施改造。根据珠三角地区的情况，举例如下：

1. 广东省出台鼓励留用地按规定实施改造，广东省自然资源厅于2020年发布的《关于推进征收农村集体土地留用地高效开发利用的通知》（粤自然资规字〔2020〕4号）第（十一）项明确，鼓励留用地按规定实施改造。2009年12月31日前已实际建设使用，因不符合相关规划而无法纳入省“三旧”改造地块数据库的留用地，允许按规定调整相关规划后标图入库并实施改造。鼓励农村集体经济组织经依法表决通过，将本村权属范围内的留用地纳入旧村庄全面改造项目统筹开发利用，参照边角地、夹心地、插花地有关规定进行用地报批，并协议出让给通过公开方式选择的旧村庄合作改造主体一并实施改造，不受本通知第（六）条、第（十）条关于公开交易规定的限制。

2. 深圳市结合项目利益统筹核定利益共享用地，2018年发布的《深圳市土地整备利益统筹项目管理办法》（深规土规〔2018〕6号）第六条明确：“利益统筹项目留用土地是指按本办法核算并确认给原农村集体继受单位的用地，包括项目范围内已批合法用地、项目范围外调入合法指标以及本项目核定利益共享用地，具体规模按以下方式核算：（一）项目范围内已批合法用地是指原农村集体继受单位及其成员已落地确权的合法用地（包括已取得房地产证、土地使用权出让合同、非农建设用地批复、征地返还用地批复、农村城市化历史遗留违法建筑处理证明书、旧屋村范围认定批复的用地等），此类用地按照等土地面积核算留用土地规模；（二）项目范围外调入合法指标，包括非农建设用地指标、征地返还用地指标，以及其他土地整备项目留用土地指标，此类用地指标按照相关规定核准后，可在项目范围内安排落实；（三）本项目核定利益共享用地是指项目内上述第（一）项用地范围外的未完善征（转）地补偿手续规划建设用地，扣除上述第（二）项中非农建设用地指标和征地返还用地指标后的剩余土地，按照表1核算的留用土地规模。其中现状容积率为项目实施范围内现状建筑面积与规划建设用地面积的比值”，具体按照现状容积率对应确定核算比例，据此作为征地留用地的返还依据。

表8-1　利益共享用地核算比例

现状容积率	核算比例
0	≤20%
0＜现状容积率≤1.5	≤20%＋20%×现状容积率
现状容积率＞1.5	≤50%

3. 广州市结合村集体留用地指标情况确定纳入旧村庄的改造范围，《广州市旧村庄更新实施办法》第十一条：村集体有留用地指标欠账的，可通过留用地落地的方式将符合城乡规划的村集体土地纳入旧村庄改造范围；村集体没有留用地指标欠账的，可采取村集体申请预支留用地指标或村集体承诺今后发生征地时不再申请留用地等方式，将符合城乡规划的村集体土地纳入旧村庄改造范围。改造范围内的农用地，符合边角地、夹心地、插花地的，不需要抵扣留用地指标。

广州市于2018年对留用地核定比例作出了进一步的明确，广州市人民政府办公厅发布的《关于进一步加强征收农村集体土地留用地管理的意见》（穗府办规〔2018〕17号）第一条明确，留用地指标面积按实际征地面积的10%核定；留用地在项目征地范围内安排的，留用地指标按项目征地面积的1/11核定；已办理规划用地手续的留用地再次被政府征收的，按原抵扣留用地指标面积等量返还留用地指标。留用地指标可累加使用。选址在本村（社）范围内的留用地，被征地农村集体申请征收为国有土地而使用的，不再支付留用地征地补偿费用，不再安排留用地，也不折算货币补偿。

二、留用地兑现模式

村集体兑现留用地有多种模式，2020年10月1日广东省自然资源厅发布的《关于推进征收农村集体土地留用地高效开发利用的通知》中，对留用地的补偿方式和留用地置换物业等留用地开发模式进行了安排。首先，在尊重被征地农村集体意愿的前提下，鼓励各地将长期难以落实的实物留用地转以折算货币、置换物业方式予以落实，或以折价出资、入股方式参与各类城市新区、产业园区建设，由被征地农村集体按出资、股权比例及相关约定分享收益。如果为采用置换物业方式落实留用地的，应当由县级以上人民政府自然资源主管部门与被征地农村集体协商签订留用地置换物业协议，约定置换物业面积、位置、用途、交付时间、交付标准、物业返租等内容。其次，如果选择留用地置换经营性物业的，置换物业由用地单位、县级以上人民政府在被征收土地范围内进行建设，或通过筹集其他土地上的经营性物业予以落实，建设及筹集成本、不动产登记费用纳入征地成本，由用地单位承担。农村集体经济拟采用置换物业方式盘活国有留用地，并将国有留用地使用权交由政府收储后公开出让的，应将置换物业作为土地出让条件纳入出让合同管理。以广东省、广州市、深圳市的政策为例，主要有以下几种兑现情形：

（一）实物留地

以集中留地或者分散留地的方式兑现留用地，实物留地包括集中留地和分散留地。本村集体范围内有符合土地利用总体规划和城乡规划可供选址安排作为留用地的，可选择分散留地，否则须在辖区政府规划的留用地集中安置区内选址。

广东省：留用地按实际征收农村集体土地面积（不包含征收后用于安置该农村集体的土地面积）的10%—15%安排。

广州市：实物留地包括集中留地和分散留地。本村集体经济组织范围内有符合土地利用总体规划和城乡规划可供选址安排作为留用地的，可选择分散留地，否则须在辖区政府规划的留用地集中安置区内选址。

留用地指标面积按实际征地面积的10%核定。为受征地影响需搬迁村民安排居住安置用地的，实际征地面积按照征地红线总面积扣减该村居住安置用地面积后确定；建公寓式村民拆迁安置住房的，不扣减安置用地面积。

留用地在项目征地范围内安排的，留用地指标按项目征地面积的1/11核定。选址在本村（社）范围内的留用地，被征地农村集体申请征收为国有土地而使用的，不再支付留用地征地补偿费用，不再安排留用地，也不折算货币补偿。

（二）货币补偿

2000—2002年，广东省、深圳市先后废止旧规出台新规，取消征地返还用地的补偿，明确补偿方式为货币补偿，之后征地返还用地是作为历史遗留问题进行处理。

广东省：留用地折算货币补偿标准由地级以上市人民政府研究制定，且不得低于折算时被征收土地所在地的工业用地级别基准地价。

深圳市：深圳市《关于征地安置补偿和土地置换的若干规定（试行）》明确“因实施土地整备需要采取土地安置方式对继受单位给予补偿的，应制定土地整备项目留用地方案。留用地的具体安排按照土地整备有关政策执行”。

广州市：《关于进一步加强征收农村集体土地留用地管理的意见》规定，鼓励留用地折算货币补偿。被征地农村集体采取留用地折算货币补偿兑现留用地的，由征地单位与被征地农村集体签订留用地折算货币补偿协议，补偿标准不低于征地项目发布征地预公告时被征收土地所在镇（街）工业用地基准地价级别价的 2 倍。各区可结合实际情况制定辖区留用地折算货币补偿标准。

（三）置换物业

可供置换的物业可以是征地单位提供其具有所有权的物业，也可以是被征收土地范围内建设的物业，抑或是经被征地农村集体同意，由政府依法公开出让留用地国有使用权，由土地受让企业配建的物业。

由县级以上人民政府自然资源主管部门与被征地农村集体协商签订留用地置换物业协议，约定置换物业面积、位置、用途、交付时间、交付标准、物业返租等内容。

置换物业由用地单位、县级以上人民政府在被征收土地范围内进行建设，或通过筹集其他土地上的经营性物业予以落实，建设及筹集成本、不动产登记费用纳入征地成本，由用地单位承担。

农村集体经济拟采用置换物业方式盘活国有留用地，并将国有留用地使用权交由政府收储后公开出让的，应将置换物业作为土地出让条件纳入出让合同管理。

（四）换取股权及分享收益

除了通过土地留存、货币补偿和物业转换等方式外，根据《广东省自然资源厅关于推进征收农村集体土地留用地高效开发利用的通知》（粤自然资规字〔2020〕4 号）的规定，鼓励合理转换留用地补偿方式，可通过获得股权的方式进行利益分享。即在尊重被征地农村集体经济组织意愿的前提下，鼓励各地将长期难以落实的实物留用地转以折算货币、置换物业方式予以落实，或以折价出资、入股方式参与各类城市新区、产业园区建设，由被征地农村集体经济组织按出资、股权比例及相关约定分享收益。

第二节　留用地的开发模式

以广东省就留用地进行开发的政策规定反映，留用地的开发模式主要有以下几种模式：

一、自行开发、经营管理

出租土地或者将留用地建设为经营性物业，并通过经营不动产产权租赁，形成运营成本低、经营风险小、经济收益长期稳定的村集体资产。

被征收土地的村集体为经济合作社或股份合作经济社的，由该经济合作社或股份合作经济社对留用地进行经营管理，也可委托经济联合社或股份合作经济联合社统一经营管理。

二、政府托管

政府与村集体协商签订托管协议，通过统一招商等方式对留用地进行统筹开发利用，在留用地集中安置或置换的前提下，政府统一承租片区留用地，政府出资组建企业，统一开发，各方根据托管协议约定分享相关收益。

三、市场主体介入

1. 参加政府的公开出让程序。在留用地的兑现方式中，村集体可以采用置换物业方式盘活国有留用地，村集体将其国有留用地使用权交由政府收储，政府组织“招、拍、挂”公开出让后，向村集体返还物业、折算货币补偿。市场主体可以通过参加政府的公开出让程序，竞得留用地。

2. 参加留用地的入市流转竞买程序。村集体通过公共资源交易平台按照公开转让程序，依法转让无偿返拨的国有留用地使用权。通过公开交易平台竞得留用地使用权的受让人，与县级以上人民政府自然资源主管部门补签土地出让合同，将留用地的规划条件作为土地出让合同附件，由受让人按规定缴纳土地使用权转让价款及相关税费，并将土地使用权转让价款直接支付给村集体。

3. 合作经营，市场主体建设物业并经营，期满后归还物业。村集体与市场主体签订合同协议，由村集体提供土地，市场主体进行开发建设。留用地的土地权属保留在村集体，以村集体的名义办理报建、验收及不动产权登记等各项手续，村集体对建成物业享有所有权，市场主体根据合作合同约定，作为经营主体经营合作建设的物业，并支付相应的租金。经营期限届满后，市场主体将全部物业归还给村集体。

4. 合作开发，分享收益。村集体经依法表决通过，引入市场主体合作开发留用地，先以公开招标方式引入前期服务单位，按照自然资源主管部门出具的规划条件，研究提出留用地合作开发条件，再通过农村产权流转管理服务平台或公共资源交易平台公开选取合作开发主体，以入股、联营等方式合作开发建设。通过合作开发，村集体以土地作价入股、合作开发主体提供建设资金持有相应股权，合作双方根据土地价格、投资资金、建筑成本、运营成本等因素确定分配相应的物业，再统一经营、统一分配和分享物业经营收益。

在留用地开发模式上，个别存在政府公开出让或者村集体公开转让，如《广州市城市更新税收指引（2021 年版）》中就对村集体留用地转让的情形作出介绍，村集体土地被征收后，取得按征地面积的一定比例计算的留用地，登记在村集体名下，村集体补缴土地出让金后变为国有性质用地，通过公开拍卖方式转让给合作企业。通过公开出让或者转让转让留用地，属于直接流转土地使用权的情形，在税务处理上按照取得土地流转方式进行处理。本章主要介绍城市更新过程中村集体对留用地进行自主开发或者合作开发情形下的税收问题。

第三节　留用地自主开发的税收问题

在村集体自主开发模式下，村集体根据留用地的建设规划条件，进行自主开发建设。自主开发建设的建设时期，村集体主要承担留用地开发所产生的开发成本，作为建成物业的计税基础，该计税基础不包含土地价款。物业建设后投入运营时期，村集体通过运营物业取得相应运营收入。

一、增值税

村集体开发建设留用地后，持有物业进行经营管理，按照取得的经营收入计算缴纳增值税。

1. 物业出租。根据《国家税务总局关于〈纳税人提供不动产经营租赁服务增值税征收管理暂行办法〉的公告》（国家税务总局公告 2016 年第 16 号）第三条规定：“一般纳税人出租不动产，按照以下规定缴纳增值税：（一）一般纳税人出租其 2016 年 4 月 30 日前取得的不动产，可以选择适用简易计税方法，按照 5% 的征收率计算应纳税额。（二）一般纳税人出租其 2016 年 5 月 1 日后取得的不动产，适用一般计税方法计税。”第四条规定：“小规模纳税人出租不动产，按照以下规定缴纳增值税：（一）单位和个体工商户出租不动产（不含个体工商户出租住房），按照 5% 的征收率计算应纳税额。个体工商户出租住房，按照 5% 的征收率减按 1.5% 计算应纳税额。（二）其他个人出租不动产（不含住房），按照 5% 的征收率计算应纳税额，向不动产所在地主管地税机关申报纳税。”

2. 酒店式经营。根据《财政部　国家税务总局关于全面推开营业税改征增值税试点的通知》（财税〔2016〕36 号）的规定，村集体建成物业后，采取出租酒店式公寓并提供配套服务的，按照住宿服务缴纳增值税。

3. 公租房经营模式。根据《财政部　税务总局关于公共租赁住房税收优惠政策的公告》（财政部　税务总局公告 2019 年第 61 号）、《财政部　税务总局关于延长部分税收优惠政策执行期限的公告》（财政部　税务总局公告 2021 年第 6 号）规定，如果村集体建成物业纳入公租房经营，所取得的租金收入，免征增值税。公租房经营管理单位应单独核算公租房租金收入，未单独核算的，不得享受免征增值税优惠政策。

二、企业所得税

村集体经营集体物业取得的租金收入所得，纳入经营收入计算缴纳企业所得税，并根据物业的计税基础计提相应折旧。

三、土地增值税

在村集体自主开发模式下，留用地的所有权人始终是村集体，建成物业也是由村集体进行经营，没有产生不动产所有权属流转，不属于土地增值税的征税范围。

四、房产税

村集体持有集体物业所有权，根据《中华人民共和国房产税暂行条例》第二条规定，房产税由产权所有人缴纳。村集体自主开发并采取出租方式经营物业，应由村集体缴纳房产税。在计税依据方面，房产出租的，以房产租金收入作为房产税的计税依据，依 12% 的税率计算缴纳房产税；物业自用，按照房产计税余值（一般为计税基础的 70%）作为房产税的计税依据，依 1.2% 的税率计算缴纳房产税。

第四节　留用地合作开发的相关税务处理

一、双主体模式合作开发的税务处理

双主体模式属于较为特殊的开发模式，也叫“双抬头”开发模式，目前在深圳的城市更新过程中可以看到该模式的项目实例。从深圳市的实操案例可以看出，双主体模式一般是留用地指标登记在村集体和房地产企业二者名下，村企双方共同持有土地使用权并合作建房。在该模式下，以双方名义完成开发报建和施工建设后，双方按比例各自分配所得的房屋属于自建房的范畴，也即分房过程不需按视同销售处理并缴纳税费。开发过程中涉及把原属于村集体的留用地土地，变成双方共同共有。在操作环节都是国土部门先跟村集体下设的村股份公司签订《土地出让合同》（村股份公司为受让人），然后由国土部门、村股份公司及房地产企业三方签订《土地出让合同补充协议》，将土地使用权的受让人调整为村股份公司和房地产企业两方，也即由两方共同持有土地使用权。一般是村股份公司申报用地审批（可以委托房地产企业办理），并由村股份公司与国土部门签订《土地出让合同》，然后由房地产企业、村股份公司、国土部门三方签订《土地出让合同补充协议》，土地证办理完成后，权属人是双主体，即房地产企业和村股份公司共同登记成为土地使用权人。具体项目报批报建时，由房地产企业或和村股份公司一起作为双主体进行申报，所有对政府的手续和文件都需要双方盖章，包括预售合同也都是双方盖章，目前常用的做法是在预售前村股份公司出具经公证的委托书，全权委托房地产企业办理所有后续手续和预售、物业管理聘请等事宜。物业分配时，村股份公司和房地产企业按照土地出让合同和补充协议约定的分配比例分配物业，办理大确权或初始登记时可以各自办证，从而实现各付各税。由于该模式的特殊性，其税务处理方式具有很多值得探讨的地方。

（一）增值税

合作建房建成的房屋按合同约定进行分割，由于合作方在建议过程中以建议主体出现，可以理解为自建房的范畴，双方各自办理初始登记，没有发生权属转移。《深圳市地方税务局关于合作开发房地产征收营业税问题的批复》（深地税发〔2005〕183号）规定：“2004年7月31日，深圳市国土资源和房产管理局《关于合作建房涉及的两个问题的复函》（深国房函〔2004〕94号）对我局提出的合作建房过程中土地使用权归属问题作了明确，即合作建房过程中，先取得土地使用权的一方，连同其他合作方共同与国土部门签订的土地使用权出让合同书补充协议与原合同享有同等的法律效力，受让各方在签订合同及其补充协议并付清土地使用权出让金和土地开发与市政配套设施金后，即共同拥有土地使用权。不存在一合作方向另一合作方转移土地使用权的行为。”根据上述处理意见，分房自用时合作各方无须缴纳流转税。但合作方取得合作建房所分得的房屋后，再次转让或出售的，则属于发生了销售不动产行为，应按照规定缴纳增值税等相关税费。

（二）土地增值税

根据《财政部　国家税务总局关于土地增值税一些具体问题规定的通知》（财税字〔1995〕48号）第二条“对于一方出地，一方出资金，双方合作建房，建成后按比例分房

自用的，暂免征收土地增值税；建成后转让的，应征收土地增值税”的规定，村集体下设的股份公司如果在物业建成后自用，可暂免征收土地增值税。

（三）企业所得税

由于合作项目存在双主体，各主体在企业所得税的核算上属于独立主体按照企业所得税的计税方式，税务机关不能依法将房地产开发项目作为独立的纳税主体，单独计征企业所得税，不能仅对项目的收入、成本、费用计算在其中一方进行财务处理。因此，合作分房的企业所得税处理方式值得探讨。笔者认为，合作双方分得房产后，可按自建房方式处理，分房过程不产生所得税纳税义务，双方各自对分得房产办理初始登记，根据各方建设房产付出的成本作为计税基础。

（四）契税

按照契税的政策规定，发生转移土地、房屋权属的行为，产生契税纳税义务。双主体合作建房模式，首先是将土地使用权登记到双方共同主体名下，出地方并未发生土地、房屋权属变更，出地方取得该土地使用权无须缴纳契税，但资金方属于土地、房屋权属变更的承受单位，应征收契税，其计税依据为资金方取得土地使用权的对应成交价格。合建并各自分得房屋办理初始登记时，不发生权属转移，对出地方、资金方均不征收契税。

二、单主体模式合作开发的税务处理

村集体下设的子公司持有土地使用权，市场主体一方出资金，双方合作建房后，市场主体为了主导项目开发，一般通过村企成立项目公司实施开发。为了避免土地使用权在不同主体间发生流程，具体操作上通常会将土地使用权先由村集体与国土部门签订《土地出让合同》，确定项目运营公司后由国土部门、村集体以及村集体的全资子公司（项目公司）三方签订《土地出让合同补充协议》，将土地使用权变更至项目公司名下，然后市场主体通过增资（或受让股权）的方式取得项目公司的部分股权，项目公司完成开发建设后再视情况与村集体确定物业分配或经营方式。

虽然市场主体参与到项目公司当中进行项目开发，但土地使用权始终保留在村集体及村集体设立的项目公司，市场主体通过增资扩股或者股权受让的方式，进入到项目公司进行项目开发，在此过程中不产生增值税纳税义务。物业建成后由项目公司进行对外销售的，以项目公司作为纳税主体，按照一般销售行为计缴各项税收。若物业建成后不通过项目公司对外销售物业，而是由合作双方按一定比例分配物业，则属于视同销售不动产行为，应按视同销售业务进行税务处理。

1. 增值税。根据《财政部　国家税务总局关于全面推开营业税改征增值税试点的通知》（财税〔2016〕36 号）规定，物业建成后，项目公司租赁物业取得的收入，应按不动产租赁服务缴纳增值税；项目公司对外销售物业，按照销售不动产缴纳增值税；项目公司向村集体或市场主体分配物业的，按照视同销售不动产缴纳增值税。

2. 土地增值税。物业建成后，以项目公司名义对外经营物业的，没有发生土地及房产的权属流转，不属于土地增值税的征税范围，不需要缴纳土地增值税。如果通过对外销售或者股东之间进行物业分配，根据《中华人民共和国土地增值税暂行条例》第二条、《国家税务总局关于房地产开发企业土地增值税清算管理有关问题的通知》（国税发〔2006〕187 号）第三条规定，应按照取得的全部价款或视同销售收入作为转让收入缴纳土地增值税。

3. 企业所得税。根据《企业所得税法》第六条的规定，项目公司基于物业经营或者物业出售取得的收入，应计入项目公司的收入计算缴纳企业所得税。

4. 契税。根据《中华人民共和国契税法》第四条、《财政部　税务总局关于贯彻实施契税法若干事项执行口径的公告》（财政部　税务总局公告 2021 年第 23 号）第二条规定，合作建成物业如果需要在项目公司与股东之间发生转移的，应按规定缴纳契税。

5. 房产税。根据《中华人民共和国房产税暂行条例》第二条、第三条规定，项目公司持有物业自用或对外经营的，由项目公司缴纳房产税。自用物业按照从值缴纳房产税，以建造成本的 70%，按照 1.2% 的税率计征房产税；对外出租的，按照从租方式缴纳房产税，其计税方式按照租金收入的 12% 税率计征房产税。

第九章　城市更新合作开发的税务处理

城市更新项目中，村集体进行改造时，常常不可避免地面临两个问题，一是改造、开发经验不足的问题，二是改造资金不足的问题。所以，在城市更新项目中，无论村集体采取何种模式改造，往往会有合作方参与其中，合作方出现的阶段和发挥的作用因项目不同而产生差异，如解决项目的前期拆迁和土地整理、项目建设资金的筹措、复建安置房的建设、融资地块的建设销售等。

城市更新一般遵循“政府主导、市场运作、统筹规划、节约集约、利益共享、公平公开”的原则。政府倡导引入合作企业，在资金的筹措和使用方面，创新融资渠道和方式，注重发挥市场机制的作用，通过市场运作，达到“多方参与、互利共赢”的效果。在城市更新项目中，除了财政专项经费和政策性信贷资金外，资金来源的渠道还包括：融资地块的出让金收入、参与改造的市场主体投入的更新改造资金等。①

以广州为例，全面旧村庄改造主要包括三种模式：征收储备、自主改造、合作改造。除政府征收储备模式下由政府负责整理土地及负责村民住宅及集体物业复建安置补偿外，自主改造模式和合作改造模式下，均会产生合作方介入的情形。由于合作方在不同项目中参与的方式不同，不同合作模式下产生的税务问题也不同。

第一节　自主改造模式下的合作开发

自主改造是指村集体根据批复的项目实施方案自行拆迁安置，由村集体或其全资子公司申请以协议出让方式获得融资地块融资开发。

一、自主改造项目可分两阶段引入合作企业

广州在“三旧”改造初期已经批复的多个村自主改造项目中，均有合作方在不同阶段参与其中。按2016年1月1日实施的《广州市旧村庄更新实施办法》，鼓励旧村庄自主改造类项目按照土地整理、土地开发两阶段分别引入合作企业。

1. 土地整理阶段，以公开方式引入市场主体具体实施拆迁安置工作。

2. 土地开发阶段，需要引入合作企业的，由村集体通过公共平台公开选择开发单位或合作企业。

---

① 唐燕，杨东，祝贺．城市更新制度建设：广州、深圳、上海的比较［M］．北京：清华大学出版社，2019.

二、自主改造模式下的合作方式

1. 实践中，村集体一般先设立由村集体 100% 持股的全资子公司，并取得政府的批复，由该全资子公司作为该项目的改造实施主体（“项目公司”），办理该项目的规划、用地、建设等相关手续。

2. 村集体在引入合作方时，往往经过民主表决程序后，由村集体、改造实施主体与合作企业一起，签订合作协议，明确由合作企业负责出资，解决拆迁安置、土地整理、回迁房建设等事项，合作企业在完成约定义务后，可获得融资地块的全部或大部分权益。

3. 改造过程中，均以村集体或其全资成立的改造实施主体名义对外实施法律行为，签订协议。

4. 城市更新项目的复杂性在于，土地性质在不同阶段的变化、多主体参与和多方利益协调，改造过程中要考虑大量的资金支出、物业分配涉及不同主体间、费用如何归集等因素，以达到合理安排税负的效果。

为方便理解，改造过程根据进度实质上可划分为两个阶段：

第一阶段是土地整理阶段，土地仍属于登记在村集体名下的集体土地。

第二阶段是开发建设阶段，土地整理完成后，将集体土地划分为复建地块和融资地块。

复建地块由村集体申请划拨使用，村集体也可以申请转为国有土地，复建地块的权利主体为村集体，登记在村集体名下。

融资地块在申请转为国有后，由村集体的全资子公司以协议出让方式取得融资地块。融资地块的权利主体为项目公司。

实际操作中，合作企业通过提供资金、建筑服务等方式，解决集体土地的拆迁安置、土地整理等、回迁房建设等事项，最终通过取得项目公司的股权（控制权）获取融资地块的合作权益。其在改造过程中对应的主体既涉及村集体、项目公司、村民，又涉及不同的业务性质和成本费用支出类型，如处理不当，税法上可能存在无法列支和确认的情况，从而影响项目的整体税收利益。

三、合作方仅参与土地整理的税务处理

1. 合作方提供拆除、土地平整等服务，应按提供建筑服务缴纳增值税。

2. 合作方提供拆除等工程劳务等取得的收入，垫资支付拆迁费用、测量费用等按土地整理协议获取的收益，在扣除与收入相关的合理支出后，缴纳企业所得税。

四、合作方参与项目开发的税务处理

1. 合作企业在最终获取项目公司股权后，通过村集体或项目公司支付的相关费用，可通过项目公司归集处理。项目公司的税务处理：

（1）增值税。根据《财政部　国家税务总局关于金融　房地产开发　教育辅助服务等增值税政策的通知》（财税〔2016〕140 号）第七条的规定，项目公司在取得土地时向其他单位或个人支付的拆迁费允许在计算销售额时扣除。

项目公司取得融资地块土地使用权时支付的土地出让金，按《国家税务总局关于发布〈房地产企业销售自行开发的房地产项目增值税征收管理暂行办法〉的公告》（2016 第 18

号），可在计算销售额时，在当期销售房地产项目扣除对应的土地价款。

（2）土地增值税。融资地块的建造成本可依《中华人民共和国土地增值税暂行条例》及其实施细则依法扣除外，对于复建地块、复建物业等的相关成本，属于房地产企业承担复建地块的土地征用及拆迁补偿费，复建物业的设计、建造、安装、装饰装修和竣工验收工作及河涌整治、打通消防通道等实际发生并取得合法有效凭证的成本，确认为房地产项目的土地征用及拆迁补偿费扣除。根据《国家税务总局广东省税务局土地增值税清算管理规程》（广东省税务局2019年第5号）第二十六条规定："土地增值税扣除项目有：（二）房地产开发成本，包括：土地征用及拆迁补偿费、前期工程费、建筑安装工程费、基础设施费、公共配套设施费、开发间接费用。"因此，复建地块、复建物业等的相关成本可作为房地产开发成本扣除。

（3）企业所得税。根据《国家税务总局关于印发〈房地产开发经营业务企业所得税处理办法〉的通知》（国税发〔2009〕31号）的规定，复建地块的相关支出作为项目公司取得土地使用权发生的支出，作为土地开发成本进行税务处理。

（4）契税。项目公司取得融资地块使用权的，应缴纳契税，契税计税价格为其取得土地使用权而支出的全部经济利益，包括土地出让金、补偿款、安置相关成本等。

（5）城镇土地使用税。项目公司取得融资地块的，应自合同约定的交付土地次月起缴纳城镇土地使用税。

2. 村集体经济组织。

（1）增值税。复建地块的权属未发生变化，不产生流转税费。融资地块以协议方式出让给项目公司，根据《财政部　国家税务总局关于全面推开营业税改征增值税试点的通知》（财税〔2016〕36号）附件3《营业税改征增值税试点过渡政策的规定》第一条第（三十七款）规定，属于土地使用者将土地使用权归还给土地所有者，免征增值税。

（2）企业所得税。村集体取得的拆迁补偿款或其他合作企业的额外货币性补偿和物业补偿，符合《国家税务总局关于发布〈企业政策性搬迁所得税管理办法〉的公告》（国家税务总局公告2012年第40号）和《国家税务总局关于企业政策性搬迁所得税有关问题的公告》（国家税务总局公告2013年第11号）规定的，对拆迁期间取得的收入和支出，可暂不计入当期应纳税所得额，可在完成搬迁年度（不超过5年），对收入和支出进行汇总清算，计缴企业所得税。如不符合政策性搬迁规定情形，应按《中华人民共和国企业所得税法》（国务院令第512号）及其实施条例处理。

第二节　村企合作模式下的合作开发

合作改造，由村集体根据批复的项目实施方案和制定的拆迁补偿安置方案，通过公开招标引进房地产企业合作参与改造。

一、引入合作企业的合作方式

1. 复建地块集中安置和融资地块开发。以广州为例，根据《广州市旧村庄更新实施办法》，合作改造，由村集体根据批复的项目实施方案和制定的拆迁补偿安置方案，通过公开招标引进房地产企业合作参与改造。村集体可申请将融资地块协议出让给原农村集体经济组强与市场主体组成的合作企业；或者通过融资地块公开出让引入合作企业进行改造。

确定合作企业后，村集体应与合作企业签订合作改造协议，明确由合作企业投资、村集体完成改造范围内的全部整理工作及其他相关的具体权责要求。

复建地块由村集体申请划拨使用，可申请转为国有土地，融资地块直接协议出让给原村集体与市场主体组成的合作企业。

根据《广州市城市更新办法》第三十五条，旧村改造项目用地，复建地块只能确权给集体经济组织，转为国有土地的可采取划拨方式供地。

2. 土地整理后合作经营。以广东省其他地区为例。由村集体根据批复的项目实施方案和制定的拆迁补偿安置方案，通过公开招标引进房地产企业合作参与改造。村集体将集体土地申请转为国有土地，与合作方出资成立项目公司，由项目公司实施改造并负责项目运营管理，项目公司对村集体进行物业补偿、货币补偿，合作方从项目公司分取物业和利润。

确定合作企业后，村集体与合作企业签订合作开发协议，双方成立项目公司。村集体土地上拆迁补偿方案由村集体制定，并以其名义进行拆迁补偿。但具体的拆迁工作由项目公司委托合作方实施，相关拆除费用由合作企业垫付。土地整理完成后由政府协议将地块出让给项目公司，以项目公司的名义立项、报建，物业建成后，村集体按约定分取物业和利润，分成物业以村集体签订销售合同的形式，由项目公司将物业权属办理登记至村集体名下。合作企业按约定取得分成物业和利润。

二、复建地块集中安置和融资地块开发合作方式的税务处理

1. 合作方的引入。复建地块集中安置和融资地块开发合作方式，以广州旧村庄全面改造的村企合作模式为例，根据广州市及各区的文件，部分区允许在基础数据公布前选择合作意向企业，基础数据调查的费用可由合作意向企业支付。基础数据经政府审核公布后，村集体可以引入合作企业。

2. 合作企业确定后，与村集体成立项目合资公司。合作企业在项目公司的比例原则上不超过49%。如《广州市黄埔区广州开发区旧村改造项目公开引入合作企业工作指引（试行）》（穗开更新规字〔2020〕1号）第四条第5项规定："在竞得合作企业完成项目复建安置区全部物业竣工验收、交付使用并进行产权初始登记后，农村集体应将项目合资公司所持有股权全部转让给竞得合作企业，转让价格为农村集体在项目合资公司注册资本的实缴出资额；在此之前，农村集体在项目合资公司的股权比例原则上不得低于51%。"①

3. 按广州市现行规定，复建地块只能确权给集体经济组织，转为国有土地的可采取划拨方式供地。项目公司除股权结构与自主改造模式有差异外，有关项目税务处理，与上文自主改造模式下合作方参与项目开发的税务处理是一致的，此处不再赘述。

三、土地整理后合作经营方式的税务处理

按《广东省"三旧"改造税收指引（2019年版）》（粤税发〔2019〕188号）的文件精

---

① 李建华，查晓斌. 城市更新法律实务　拆除重建类城市更新操作指引［M］. 北京：北京大学出版社，2020.

神，土地整理后合作经营方式的主要的税务处理如下：

（一）项目公司

1. 增值税。根据《财政部　国家税务总局关于明确金融　房地产开发　教育辅助服务等增值税政策的通知》（财税〔2016〕140号）第七条的规定，项目公司在取得土地时向其他单位或个人支付的拆迁费允许在计算销售额时扣除。

项目公司将分成物业分配给村集体，通过签订销售合同的方式，将权属登记至村民或村集体经济组织名下，虽未收取销售价款，按视同销售处理。

2. 土地增值税。合作方因土地整理所垫付的相关前期费用、拆迁安置费等，在项目公司成立后，符合计入改造成本要求的，可由项目公司负担，计入土地增值税扣除项目。

项目公司物业分成以签订销售合同形式登记在村集体或村民名下的，符合用建造的本项目房地产安置回迁户的规定，按视同销售处理，同时将此确认为项目公司的拆迁补偿费，计入土地增值税扣除项目。

3. 契税。项目公司取得土地应缴纳契税，计税价格为其取得土地使用权而支出的土地价款。

4. 企业所得税。项目公司在经营过程中取得的收入，扣除合理支出后应缴纳企业所得税。

5. 城镇土地使用税。项目公司取得土地使用的，应自合同约定的交付土地次月起缴纳城镇土地使用税。

（二）村集体

1. 村集体将土地办理国有用地手续，将土地使用权交回土地所有人，免征增值税。

2. 村集体和村民在补偿标准范围内的物业分成，免征契税；超出补偿标准范围的物业分成，应缴纳契税。

3. 村集体超出补偿标准范围的物业分成收入，扣除合理支出后，作为搬迁所得，符合政策性搬迁的，按规定单独核算缴纳企业所得税，不符合政策性搬迁的，应纳入企业所得税收入成本中核算。村民个人超标准补偿收入应缴纳个人所得税。

（三）合作方

从项目公司分得的利润应确认为股息红利收入。

第五篇

综合案例与疑难问题

【导言】

本篇所称“疑难问题”主要指城市更新项目中高频出现，但现有法律法规或政策未作具体规定，或现有规定引起社会各界广泛热议，有待进一步释明或完善的问题。本篇通过案例和问答形式呈现，一方面，将法律法规、政策文件等应用于具体案例，对不同模式下相同或类似的税务问题和处理方式进行总结，以加深读者对现有规定如何适用的理解；另一方面，对未有具体规定的情形结合税法原理试作分析和建议，抛砖引玉，供各方探讨，最终仍需结合项目具体实际以税务机关意见为准。

第十章 综合案例与疑难问题

一、政府直接收储案例

【案例10－1】甲公司拥有一宗工业用地，上盖有建筑物，部分已办理不动产权证书。根据市政府会议纪要，该宗土地纳入“三旧”改造范围，取得国土部门关于“三旧”改造范围的批复，土地交由市土地开发中心收储。土地收储完成后，穗改房地产公司通过“招、拍、挂”方式取得该宗土地，土地出让价款为1000万元，甲公司获得补偿款金额为土地公开出让价款的60%，即600万元。

【疑难问题】

1. 政府收储环节，甲公司是否需要缴纳增值税?

根据《财政部 国家税务总局关于全面推开营业税改征增值税试点的通知》（财税〔2016〕36号）附件3《营业税改征增值税试点过渡政策的规定》第一条第三十七款规定，甲公司的土地使用权被政府征收（收回），属于土地使用者将土地使用权归还给土地所有者，可免征增值税。

但上述规定仅提及“土地使用权”，该情形下地上建筑物的转让是否需要征收增值税，尚无明确规定。目前大多数观点将此理解为，原权属人土地使用权被政府征收（收回），上盖物随之拆除后注销原不动产权证书，并非原权属人单纯转让地上建筑物，不应对此征收增值税。

2. 政府收储环节，甲公司是否需要缴纳土地增值税?

与增值税规定不同，土地增值税对政府征收（收回）房产和地产的行为均有明确规定。根据《中华人民共和国土地增值税暂行条例》第八条和《中华人民共和国土地增值税暂行条例实施细则》（财法字〔1995〕6号）第十一条，符合因国家建设需要而被政府批准征用、收回房地产这一前提条件的，原权属人转让土地使用权和地上建筑物，免征土地增值税。

3. 公开出让环节，若原权属人甲公司最终通过“招、拍、挂”方式取得该宗土地，其缴纳的土地出让价款应为1000万元还是400万元，契税的计税依据是1000万元还是400万元?

根据土地增值税、企业所得税和增值税税收规定，建议甲公司按照1000万元缴纳土地出让金，并取得与1000万元对应的支付凭证，政府按照“收支两条线”的原则另向甲公司支付补偿款600万元，以便甲公司可按1000万元确定扣除项目金额，合理降低税收负担。

同时，根据国家税务总局《关于明确国有土地使用权出让契税计税依据的批复》（国税函〔2009〕603号）的规定，通过招标、拍卖或者挂牌程序承受国有土地使用权的，对承受者应按照土地成交总价款计征契税，即不论甲公司最终按照1000万元还是400万元支付土地出让金，其契税的计税依据仍为1000万元。

二、单一主体归宗改造模式案例

【案例10－2】某市工业园原厂房建筑低矮破旧，不符合现行规划和市容市貌要求，政府引入市场投资主体穗改房地产公司作为单一改造主体实施“三旧”改造。穗改房地产公司与工业园内各原权属人协商一致后签订协议、支付补偿款，并负责拆除建筑物、完成土地平整。国土部门注销原权属人不动产权属登记，并将土地协议出让给穗改房地产公司。假设穗改房地产公司向原权属人支付补偿款600万元，向政府缴纳土地出让金400万元，原权属人用补偿款重新购置新厂房。

【疑难问题】

1. 原权属人转让不动产，是否需要征收增值税、土地增值税?

本案例所涉情形可拆解为三个步骤：第一步，原权属人将土地使用权交由政府征收（收回）；第二步，政府将土地协议出让给穗改房地产公司，穗改房地产公司向政府支付土地出让金1000万元；第三步，政府将1000万元中的600万元补偿给原权属人。为简便操作，三步合并为一步，即穗改房地产公司向政府缴纳土地出让金400万元，向原权属人支付补偿款600万元。由此可见，原权属人获得的600万元补偿款，是其交回土地使用权而获得的拆迁补偿款，根据《广东省人民政府关于深化改革加快推动“三旧”改造促进高质量发展的指导意见》（粤府〔2019〕71号）有关指导精神，原权属人可凭县级（含县级）以上人民政府通过政府会议纪要、“三旧”改造批复或其他文件，证明上述操作属于政府征收（收回）房产、土地并出让的行为，原权属人免征增值税和土地增值税。

2. 若某原权属人获得拆迁补偿款100万元，并以120万元购置新厂房，其契税如何缴纳?

根据《广东省契税实施办法》（广东省人民政府令第41号）第八条第（四）项及《关于解释〈广东省契税实施办法〉第八条第四项的批复》（粤府函〔2007〕127号）规定，该原权属人异地或原地重新承受土地、房屋权属，其成交价格或补偿面积没有超出规定补偿标准的，免征契税，超出的部分应按规定缴纳契税。换言之，该原权属人需就其20万元差额部分缴纳契税。

3. 穗改房地产公司缴纳契税的计税依据是400万元，还是1000万元?

根据《财政部　国家税务总局关于国有土地使用权出让等有关契税问题的通知》（财税〔2004〕134号）规定，以协议方式出让的，其契税计税价格为成交价格。成交价格包括土地出让金、土地补偿费、安置补助费、地上附着物和青苗补偿费、拆迁补偿费、市政建设配套费等承受者应支付的货币、实物、无形资产及其他经济利益。因此，穗改房地产公司缴纳契税的计税依据不仅包括土地出让金400万元，也包括拆迁补偿款600万元，合计1000万元。

4. 穗改房地产公司向原权属人支付的货币补偿款600万元，是否可以在土地增值税、

企业所得税税前扣除，是否可以作为计算销售额时的扣除项？

笔者认为，与原权属人免征增值税和土地增值税相对应，该600万元的性质宜理解为拆迁补偿款。在土地增值税处理时，货币安置拆迁的，凭合法有效凭证计入土地征用及拆迁补偿费，作为土地增值税扣除项目，并可加计扣除。在企业所得税处理时，凭合法有效凭证计入土地征用费及拆迁补偿费，在企业所得税税前扣除。

在增值税处理时，穗改房地产公司（一般纳税人）支付的拆迁补偿款无法取得增值税专用发票，但根据《财政部　国家税务总局关于明确金融　房地产开发　教育辅助服务等增值税政策的通知》（财税〔2016〕140号）第七条规定，拆迁补偿款无法取得增值税专用发票虽不能作为进项抵扣，穗改房地产公司可以依法直接在计算销售额时扣除该拆迁补偿费用。需要提示的是，穗改房地产公司应注意保管和提供其与工业园原权属人签订的拆迁协议、拆迁双方支付和取得拆迁补偿费用凭证等能够证明拆迁补偿费用真实性的材料。

5. 假设穗改房地产公司向原权属人提供的不是货币补偿，而是实物补偿，相应支出是否可以在土地增值税、企业所得税税前扣除，是否可以作为增值税进项抵扣？

首先，穗改房地产公司向原权属人提供实物补偿，如穗改房地产公司向原权属人无偿转让回迁安置房屋，在土地增值税、企业所得税和增值税处理时，均按视同销售处理。问题的关键在于，三大税种视同销售的销售额如何确定。目前，大多数观点认为，三大税种在视同销售时销售额应保持一致，但受制于土地增值税、企业所得税、增值税认定销售额的规定各不相同，且实践中缺乏统一明确指引，该问题有待法规政策进一步补充完善。

其次，实物补偿视同销售处理后，能否将该销售额等计入拆迁补偿费用？

土地增值税对此予以认可。根据《国家税务总局关于土地增值税清算有关问题的通知》（国税函〔2010〕220号）的规定，用建造的本项目房地产安置回迁户的，安置用房视同销售处理，按国家税务总局《关于房地产开发企业土地增值税清算管理有关问题的通知》（国税发〔2006〕187号）第三条第（一）款规定确认收入，同时将此确认为房地产开发项目的拆迁补偿费。

与土地增值税政策清晰的状态不同，增值税对此并未予以明确规定。在增值税税务处理时，对实物补偿视同销售后，其销售额能否计入拆迁补偿费用，各地做法莫衷一是，建议市场主体加强与当地税务机关沟通，并期待立法层面加以明晰。

三、政府以“限地价、竞配建”方式供地案例

【案例10-3】穗改房地产公司与国土部门签署《国有建设用地使用权出让合同》，支付土地出让价款40亿元，该地块计算容积率建筑面积30万平方米，其中，配建安置房建筑面积9万平方米，后者约占前者30%。《国有建设用地使用权出让合同》约定，配建安置房按保障性住房设计，须与本合同项下主体工程同步设计、同步实施、同步交付使用，安置房建成后移交对应的政府主管部门。

【疑难问题】

1. 若配套建设地块国有建设用地使用权，以及建成的配套建设物业，均直接登记在政府指定行政事业单位名下，未发生权属转移，穗改房地产公司承担的代建支出可以作为土地成本，在土地增值税、企业所得税税前扣除么？

在土地增值税税务处理时，穗改房地产公司发生的建筑安装工程成本可以确认为取得土地使用权的成本，列入土地增值税扣除项目，并可加计扣除。在企业所得税税务处理时，按照《国家税务总局关于印发〈房地产开发经营业务企业所得税处理办法〉的通知》（国税发〔2009〕31号）规定，穗改房地产公司配套建设的相关支出应单独核算，作为取得土地使用权的成本，计入开发产品计税成本，在企业所得税税前扣除。

2. 在本案例第1问情形下，穗改房地产公司承担的代建支出可以作为拆迁补偿费用或土地价款，能否在计算增值税销售额时扣除？

在增值税税务处理时，穗改房地产公司属于为政府无偿提供建筑服务，应按照视同销售的相关规定缴纳增值税。同时，因代建支出不属于货币补偿，暂无相关规定允许将穗改房地产公司视同销售建筑服务确定的销售额等额列入拆迁补偿费用，并在计算销售额时扣除该拆迁补偿费用。

3. 若配套建设地块的国有建设用地使用权，以及建成的配套建设物业，先确权在穗改房地产公司名下，再由穗改房地产公司转移登记至政府指定接收单位，穗改房地产公司是否需要缴纳土地增值税、企业所得税和增值税？

首先，穗改房地产公司在土地增值税、企业所得税和增值税方面，均需要按视同销售处理。如前所述，由于三大税种在视同销售时对销售额的确定规则各有不同，问题的关键在于，视同销售的销售额如何确定。笔者认为，在该情形下，三大税种的计税依据最好保持一致，有待规则层面进一步释明。

其次，穗改房地产公司向政府无偿移交的配套建设视同销售处理后，能否将该销售额等额计入拆迁补偿费用？如前所述，土地增值税对此予以认可，但增值税对此并未明确规定。在增值税税务处理时，其视同销售核定的销售额能否计入拆迁补偿费用，各地做法莫衷一是，建议市场主体加强与当地税务机关沟通，并期待立法层面加以明晰。

4. 若配套建设地块的国有建设用地使用权，以及建成的配套建设物业，先确权在穗改房地产公司名下，再由政府按成本价回购，穗改房地产公司是否可以按照成本价缴纳土地增值税、企业所得税和增值税？

政府以成本价回购时，价格虽明显偏低，但属于有正当合理理由的情形，穗改房地产公司可以按照该价格确认收入，计算缴纳土地增值税、企业所得税和增值税。

四、"融资地块+复建地块"改造案例

【案例10-4】黄岗村集体通过"三资平台"招商方式公开选取合作企业穗改房地产公司，完成地上房屋拆迁和集体土地转为国有建设用地手续后，复建地块由政府划拨给该村集体，穗改房地产公司通过协议出让方式取得融资地块。复建地块上安置房建造由穗改房地产公司承担，安置房建设完成后整体确权给该村集体，再由村集体按照拆迁补偿协议将安置房过户到村民名下，如涉及村民补差价的，村民直接支付给穗改房地产公司。

【疑难问题】

1. 穗改房地产公司负责复建地块上安置房建造，取得了施工单位开具的发票，该建造支出能否在土地增值税、企业所得税税前扣除？

土地增值税方面，根据《国家税务总局广东省税务局土地增值税管理规程》（国家税务

总局广东省税务局公告2019年第5号）第二十九条规定，房地产企业承担，复建地块的土地征用及拆迁补偿费，复建物业的设计、建造、安装、装修装饰和竣工验收工作及河涌整治、打通消防通道等实际发生并取得合法有效凭证的成本，确认为房地产项目的土地征用及拆迁补偿费扣除。

企业所得税方面，根据《国家税务总局关于印发〈房地产开发经营业务企业所得税处理办法〉的通知》（国税发〔2019〕31号）的规定，取得土地使用权所发生的支出（包括复建地块相关支出）作为土地开发成本进行税务处理。

2. 由于复建地块位于穗改房地产公司融资地块红线范围外，在城市更新项目中，房地产企业往往需要承担红线范围外的建设任务，如安置房建设、架桥修路等，可以进一步延伸为一个共性问题，即房地产企业红线范围外的支出能否在土地增值税、企业所得税税前扣除？

笔者认为，该类红线外支出主要分为两类情况：第一类，红线外支出与房地产企业取得土地使用权具有直接必然关联，则红线外支出相当于土地成本的一部分，房地产企业需要保留政府将附带条件写入土地“招、拍、挂”文件的记录，或争取将附带条件纳入《国有土地使用权出让合同》补充协议约定条款，或取得市政府（含规划、国土、财政、税务等部门）会议纪要等证明文件；第二类，房地产企业为提升红线范围内楼盘品质，在红线外自行建造建筑物或基础设施，该情况下往往无法取得政府相关批复文件，难以在土地增值税、企业所得税税前扣除。

对此，《广州市城市更新税收指引（2021年版）》为融资地块红线范围外支出的税务处理提供了政策依据，其第1.7.1条第四款规定：改造主体公司在项目建设用地红线外为政府建设公共设施或其他工程发生的支出，如能提供城市更新主管部门批复的片区策划方案、项目实施方案，或者政府主管部门证明文件的，允许作为取得土地使用权所支付的金额予以扣除。

3. 进一步延伸探讨，对房地产企业而言，其在城市更新项目实施过程中往往承担了三类支出，层层递进，第一类是法规政策规定的成本费用，第二类是项目拆迁补偿方案记载的成本费用，第三类是企业为推进项目实际承担的成本费用。房地产企业三类支出和土地增值税、企业所得税扣除项目存在哪些关系，为何企业实际承担的成本费用不能完全在土地增值税、企业所得税税前抵扣？

（1）政策规定及拆迁补偿方案记载的成本费用与土地增值税扣除项目的关系。政策规定的成本费用、拆迁补偿方案记载的成本费用与土地增值税扣除项目并非一一对应关系，两者既有联系又有区别。一方面，土地增值税扣除项目有且仅有五项，分别为取得土地使用权所支付的金额、房地产开发成本、房地产开发费用、与转让房地产有关的税费及财务部规定的其他扣除项目，土地增值税允许扣除的范围较窄，凡不属于上述五项以内的支出，均不得在计算土地增值税时扣除；再看城市更新项目成本费用，其中政策规定及拆迁补偿方案记载的成本费用，主要包括前期费用、建安费用、临迁费用、拆除费用、市政费用、农转用费用、不可预见费用，与土地增值税扣除项目重合度较高。另一方面，土地增值税税前扣除须遵循真实性、实际支付、合法有效凭证和准确合理分摊原则，因此，政策规定及拆迁补偿方案记载的成本费用，属于土地增值税扣除项目的，还必须符合土地增值税税前扣除原则，方可在计算土地增值税时扣除，这也是《广东省“三旧”改造税收指引（2019年版）》（粤税发〔2019〕188 号）在拆迁补偿费用条款多次提及“纳税人按上述规定扣除拆迁补偿费用时，应提供拆迁协议、拆迁双方支付和取得拆迁补偿费用凭证等能够证明拆迁补偿费用真实性的材料”的原因。

（2）政策规定及拆迁补偿方案记载的成本费用与企业所得税扣除项目的关系。相比于土地增值税扣除项目，企业所得税扣除项目比较“友好”，所辖范围更广。企业所得税扣除项目包括开发产品成本和期间费用，与政策规定及拆迁补偿方案记载的成本费用几乎重合。那么，是否意味着政策规定及拆迁补偿方案记载的成本费用，都能在计算企业所得税应纳税所得额时扣除呢？不一定，《中华人民共和国企业所得税法》第八条规定“企业实际发生的与取得收入有关的、合理的支出，包括成本、费用、税金、损失和其他支出，准予在计算应纳税所得额时扣除”，因此，成本费用必须符合以下五项原则方可扣除：第一，真实性原则，即企业在税前扣除的支出是实际发生的。第二，相关性原则，即企业在企业所得税税前扣除的是与取得收入有关的支出。第三，合理性原则，即按照《中华人民共和国企业所得税法实施条例》第二十七条的规定，企业在企业所得税前扣除的是符合生产经营活动常规，应当计入当期损益或者有关资产成本的必要和正常的支出。第四，税法优先原则，即应纳税额需在会计利润基础上进行纳税调整，根据调整后确定的应纳税所得额进行计算。第五，凭合法凭证扣除原则，未按规定取得合法有效凭据不得在税前扣除。当然，该“合法凭证”应作广义理解，不仅仅指发票，《国家税务总局关于发布〈企业所得税税前扣除凭证管理办法〉的公告》（国家税务总局公告 2018 年第 28 号）对“合法凭证”予以具体规范，企业在境内发生的支出项目属于增值税应税项目的，原则上以发票作为税前扣除凭证；在境内发生的支出项目不属于增值税应税项目的，对方为单位的，以对方开具的发票以外的其他外部凭证（指企业从其他单位、个人取得的用于证明其支出发生的凭证，包括但不限于发票、财政票据、完税凭证、收款凭证、分割单等）作为税前扣除凭证，对方为个人的，以内部凭证（指企业自制用于成本、费用、损失和其他支出核算的会计原始凭证）作为税前扣除凭证。企业应当取得而未取得发票、其他外部凭证或者取得不合规发票、不合规其他外部凭证的，若支出真实且已实际发生，应当在当年度汇算清缴期结束前，要求对方补开、换开发票、其他外部凭证。补开、换开后的发票、其他外部凭证符合规定的，可以作为税前扣除凭证。

（3）房地产企业实际承担的其他成本费用与土地增值税、企业所得税扣除项目的关系。除政策规定及拆迁补偿方案记载的成本费用外，房地产企业实际承担的其他成本费用，往往是实务处理中棘手的难题。如村集体表决费用（含活动费用及各种补贴，如误工费、餐饮补助、交通费等）、入户测量“敲门费”、签约奖励费、联谊活动费、慰问老年金、节日与活动赞助费、租赁合同提前解除的违约金、项目公关费、咨询服务费、对“钉子户”超标准补偿费等，该等费用繁杂，受付主体多种多样，建议分类处理。

第一类，属于各区拆迁补偿安置方案指引中允许涵盖的项目，如“租赁合同提前解除的违约金”和“签约奖励费”，《广州市南沙区旧村庄更新改造项目补偿安置标准指引（试行）》（穗南府〔2020〕2 号）规定：“原村民房屋改造成商铺的，对改造期间关停拆迁造成的经营损失由被补偿人与改造主体协商确定”；《增城区新塘镇旧村全面改造项目集体物业拆迁补偿安置工作指引》（增新府〔2020〕14 号）规定：“旧村全面改造项目集体物业原则上按照村集体与各承租人签订的租赁合同进行清租补偿，清租补偿对象为与村集体签订租赁合同的集体物业承租人等”；《番禺区旧村庄全面改造项目住宅房屋补偿安置指引》规定：“各村可结合自身实际，按照‘一村一策’的原则，在不突破复建安置总量及改造成本前提下，由改造主体自行统筹确定住房保障、签约奖励等内容，制定具体的补偿安置方案”；《增城区新塘镇旧村全面改造项目个人房屋拆迁补偿安置工作指引》（增新府〔2020〕15号）规定：“被拆迁安置人主动配合签订相关补偿安置协议，并按各时间节点完成交付宅基地和房屋的，可给予适当的奖励，具体奖励标准由实施主体制定具体实施方案时予以明确。”对于该类成本费用，应争取将对应支出项目和补偿标准明确记载至拆迁补偿安置正式方案，并注意保存与之相关的合同、支付凭证、收据、签收花名册等，以符合土地增值税、企业所得税扣除项目应遵循的抵扣原则。

需要注意的是，上述“租赁合同提前解除的违约金”，是指原权属人与承租人签订租赁合同，因项目城市更新需要，租赁合同提前解除，房地产企业支付清租补偿的情形。该违约金与房地产企业因自身违反合同约定产生的滞纳金、罚款和违约金不同，后者属于企业正常营业活动以外发生的支出，在会计处理上应计入营业外支出，虽在企业所得税项下准予扣除，但在土地增值税项下不属于与房地产开发项目有关的销售费用、管理费用、财务费用，不得计入土地增值税项下的房地产开发费用，不属于土地增值税扣除项目。

第二类，为加快推进基础数据摸查、动迁等工作，部分成本费用不得不实际支付但又无法纳入拆迁补偿安置方案，如入户测量“敲门费”、二次复测费用、超标准补偿或动迁奖励等。《广东省“三旧”改造税收指引（2019年版）》（粤税发〔2019〕188号）在“村企合作改造”之“土地整理后合作经营”模式下，为该等支出提供了一条可参考的出路，在土地增值税项下，“相关费用支出超过县（区）以上人民政府制定的改造成本核算标准的，主管税务机关应要求其提供相关佐证材料进行核查”。在笔者经办的项目中，对于一些超过方案标准又普遍支出的成本费用，部分企业会采取由企业、被拆迁主体、村经济联合社/合作社多方协议的形式予以明确，并争取由镇政府/街道办作为见证方一并签署协议，同时注意保存村集体会议纪要、支付凭证、收据、签收花名册等，以便向主管税务机关提供佐证材料配合核查。该建议亦适用于企业所得税抵扣项目的处理。

第三类，还有部分费用，明显不属于“开发成本”，如联谊活动费、慰问老年金、节日与活动赞助费、公关费、招待费等，在会计处理上需要计入“管理费用”，在土地增值税处理时可争取计入扣除项目之“房地产开发费用”，但“管理费用”在土地增值税税前抵扣时不得据实扣除，而需计算扣除，故该类成本费用消化程度有限。与之类似，企业所得税项下对赞助费、慰问金、业务招待费等多有纳税调整规定，如业务招待费有扣除上限，超标准部分不得在当年扣除；赞助费在所得税前不得列支，企业以各种名义赞助村集体活动的费用，均不得在企业所得税税前扣除；慰问金如不属于企业通过公益性社会团体或者县级以上人民政府及其部门用于《中华人民共和国公益事业捐赠法》规定的公益事业的捐赠，则不得税前抵扣，应作纳税调整，调增应纳税所得额。

此外，部分费用或带有“台底”性质，或无法开具合法有效发票，该类成本费用不符合合法有效凭证原则，自然无法直接在计算土地增值税、企业所得税时扣除。

4. 在本案例第1问情形下，复建地块上安置房建设完成后整体确权给村集体，穗改房地产公司是否需要缴纳土地增值税和企业所得税？

由于复建地块和安置房不在穗改房地产公司名下，未发生权属转移，穗改房地产公司不需要缴纳土地增值税和企业所得税。

5. 在本案例第1问情形下，穗改房地产公司承担复建地块上安置房的建造支出，在增值税上如何处理？

穗改房地产公司向施工单位付款，并取得施工单位开具的增值税专用发票，按照增值税税收原理，该进项税额本可以从穗改房地产公司销项税额中抵扣，在没有特殊规定的情况下，穗改房地产公司该等支出的增值税处理不存在争议，也没有增加穗改房地产公司的税收负担。该问题之所以引发广泛争议，主要是基于穗改房地产公司的上述行为需要视同销售建筑服务的观点，由此增加了一道销项税额，与进项税额“一进一出”后，相当于原进项税额无法抵扣，增加了公司的增值税税负。

实际上，对于穗改房地产公司该等支出，按照上述规定“一进一出”后，若允许视作拆迁补偿费用在计算销售额时扣除，也不会加重穗改房地产公司的增值税税额，遗憾的是，增值税对货币性质补偿和非货币性补偿区别对待，非货币性补偿尚无法作为拆迁补偿费用，本案例涉及的增值税问题在现有法规状态下未得到解决，成为困扰房地产企业的普遍难题。

有观点建议，房地产企业可以根据《广东省“三旧”改造税收指引（2019年版）》（粤税发〔2019〕188号）对货币性质拆迁补偿费用的规定，结合城市更新的实际情况，考虑变通操作的可能性。如房地产企业向村集体直接支付货币补偿，由村集体作为复建物业建设单位，村集体委托施工单位对复建物业进行设计、施工和竣工验收工作，相关费用由村集体向施工单位支付，施工单位向村集体直接开具发票。在此情形下，房地产企业（一般纳税人）可以取得村集体开具的合法收据，房地产企业在取得土地时向村集体支付的该等拆迁补偿费用允许在计算销售额时扣除。

6. 如广州市黄埔区政策规定，在“融资地块+复建地块”改造模式下，房地产企业取得旧村改造合作企业资格后，需要与村集体共同成立项目公司，村集体在一定期限内持有项目公司特定比例股权，后续再依规依约将股权转让给合作企业，届时股权转让价格如何确定？

合作企业与村集体签订合作协议时，往往约定：融资地块的开发权益归合作企业所有；在复建物业全部或部分建设完成并履行了对村集体（含村民）的补偿和物业交付义务并进行产权登记后，村集体将其所持有的实施改造主体的股权全部或部分转让给合作企业；在达到转让条件时，村集体将所持有股权以注册资本金平价转让给合作企业等。

此种模式下，按相关政策规定，合作企业很难在复建地块建设期间取得项目公司的股权，只能通过合作协议保障将来的权益。按《广州市旧村庄更新办法》第二十八条，负责开展自主改造的村集体全资子公司，转让部分股权的，应当视为合作改造。《广州市黄埔区广州开发区旧村改造项目公开引入合作企业工作指引（试行）》（穗开更新规字〔2020〕1号）规定，选择自主改造的旧村改造项目原则上不得转让已确认为改造实施主体的项目公司股权，村集体转让股权的，视为合作改造。换言之，在复建物业全部建设完成并履行全部对村集体（含村民）的补偿和物业交付义务并进行产权登记后，村集体才会将其持有的改造实施主体的股权转移给合作企业。因此，在达到股权转让条件时，项目公司名下往往已经取得了部分或全部融资地块并正在进行开发，此时，村集体向房地产企业转让其持有的项目公司股权，以注册资本金平价转让或0对价转让，是否属于价格偏低但有正当理由的情形，是否需要调整计税依据？

笔者认为，村集体在完成拆迁补偿安置后，将复建地块申请办理国有建设用地手续，通过划拨登记在村集体名下，复建地块的拆迁安置、土地整理、回迁房建设等均由合作企业向项目公司提供资金以及委托施工企业负责，相关费用支出也由合作企业实际负担。根据《广东省人民政府关于深化改革加快推动“三旧”改造促进高质量发展的指导意见》（粤府〔2019〕71 号），“对以拆除重建方式实施的旧城镇、旧村庄改造项目，应以成本和收益平衡为原则合理确定容积率”。融资地块获取的成本，与复建地块补偿的相应成本是相匹配的。合作企业通过股权转让方式实际取得融资地块的土地使用权，并以建造复建地块为代价补偿村集体或村民，股权转让过程中，根据税法实质重于形式的原则，村集体未产生收入，也未发生溢价所得，以注册资本金平价转让或 0 对价转让属于有正当理由的情形，不需要重新调整计税依据缴纳企业所得税。

7. “融资地块 + 复建地块”改造模式下，项目多主体、分期复建开发需要注意的问题。

有些规模较大的城市更新项目，在批复的实施方案中，项目分期拆除安置、分期获取融资地块。实践中，有的项目采取在改造实施主体下设多个二级子公司分别受让融资地块的方式，有的项目采取融资地块统一分期出让给改造实施主体的方式。两种方式，对于财务和税务处理的要求是不同的。

根据《国家税务总局广东省税务局土地增值税清算管理规程》（广东省税务局 2019 年第 5 号）第十九条的规定：“土地增值税以房地产主管部门审批、备案的房地产开发项目为单位进行清算。对于分期开发的项目，以分期项目为单位清算。具体结合项目立项、用地规划、方案设计审查（修建性详细规划）、工程规划、销售（预售）、竣工验收等确定。”第二十八条规定：“审核扣除项目是否符合下列要求：（一）扣除项目金额应当准确地在各扣除项目中分别归集，不得混淆。（二）扣除项目金额中所归集的各项成本和费用，必须是在清算项目开发中直接发生的或应当分摊的。（三）同一清算单位内发生的成本、费用，能按照受益对象直接归集的，按照直接成本法计入相应房地产类型扣除；不能按照受益对象直接归集的成本、费用，原则上按照不同类型房地产可售建筑面积比例计算分摊；对占地相对独立的不同类型房地产，可按占地面积法计算分摊取得土地使用权所支付的金额、土地征用及拆迁补偿费。（四）对同一类事项，应当采取相同的会计政策或处理方法。会计核算与税务处理规定不一致的，以税务处理规定为准。”

对于在改造实施主体下设多个一级子公司分别受让融资地块的方式，由于每个二级子公司均是独立的法律实体，在税法上独立的纳税义务人，则各个二级子公司应独立核算，单独申报纳税。这种情形下，要求各子公司精准对应不同地块的各项成本，在每个复建地块的土地征用及拆迁补偿费，复建物业的设计、建造、安装、装饰装修和竣工验收工作等产生的成本费用。对财务核算和成本归集提出了很高的要求。对于城市更新项目而言，在土地整理阶段和配套建设方面，往往很难区分受益对象，发生费用的时点也难以对应，事实上会出现在归集的结果难以精准区分的情况，跟税务部门的沟通成本较高，也会导致各项目最终的税收核算结果差异较大。

如采取融资地块统一分期出让给改造实施主体的方式，相对而言，财务核算和成本归集的灵活度较大，同时要注意，把握真实性原则，是否实际发生，尤其是支付给个人的拆迁补偿款、拆迁（回迁）合同和签收花名册或签收凭证是否一一对应。对于在实施方案中配建要求较多的项目，更要认真解读政府文件要求，为取得土地使用权，按照出让合同约定或政府文件要求，在项目规划用地外建设的公共设施或其他工程发生的支出，是否符合出让合同约定或政府文件要求，应保持与税务部门的顺畅沟通机制，对成本分摊的合理性提前作出方案并取得税务部门的理解和认可。

五、货币加物业兑现村留用地案例

【案例10－5】黄岗村集体拥有一宗集体性质的留用地，通过“三资平台”公开招商引入穗改房地产公司进行合作，合作协议约定：第一，该宗留用地在政府挂牌出让前，由穗改房地产公司向村集体每月支付40万元货币补偿；第二，土地出让金净收益的30%以货币方式支付给村集体，土地出让金净收益的70%折成商业物业兑现；第三，商业物业建成后，由土地竞得人整体包租20年，每月向村集体支付租金，20年租赁期满后约定物业移交给黄岗村集体。该宗留用地经政府收回后公开出让，规定竞得人需在30天内与村集体签订合作协议。穗改房地产公司最终顺利竞得，并设立项目公司支付土地出让金1000万元，其中300万元由国土部门支付至村集体账户，剩余700万元由村集体和政府共同监管，待商业物业建成后，用于村集体向项目公司购买约定商业物业。

【疑难问题】

1. 穗改房地产公司前期支付的每月40万元货币补偿，能否在项目公司土地增值税、企业所得税税前扣除?

在城市更新项目中，项目公司正式成立前，通过其他关联主体或指定主体承担前期费用的情形非常普遍，可以进一步延伸为一个共性问题，即项目公司如何承接前期不同主体的成本费用。

首先，城市更新项目为什么会出现多主体支出成本费用的情况呢？在一般房地产二级开发项目中，取得土地使用权是开发建设的第一步，项目公司自成为国有土地使用权人起，顺理成章承担后续成本费用，一般不会出现多主体支付的情况。反观城市更新项目，按照广州市人民政府《关于提升城市更新水平促进节约集约用地的实施意见》（穗府规〔2017〕6号），基础数据经区政府审核公布后，村集体才可以引入合作企业，因而，项目公司成立前大量支出项目早已存在，如改造意愿、改造方式表决，申报纳入城市年度计划，基础数据普查、调查及核查等涉及的费用，自然需要由项目公司以外的主体先行支付。尤其值得注意的是，根据广州市黄埔区、广州开发区《关于加快省“三旧”改造改革创新试点工作的若干措施》（城市更新10条）的规定，“试行旧村改造项目实施方案‘先签约、后批复’，执行统一的拆迁安置补偿方案标准模板，前置拆补方案表决及拆迁协议签约，达到规定签约率后方能批复实施方案”，鉴于该时点项目公司尚未成立，拆迁前涉及的临迁费、签约奖励、各类补偿等大额支出，实务中也需要项目公司以外的其他主体提前垫付。

其次，不同主体支付的成本费用，能否在土地增值税同一清算单位清算时抵扣？不能。理由源自《中华人民共和国土地增值税暂行条例》和《中华人民共和国土地增值税暂行条例实施细则》。《中华人民共和国土地增值税暂行条例》规定，转让国有土地使用权、地上的建筑物及其附着物并取得收入的单位和个人，为土地增值税的纳税义务人，应依照本条例缴纳土地增值税；纳税人转让房地产所取得的收入减除本条例第六条规定扣除项目金额后的余额，为增值额。进而，《中华人民共和国土地增值税暂行条例实施细则》进一步明确计算增值额的扣除项目包括纳税人为取得土地使用权所支付的地价款和按国家统一规定交纳的有关费用，纳税人房地产开发项目实际发生的成本等；土地增值税以纳税人房地产成本核算的最基本的核算项目或核算对象为单位计算。由此可见，成本费用必须由纳税人实际发生或支付，此为扣除项目的必要条件。

同理，在企业所得税语境下，不同主体支付的成本费用，也不能直接在项目公司企业所得税汇算清缴时中抵扣。根据《中华人民共和国企业所得税法》第八条，企业实际发生的与取得收入有关的、合理的支出，包括成本、费用、税金、损失和其他支出，准予在计算应纳税所得额时扣除。《中华人民共和国企业所得税法实施条例》对上述成本、费用、税金、损失和其他支出予以进一步阐释，指出该等支出的发生主体必须是纳税企业。

因此，项目公司需要先承接前期不同主体支付的成本费用，才有机会将其纳入土地增值税、企业所得税扣除项目。《广东省“三旧”改造税收指引（2019年版）》（粤税发〔2019〕188号）对此问题作出了原则性指引，在土地增值税方面，规定“合作方支付的与改造项目直接相关的前期费用、拆除临迁费用、补偿安置费用以及搬迁奖励支出。项目公司成立后由其直接负担的，凭合法有效凭证、费用支出明细计入土地增值税的扣除项目。相关费用支出超过县（区）以上人民政府制定的改造成本核算标准的，主管税务机关应要求其提供相关佐证材料进行核查”。在企业所得税方面，规定“根据《国家税务总局关于印发〈房地产开发经营业务企业所得税处理办法〉的通知》（国税发〔2009〕31号）的规定取得的相关收入应计入企业所得税收入总额，发生与取得收入有关的、合理的支出，可在计算应纳税所得额时扣除”。

根据上述规定，笔者对项目公司承接前期不同主体成本费用建议如下：第一，回归税法原理，遵循真实性、相关性原则，确实属于城市更新项目前期必须承担的支出，应允许项目公司承接该等费用，在项目公司土地增值税和企业所得税税前扣除。第二，凭合法凭证扣除。除土地出让金、拆迁补偿费用等无法取得发票的项目外，企业在境内发生的支出项目属于增值税应税项目的，原则上以发票作为税前扣除凭证。为此，对于可以取得发票的项目，前期服务单位可以通过协议方式，约定服务提供方向届时成立的项目公司开具发票，或由前期服务单位向项目公司开具发票，以使项目公司取得符合要求的税前扣除凭证，并满足“四流合一”要求；对于无法取得发票的项目，应注意保存与之相关的政府批复文件、会议纪要、合同、支付凭证、收据、签收花名册等，以证明支出的真实性和相关性。第三，兼顾合理性。对于超出《广州市旧村庄全面改造成本核算办法》规定标准，又未纳入项目实施方案和拆迁补偿方案的成本费用，建议房地产企业加强与当地税务机关的沟通，提供能充分证明合理性的证据，否则，超出当地税务机关普遍接受范围的支出，即便房地产企业真实支付，恐难得到完全支持。

2. 村集体以700万元向项目公司购买约定商业物业，项目公司可按该成本价作为计算土地增值税、企业所得税和增值税的计税依据么？

根据《广州市城市更新税收指引（2021年版）》第2.3.2.1条，村集体按照与项目公司签订的协议，以成本价购买项目公司建成的商业物业，属于价格偏低但有正当合理理由的情形，项目公司可以按照该价格确认收入，计算缴纳土地增值税、企业所得税和增值税。但若购买商业物业的价格明显偏低，则应按照视同销售的相关规定征收增值税、企业所得税和土地增值税。

村集体以成本价购买项目公司建成的商业物业，价格虽明显偏低，但属于有正当合理理由的情形，项目公司可以按照该价格确认收入，计算缴纳土地增值税、企业所得税和增值税。

六、村集体用地出租后开发案例

【案例 10 -6】黄岗村集体与穗改房地产公司签订合作开发协议书，约定黄岗村集体提供一宗集体建设用地，穗改房地产公司提供资金负责开发建设，项目以村集体名义进行立项，开发建成物业确权至村集体名下。双方合作期限为 40 年，穗改房地产公司一次性向村集体支付综合整治费 1000 万元，物业建成后，部分物业授予穗改房地产公司 40 年经营管理权，穗改房地产公司每月支付物业使用费，40 年期限届满后，穗改房地产公司将该部分物业交还给村集体。

1. 村集体一次性取得穗改房地产公司支付的综合整治费 1000 万元，如何缴纳增值税？

实务上对此问题的分歧在于，该 1000 万元的性质是什么。《广东省“三旧”改造税收指引（2019 年版）》（粤税发〔2019〕188 号）将此界定为村集体出租土地的租金，根据《财政部　国家税务总局关于进一步明确全面推开营改增试点有关劳务派遣服务、收费公路通行费抵扣等政策的通知》（财税〔2016〕47 号）第三条第（二）款的规定，纳税人以经营租赁方式将土地出租给他人使用，按照不动产经营租赁服务缴纳增值税。黄岗村集体将土地出租给穗改房地产公司，应按不动产经营租赁服务缴纳增值。

2. 该宗集体建设用地对应的城镇土地使用税，应由村集体还是穗改房地产公司缴纳？

根据财政部、税务总局《关于承租集体土地城镇土地使用税有关政策的通知》（财税〔2017〕29 号）规定，在城镇土地使用税征税范围内，承租集体所有建设用地的，由直接从集体经济组织承租土地的单位，即穗改房地产公司缴纳城镇土地使用税。

3. 穗改房地产公司拥有经营管理权的物业，房产税应由村集体还是穗改房地产公司缴纳？

由于该宗建设用地产权登记在黄岗村集体名下，根据《中华人民共和国房产税暂行条例》规定，房产税由产权所有人缴纳，村集体本应按照规定缴纳房产税。但对于村集体而言，物业由穗改房地产公司运营，村集体未取得经营管理权限，也无相应现金流缴纳房产税，该问题此前引发实务界较大争议。对此，《广东省“三旧”改造税收指引（2019 年版）》（粤税发〔2019〕188 号）给予解决方案，认为该情形构成“无租使用”，承租方无租使用（或对外转租）村集体的房产，应依照房产余值代缴纳房产税。该处理的好处在于：第一，使得城镇土地使用税和房产税纳税主体保持一致。第二，减轻村集体负担，协调城市更新项目中相关主体之间的利益平衡。第三，降低房地产企业税负，穗改房地产公司按照“从值”方式缴纳房产税，以建造成本的 70% 乘以 1.2% 缴纳，房产税较少；若以“从租”方式缴纳，需要按照租金的 12% 缴纳，房产税负担较重。

4. 穗改房地产公司建造物业发生的支出，能否在企业所得税税前扣除？

由于项目以村集体名义立项，开发建成物业确权至村集体名下，建成物业不属于穗改房地产公司的固定资产。但穗改房地产公司在承租土地上出资增设建筑物允许作为长期待摊费用，按照《中华人民共和国企业所得税法》及其实施条例的相关规定在租赁期内摊销。

5. 40 年经营管理期限届满，穗改房地产公司将物业交还给村集体后，房产税如何缴纳？

村集体收回穗改房地产公司移交的物业，应由村集体按照届时房产净值“从值”计算缴纳房产税。

七、旧厂房合作改造模式案例

【案例 10－7】 M 地块上原有一栋旧厂房，现旧厂房权属人 A 拟以厂房的土地使用权作价出资成立全资子公司 B（改造主体），并通过公开招标方式引入合作企业 C，双方共同持股改造主体 B。B 公司在补缴土地出让金后，按照实施方案和合作协议落实拆迁补偿，完成项目开发建设。原权属人 A 在取得固定面积的复建物业后，即退出改造主体 B。改造主体 B 改由合作企业 C 全资控股，并对外销售其他的房屋。

1. 原权属人 A 以厂房用地作价出资，是否缴纳增值税？

旧厂房原权属人 A 以厂房的土地使用权作价出资，属于增值税征税范围，应按照视同销售征收增值税，同时按相关规定缴纳城市维护建设税、教育费附加、地方教育附加。

另一方面，财税〔2016〕36 号文附件二《营业税改征增值税试点有关事项的规定》规定，纳税人在资产重组过程中，通过合并、分立、出售、置换等方式，将全部或者部分实物资产以及与其相关联的债权、负债和劳动力一并转让给其他单位和个人，不属于增值税的征税范围，其中涉及的货物转让，不征收增值税。如原权属人 A 以土地使用权作价入股的形式，符合上述关于资产重组有关增值税规定的，可争取不征收增值税。

2. 原权属人 A 是否需要将该对外投资确认企业所得税的收入？

如果原权属人 A 以厂房的土地使用权对外投资，应对厂房的土地使用权进行评估，并按评估后的公允价值扣除计税基础后的余额，计算确认非货币性资产转让所得，并可在不超过 5 年期限内，分期均匀计入相应年度的应纳税所得额，按规定计算缴纳企业所得税。

原权属人 A 以厂房用地作价入股，相当于以非货币性资产对外投资，应于投资协议生效并办理股权登记手续时，在账面上确认非货币性资产转让收入的实现。

如果交易模式符合《财政部　国家税务总局关于企业重组业务企业所得税处理若干问题的通知》（财税〔2009〕59 号）等文件规定的特殊性税务处理条件的，也可选择按特殊性税务方式进行处理。

3. 复建物业建成并分配给原权属人 A 时，改造主体 B 将主要面临哪些税负？

——如果复建物业初始确权在改造主体 B 名下，改造主体 B 将其分配给原权属人 A 时

（1）增值税：如果改造主体 B 将复建物业无偿转移登记至旧厂房原权属人 A 名下，属于无偿转让不动产的行为，应按照视同销售的相关规定征收增值税。同时按相关规定缴纳城市维护建设税、教育费附加、地方教育附加。

（2）土地增值税：根据《国家税务总局关于土地增值税清算有关问题的通知》（国税函〔2010〕220 号）第一条，《国家税务总局关于房地产开发企业土地增值税清算管理有关问题的通知》（国税发〔2006〕187 号）第三条相关规定，如果改造主体 B 按照改造实施方案和合作协议，将约定的分成物业分配给旧厂房原权属人 A 的，应视同销售征收土地增值税。土地增值税视同销售的应税收入按照按本企业在同一地区、同一年度销售的同类房地产的平均价格确定，或者由主管税务机关参照当地当年、同类房地产的市场价格或评估价值确定。

（3）企业所得税：根据《国家税务总局关于企业处置资产所得税处理问题的通知》（国税函〔2008〕828 号）和《国家税务总局关于企业所得税有关问题的公告》（国家税务总局公告 2016 年第 80 号），如果改造主体 B 将复建物业直接分配给了原权属人 A，应视同销售，

按照复建物业的公允价值确定销售收入，且已经向原权属人 A 支付的股息、红利等权益性投资收益不得在税前扣除。

——如果复建物业初次确权在原权属人 A 名下，此时应视为改造主体 B 提供了代建服务

（1）增值税：根据《财政部国家税务总局关于全面推开营业税改征增值税试点的通知》（财税〔2016〕36 号）规定，改造主体 B 属于无偿提供建筑服务，应按照视同销售的相关规定缴纳增值税。

（2）土地增值税：由于改造主体 B 是以代建服务换取土地使用权，可根据《中华人民共和国土地增值税暂行条例实施细则》第七条规定，对改造主体 B 实际承担的复建安置房建设支出，凭建安发票、契税完税凭证计入改造主体 B 的土地增值税扣除项目。

（3）契税：由于改造主体 B 是以代建服务换取土地使用权，对改造主体 B 实际承担的复建安置房建设支出，属于取得土地使用权支付的经济利益，应计入契税计税依据缴纳契税。

（4）企业所得税：根据《国家税务总局关于印发〈房地产开发经营业务企业所得税处理办法〉的通知》（国税发〔2019〕31 号）的规定，改造主体 B 为取得旧厂房的土地使用权所发生的支出（包括复建地块相关支出），应作为土地开发成本进行企业所得税的税务处理。

八、弃产补偿的税务处理案例

【案例 10 -8】黄岗村集体旧村改造实施方案明确，村民可按照现状房屋四层以下（含四层）实测建筑面积进行拆一补一的原则进行回迁安置。如果村民放弃回迁安置的，可以选择货币补偿，以四层或四层以下的建筑面积为合法面积，按每平方米 10000 元的标准进行货币补偿，一般也称为弃产补偿。该村在改造推进过程中，有 20 户村民选择放弃了 3000 平方米物业补偿，由负责实施改造的穗改房地产公司（项目公司）按照每平方米 10000 元的标准货币补偿 3000 万元。

1. 村民按照改造实施方案取得弃产补偿（假设每户村民取得 150 万元），是否需要缴纳增值税和个人所得税？

村民按照拆一补一的原则，可取得回迁安置用房，现每户放弃了其中 150 平方米的回迁安置，属于村民放弃了 150 平方米房子取得 150 万元的货币补偿。如果仅从弃产补偿环节来看，相当于卖出 150 平方米房子的权益取得了 150 万元的货币，按照不动产交易的税收规定，村民应缴纳增值税和个人所得税。但在城市更新模式下，属于村民交出土地使用权取得补偿的行为，根据《财政部　国家税务总局关于全面推开营业税改征增值税试点的通知》（财税〔2016〕36 号）附件 3《营业税改征增值税试点过渡政策的规定》第一条第（三十七）款规定，土地使用者将土地使用权归还给土地所有者免征增值税。弃产取得货币补偿，仍属于村民将土地使用权归还给土地所有者，按规定可免征增值税。

同理，村民弃产取得货币补偿，属于补偿性质的收入，根据《财政部　国家税务总局关于城镇房屋拆迁有关税收政策的通知》（财税〔2005〕45 号）规定，对被拆迁人按照国家有关规定的标准取得的拆迁补偿款，免征个人所得税。

2. 穗改房地产公司向村民支付弃产补偿，该支出在增值税、土地增值税、企业所得税

和契税等税种间处理时，是否按照拆迁补偿性质进行处理?

穗改房地产公司作为旧改改造的项目公司，向村民支付的弃产补偿，是根据改造实施方案的规定和标准支付的补偿款，属于城市更新的必要的、合理的支出，在增值税方面可按照拆迁补偿款扣减销售额，在土地增值税和企业所得税方面可作为拆迁补偿费进行扣除，而在契税方面则按照取得土地价款的组成部分，按照规定计算缴纳契税。

3. 穗改房地产公司支付弃产补偿，相应的弃产物业涉及哪些税务事项?

穗改房地产公司向村民支付弃产补偿后，不需要按照拆一补一的原则向村民补偿回迁安置物业，穗改房地产公司相当于通过货币补偿取得村民弃产的3000平方米回迁安置房。穗改房地产公司通过货币补偿形式取得的回迁安置房，需要结合改造项目的实际情况进行处理。

（1）回迁安置房指标不足以安排回迁安置的情形。城市更新涉及前期安置回迁安置物业的过程相当复杂，实践中常出现复建安置地块的回迁安置物业不足分配给村民，需要项目公司通过其他地方物业进行补偿的情形。在此情形下，项目公司通过弃产补偿的方式取得弃产物业，用于补偿给其他回迁安置村民，建设的回迁安置物业性质没有发生变化，回迁安置物业的建设支出仍然按照回迁安置补偿的方式进行税务处理。

（2）回迁安置房富余，项目公司取得回迁安置房权益。项目公司通过支付货币补偿款，不需要向村民交付回迁安置房，在回迁安置房指标足以补偿村民的情况下，项目公司建设的回迁安置房因为村民的弃产而出现富余，项目公司取得了弃产安置房权益。此时的产权关系出现如何衔接问题。在一般旧村改造项目中，复建安置土地属于村集体所有，项目公司尽管取得弃产安置房权益，但无法直接办理产权证，也无法像融资地块建设开发的房地产项目一样取得预售证对外销售。项目公司在取得弃产物业的税务问题上，没有清晰的政策指引，相关问题值得进一步探讨：

一是项目公司享有物业权益的税务处理。项目公司通过向村民支付弃产补偿，但由于复建安置地块的土地属于集体所有，项目公司无法办理产权，仅取得的该回迁安置房权益。物业产权未发生流转，项目公司不需要缴纳契税、印花税等相关税费。项目公司对外出租等方式经营该弃产物业，应按照取得租赁收入计算缴纳增值税、企业所得税等相关税费。

二是项目公司取得弃产物业产权的税务处理。复建地块转变为国有性质，权益主体可取得复建安置物业产权，弃产物业可通过补偿地价等方式办理产权登记手续。首先需要解决首次产权登记的主体，由于回迁安置物业的权属由村集体登记后再分配给对应村民，在村民弃产的情况下，能否直接登记到支付了货币补偿的项目公司，成为弃产物业产权登记的难点。如果弃产物业直接确权登记到项目公司，是否需要按照购销方式缴纳物业产权变动的相关税费，成为物业处置的关键。按照一般的税收规定，产权主体变更且没有免税事由，需要按照规定缴纳相关税费。

三是项目公司能否对复建安置物业进行预售。项目公司作为融资地块的房地产开发主体，通过复建回迁安置物业补偿村民，取得融资地块的开发权。如果村民大量弃产的情况下，项目公司理论上将持有大量复建安置物业。作为项目开发主体，主要通过融资地块的开发销售获取利润，针对城市更新项目，复建安置物业的土地权属为村集体，没有办法按照融资地块开发的房产办理预售等手续。如果大量持有复建安置物业但不能办理预售手续，将直接影响项目的经营方向。

弃产物业的定位和税务处理的政策存在模糊地带，建议从政策层面加以明确，更好地使项目公司能够结合政策做好村民弃产物业的安排。

九、项目收入与利润分配案例

【案例 10－9】穗改房地产公司 2017 年开始参与黄岗村旧村改造项目，整个改造项目的规划建设面积 56 万平方米，其中复建地块建筑面积 26 万平方米，融资地块建筑面积 30 万平方米。为推进旧村改造取得融资地块，穗改房地产公司共支付土地出让金 10 亿元、支付拆迁补偿费 27 亿元、复建安置房建设支出 15 亿元。融资地块房地产开发建设成本 17 亿元，已经对外销售 25 万平方米，取得销售收入 80 亿元。

1. 穗改房地产公司对外销售融资地块产品取得销售收入，如何确定销售额缴纳增值税？

2016 年 5 月 1 日起，房地产开发企业中的一般纳税人销售自行开发的房地产项目，适用一般计税方法计算缴纳增值税，根据《营业税改征增值税试点有关事项的规定》（财税〔2016〕36 号）第一条第（三）项第 10 点“房地产开发企业中的一般纳税人销售其开发的房地产项目（选择简易计税方法的房地产老项目除外），以取得的全部价款和价外费用，扣除受让土地时向政府部门支付的土地价款后的余额为销售额”的规定，穗改房地产公司确定增值税销售额时，可以将销售收入扣减相应的土地价款。即按照取得的全部价款和价外费用，扣除当期销售房地产项目对应的土地价款后的余额计算销售额。销售额的计算公式如下：

销售额＝（全部价款和价外费用－当期允许扣除的土地价款）÷（1＋9%）

当期允许扣除的土地价款＝（当期销售房地产项目建筑面积÷房地产项目可供销售建筑面积）×支付的土地价款

在城市更新项目中，取得融资地块实际支付的土地价款较少，一般可能仅为土地评估价值的 20%。在本案例中，融资地块土地的评估价值 50 多亿元，而土地出让金仅支付 10 亿元，为获取土地的主要支出包括拆迁安置补偿金和建设复建安置房支出合计 42 亿元。因此，需要确定土地价款的税法口径，根据《财政部　国家税务总局关于明确金融　房地产开发　教育辅助服务等增值税政策的通知》（财税〔2016〕140 号）规定，向政府部门支付的土地价款，包括土地受让人向政府部门支付的征地和拆迁补偿费、土地前期开发费用和土地出让收益等。房地产开发企业中的一般纳税人销售其开发的房地产项目，在取得土地时向其他单位或个人支付的拆迁补偿费用也允许在计算销售额时扣除。本项目中穗改房地产公司支付的土地出让金和拆迁补偿费允许在计算销售额时扣除的政策较清晰，但对于城市更新项目所承担的复建安置房建设支出，能否视同土地价款，目前没有更具体的政策规定。按照城市更新业务的实质，复建安置房的成本支出也是取得融资地块的条件，在复建安置房视同销售的情况下，应将其建设成本作为计算增值税销售额时的扣除项。假设复建安置房的支出允许作为计算增值税销售额的扣除项，复建安置房按照 10% 的成本利润率确定视同销售收入的情况下，穗改房地产公司销售该项目开发房品的销售额如下：

当期允许扣除的土地价款＝（当期销售房地产项目建筑面积÷房地产项目可供销售建筑面积）×支付的土地价款＝（250000÷300000）×［10＋27＋15×（1＋10%）］＝44.58（亿元）

销售额＝（全部价款和价外费用－当期允许扣除的土地价款）÷（1＋9%）＝（80－

44.58）÷（1+9%）=32.50（亿元）

需要注意的是，复建安置房的支出，目前没有具体的政策明确能否在计算销售额时作为土地价款进行扣除，建议提前与当地税务部门沟通。

2. 穗改房地产公司的上述销售收入如何缴纳土地增值税?

根据现行房地产政策的规定，商品房可以预售，在商品房预售的情况下，商品房交付使用前采取一次性收款或者分期收款的，收到购房款时，按照规定预缴土地增值税，假定穗改房地产公司的上述改造项目土地增值税按照2%的征收率实行预缴，取得销售收入应预缴土地增值税如下：

预缴土地增值税 = 800000 × 2% = 16000（万元）

对于改造项目如果符合《国家税务总局广东省税务局土地增值税清算管理规程》第九条或第十条所规定的情形，需要对开发项目进行土地增值税清算。城市更新项目涉及土地增值税清算时，像增值税的处理一样，面临如何确定复建安置房作为土地成本的问题。根据《国家税务总局关于土地增值税清算管理有关问题的通知》（国税函〔2010〕220号）规定，房地产企业用建造的本项目房地产安置回迁户的，安置用房视同销售处理，按《国家税务总局关于房地产开发企业土地增值税清算管理有关问题的通知》（国税发〔2006〕187号）第三条第一款规定确认收入，即房地产开发企业将开发产品用于抵偿债务、换取其他单位和个人的非货币性资产等行为，发生所有权转移时应视同销售房地产，其收入可以按本企业在同一地区同类房地产的市场价格或评估价值确定。同时，将此确认为房地产开发项目的拆迁补偿费。在土地增值税处理方面，将复建安置房视同销售收入确认为房地产开发项目的拆迁补偿费的规定比较明确，关于视同销售收入的确定详见第六章的内容。由于不同税种对于视同销售价格的确定不一样，容易出现不同税种确认房地产开发项目的拆迁补偿费不一样的情形。对从事房地产开发的纳税人可按取得土地使用权所支付的金额和房地产开发成本金额之和，加计20%扣除。财务费用中的利息支出，凡能够按转让房地产项目计算分摊并提供金融机构证明的，允许据实扣除，但最高不能超过按商业银行同类同期贷款利率计算的金额。其他房地产开发费用，按取得土地使用权所支付的金额和房地产开发成本金额之和的5%以内计算扣除。凡不能按转让房地产项目计算分摊利息支出或不能提供金融机构证明的，房地产开发费用按取得土地使用权所支付的金额和房地产开发成本金额之和的10%以内计算扣除。

基于土地增值税可以加计扣除的政策规定，复建安置房视同销售的价格越高，项目中可加计扣除的金额就越多，能够实现降低增值率的效果。因此，城市更新项目面对视同销售的问题时，建议在各税种之间采取统一标准进行处理。假定与增值税视同销售按照10%成本利润率确定销售额，房地产开发费用按照10%加计扣除，上述项目土地增值税清算时，穗改房地产公司支付的土地出让金、拆迁补偿费和复建安置房支出，可以加计扣除的金额如下：

加计扣除金额 = [10 + 27 + 15 ×（1 + 10%）] ×（20% + 10%）= 16.5（亿元）

需要注意的是，关于回迁安置房视同销售价格的确定，目前不同税种确定视同销售额的规定不尽相同，建议提前与当地税务部门沟通。

3. 穗改房地产公司的城市更新项目如何计算企业所得税及影响利润分配?

作为商事主体，参与城市更新项目最主要的目的是获取利润，其分配遵循营业利润、利润总额、净利润的路径确定。与其他房地产项目存在差异的地方在于，城市更新项目需要将回迁安置房视同销售计算收入，但开发主体却未取得任何收入，是否影响利润。对于该问题，已在第六章视同销售与企业所得税的衔接中进行分析，即视同销售的同时作为征地和拆迁补偿费，不会影响项目的整体利润。按此思路，上述案例中复建安置房的成本 15 亿元，如果视同销售收入为 16.5 亿元，同时可确定征地的拆迁补偿费 16.5 亿元，即对项目的整体影响为零。但项目进度存在跨年度的影响，在年度核算时会对企业所得税和当年的利润产生影响。

值得注意的是，城市更新项目除了正常的利润分配方式外，还存在其他途径获取经济利益，如某些城市更新项目规定自持部分比例的商业物业、改造方案确定村企合作取得一定年限经营权等，需要根据城市更新项目的具体方案，确定房地产开发企业能够获取的经济利益。

第六篇

城市更新相关税收政策摘编

I 土地增值税相关政策

一、《中华人民共和国土地增值税暂行条例》（国务院令第 588 号）

第二条　转让国有土地使用权、地上的建筑物及其附着物（以下简称转让房地产）并取得收入的单位和个人，为土地增值税的纳税义务人（以下简称纳税人），应当依照本条例缴纳土地增值税。

第四条　纳税人转让房地产所取得的收入减除本条例第六条规定扣除项目金额后的余额，为增值额。

第五条　纳税人转让房地产所取得的收入，包括货币收入、实物收入和其他收入。

第六条　计算增值额的扣除项目：

（一）取得土地使用权所支付的金额；

（二）开发土地的成本、费用；

（三）新建房及配套设施的成本、费用，或者旧房及建筑物的评估价格；

（四）与转让房地产有关的税金；

（五）财政部规定的其他扣除项目。

第七条　土地增值税实行四级超率累进税率：

增值额未超过扣除项目金额 50% 的部分，税率为 30%。

增值额超过扣除项目金额 50%、未超过扣除项目金额 100% 的部分，税率为 40%。

增值额超过扣除项目金额 100%、未超过扣除项目金额 200% 的部分，税率为 50%。

增值额超过扣除项目金额 200% 的部分，税率为 60%。

第八条　有下列情形之一的，免征土地增值税：

（一）纳税人建造普通标准住宅出售，增值额未超过扣除项目金额 20% 的；

（二）因国家建设需要依法征收、收回的房地产。

第九条　纳税人有下列情形之一的，按照房地产评估价格计算征收：

（一）隐瞒、虚报房地产成交价格的；

（二）提供扣除项目金额不实的；

（三）转让房地产的成交价格低于房地产评估价格，又无正当理由的。

第十条　纳税人应当自转让房地产合同签订之日起 7 日内向房地产所在地主管税务机关办理纳税申报，并在税务机关核定的期限内缴纳土地增值税。

第十一条　土地增值税由税务机关征收。土地管理部门、房产管理部门应当向税务机关提供有关资料，并协助税务机关依法征收土地增值税。

第十二条 纳税人未按照本条例缴纳土地增值税的，土地管理部门、房产管理部门不得办理有关的权属变更手续。

第十三条 土地增值税的征收管理，依据《中华人民共和国税收征收管理法》及本条例有关规定执行。

二、《中华人民共和国土地增值税暂行条例实施细则》（财法字〔1995〕6号）

第七条 条例第六条所列的计算增值额的扣除项目，具体为：

（一）取得土地使用权所支付的金额，是指纳税人为取得土地使用权所支付的地价款和按国家统一规定交纳的有关费用。

（二）开发土地和新建房及配套设施（以下简称房地产开发）的成本，是指纳税人房地产开发项目实际发生的成本（以下简称房地产开发成本），包括土地征用及拆迁补偿费、前期工程费、建筑安装工程费、基础设施费、公共配套设施费、开发间接费用。

土地征用及拆迁补偿费，包括土地征用费、耕地占用税、劳动力安置费及有关地上、地下附着物拆迁补偿的净支出、安置动迁用房支出等。

前期工程费，包括规划、设计、项目可行性研究和水文、地质、勘察、测绘、“三通一平”等支出。

建筑安装工程费，是指以出包方式支付给承包单位的建筑安装工程费，以自营方式发生的建筑安装工程费。

基础设施费，包括开发小区内道路、供水、供电、供气、排污、排洪、通讯、照明、环卫、绿化等工程发生的支出。

公共配套设施费，包括不能有偿转让的开发小区内公共配套设施发生的支出。

开发间接费用，是指直接组织、管理开发项目发生的费用，包括工资、职工福利费、折旧费、修理费、办公费、水电费、劳动保护费、周转房摊销等。

（三）开发土地和新建房及配套设施的费用（以下简称房地产开发费用），是指与房地产开发项目有关的销售费用、管理费用、财务费用。

财务费用中的利息支出，凡能够按转让房地产项目计算分摊并提供金融机构证明的，允许据实扣除，但最高不能超过按商业银行同类同期贷款利率计算的金额。其他房地产开发费用，按本条（一）（二）项规定计算的金额之和的百分之五以内计算扣除。

凡不能按转让房地产项目计算分摊利息支出或不能提供金融机构证明的，房地产开发费用按本条（一）（二）项规定计算的金额之和的百分之十以内计算扣除。

上述计算扣除的具体比例，由各省、自治区、直辖市人民政府规定。

（四）旧房及建筑物的评估价格，是指在转让已使用的房屋及建筑物时，由政府批准设立的房地产评估机构评定的重置成本价乘以成新度折扣率后的价格。评估价格须经当地税务机关确认。

（五）与转让房地产有关的税金，是指在转让房地产时缴纳的营业税、城市维护建设税、印花税。因转让房地产交纳的教育费附加，也可视同税金予以扣除。

（六）根据条例第六条（五）项规定，对从事房地产开发的纳税人可按本条（一）（二）项规定计算的金额之和，加计百分之二十的扣除。

第十一条 条例第八条（一）项所称的普通标准住宅，是指按所在地一般民用住宅标准建造的居住用住宅。高级公寓、别墅、度假村等不属于普通标准住宅。普通标准住宅与其他住宅的具体划分界限由各省、自治区、直辖市人民政府规定。

纳税人建造普通标准住宅出售，增值额未超过本细则第七条（一）（二）（三）（五）（六）项扣除项目金额之和百分之二十的，免征土地增值税；增值额超过扣除项目金额之和百分之二十的，应就其全部增值额按规定计税。

条例第八条（二）项所称的因国家建设需要依法征用、收回的房地产，是指因城市实施规划、国家建设的需要而被政府批准征用的房产或收回的土地使用权。

因城市实施规划、国家建设的需要而搬迁，由纳税人自行转让原房地产的，比照本规定免征土地增值税。

符合上述免税规定的单位和个人，须向房地产所在地税务机关提出免税申请，经税务机关审核后，免予征收土地增值税。

三、《财政部　国家税务总局关于土地增值税若干问题的通知》（财税〔2006〕21号）

第一条　关于纳税人建造普通标准住宅出售和居民个人转让普通住宅的征免税问题

《条例》第八条中“普通标准住宅”和《财政部　国家税务总局关于调整房地产市场若干税收政策的通知》（财税字〔1999〕210号）第三条中“普通住宅”的认定，一律按各省、自治区、直辖市人民政府根据《国务院办公厅转发建设部等部门关于做好稳定住房价格工作意见的通知》（国办发〔2005〕26号）制定并对社会公布的“中小套型、中低价位普通住房”的标准执行。纳税人既建造普通住宅，又建造其他商品房的，应分别核算土地增值额。

在本文件发布之日前已向房地产所在地地方税务机关提出免税申请，并经税务机关按各省、自治区、直辖市人民政府原来确定的普通标准住宅的标准审核确定，免征土地增值税的普通标准住宅，不做追溯调整。

第二条　关于转让旧房准予扣除项目的计算问题

纳税人转让旧房及建筑物，凡不能取得评估价格，但能提供购房发票的，经当地税务部门确认，《条例》第六条第（一）（三）项规定的扣除项目的金额，可按发票所载金额并从购买年度起至转让年度止每年加计5%计算。对纳税人购房时缴纳的契税，凡能提供契税完税凭证的，准予作为“与转让房地产有关的税金”予以扣除，但不作为加计5%的基数。

对于转让旧房及建筑物，既没有评估价格，又不能提供购房发票的，地方税务机关可以根据《中华人民共和国税收征收管理法》（以下简称《税收征管法》）第35条的规定，实行核定征收。

第三条　关于土地增值税的预征和清算问题

各地要进一步完善土地增值税预征办法，根据本地区房地产业增值水平和市场发展情况，区别普通住房、非普通住房和商用房等不同类型，科学合理地确定预征率，并适时调整。工程项目竣工结算后，应及时进行清算，多退少补。

对未按预征规定期限预缴税款的，应根据《税收征管法》及其实施细则的有关规定，从限定的缴纳税款期限届满的次日起，加收滞纳金。

对已竣工验收的房地产项目，凡转让的房地产的建筑面积占整个项目可售建筑面积的比例在85%以上的，税务机关可以要求纳税人按照转让房地产的收入与扣除项目金额配比的原则，对已转让的房地产进行土地增值税的清算。具体清算办法由各省、自治区、直辖市和计划单列市地方税务局规定。

第四条　关于因城市实施规划、国家建设需要而搬迁，纳税人自行转让房地产的征免税问题

《中华人民共和国土地增值税暂行条例实施细则》第十一条第四款所称：因“城市实施规划”而搬迁，是指因旧城改造或因企业污染、扰民（指产生过量废气、废水、废渣和噪音，使城市居民生活受到一定危害），而由政府或政府有关主管部门根据已审批通过的城市规划确定进行搬迁的情况；因“国家建设的需要”而搬迁，是指因实施国务院、省级人民政府、国务院有关部委批准的建设项目而进行搬迁的情况。

第五条　关于以房地产进行投资或联营的征免税问题

对于以土地（房地产）作价入股进行投资或联营的，凡所投资、联营的企业从事房地产开发的，或者房地产开发企业以其建造的商品房进行投资和联营的，均不适用《财政部　国家税务总局关于土地增值税一些具体问题规定的通知》（财税字〔1995〕048 号）第一条暂免征收土地增值税的规定。

四、《关于房地产开发企业土地增值税清算管理的有关问题的通知》（国税发〔2006〕187 号）

第一条　土地增值税的清算单位

土地增值税以国家有关部门审批的房地产开发项目为单位进行清算，对于分期开发的项目，以分期项目为单位清算。

开发项目中同时包含普通住宅和非普通住宅的，应分别计算增值额。

第二条　土地增值税的清算条件

（一）符合下列情形之一的，纳税人应进行土地增值税的清算：

1. 房地产开发项目全部竣工、完成销售的；

2. 整体转让未竣工决算房地产开发项目的；

3. 直接转让土地使用权的。

（二）符合下列情形之一的，主管税务机关可要求纳税人进行土地增值税清算：

1. 已竣工验收的房地产开发项目，已转让的房地产建筑面积占整个项目可售建筑面积的比例在 85% 以上，或该比例虽未超过 85%，但剩余的可售建筑面积已经出租或自用的；

2. 取得销售（预售）许可证满三年仍未销售完毕的；

3. 纳税人申请注销税务登记但未办理土地增值税清算手续的；

4. 省税务机关规定的其他情况。

第三条　非直接销售和自用房地产的收入确定

（一）房地产开发企业将开发产品用于职工福利、奖励、对外投资、分配给股东或投资人、抵偿债务、换取其他单位和个人的非货币性资产等，发生所有权转移时应视同销售房地产，其收入按下列方法和顺序确认：

1. 按本企业在同一地区、同一年度销售的同类房地产的平均价格确定；

2. 由主管税务机关参照当地当年、同类房地产的市场价格或评估价值确定。

（二）房地产开发企业将开发的部分房地产转为企业自用或用于出租等商业用途时，如

果产权未发生转移，不征收土地增值税，在税款清算时不列收入，不扣除相应的成本和费用。

第四条　土地增值税的扣除项目

（一）房地产开发企业办理土地增值税清算时计算与清算项目有关的扣除项目金额，应根据土地增值税暂行条例第六条及其实施细则第七条的规定执行。除另有规定外，扣除取得土地使用权所支付的金额、房地产开发成本、费用及与转让房地产有关税金，须提供合法有效凭证；不能提供合法有效凭证的，不予扣除。

（二）房地产开发企业办理土地增值税清算所附送的前期工程费、建筑安装工程费、基础设施费、开发间接费用的凭证或资料不符合清算要求或不实的，地方税务机关可参照当地建设工程造价管理部门公布的建安造价定额资料，结合房屋结构、用途、区位等因素，核定上述四项开发成本的单位面积金额标准，并据以计算扣除。具体核定方法由省税务机关确定。

（三）房地产开发企业开发建造的与清算项目配套的居委会和派出所用房、会所、停车场（库）、物业管理场所、变电站、热力站、水厂、文体场馆、学校、幼儿园、托儿所、医院、邮电通讯等公共设施，按以下原则处理：

1. 建成后产权属于全体业主所有的，其成本、费用可以扣除；

2. 建成后无偿移交给政府、公用事业单位用于非营利性社会公共事业的，其成本、费用可以扣除；

3. 建成后有偿转让的，应计算收入，并准予扣除成本、费用。

（四）房地产开发企业销售已装修的房屋，其装修费用可以计入房地产开发成本。

房地产开发企业的预提费用，除另有规定外，不得扣除。

（五）属于多个房地产项目共同的成本费用，应按清算项目可售建筑面积占多个项目可售总建筑面积的比例或其他合理的方法，计算确定清算项目的扣除金额。

第五条　土地增值税清算应报送的资料

符合本通知第二条第（一）项规定的纳税人，须在满足清算条件之日起90日内到主管税务机关办理清算手续；符合本通知第二条第（二）项规定的纳税人，须在主管税务机关限定的期限内办理清算手续。

纳税人办理土地增值税清算应报送以下资料：

（一）房地产开发企业清算土地增值税书面申请、土地增值税纳税申报表；

（二）项目竣工决算报表、取得土地使用权所支付的地价款凭证、国有土地使用权出让合同、银行贷款利息结算通知单、项目工程合同结算单、商品房购销合同统计表等与转让房地产的收入、成本和费用有关的证明资料；

（三）主管税务机关要求报送的其他与土地增值税清算有关的证明资料等。

纳税人委托税务中介机构审核鉴证的清算项目，还应报送中介机构出具的《土地增值税清算税款鉴证报告》。

第六条　土地增值税清算项目的审核鉴证

税务中介机构受托对清算项目审核鉴证时，应按税务机关规定的格式对审核鉴证情况出具鉴证报告。对符合要求的鉴证报告，税务机关可以采信。

税务机关要对从事土地增值税清算鉴证工作的税务中介机构在准入条件、工作程序、鉴证内容、法律责任等方面提出明确要求，并做好必要的指导和管理工作。

第七条　土地增值税的核定征收

房地产开发企业有下列情形之一的，税务机关可以参照与其开发规模和收入水平相近的当地企业的土地增值税税负情况，按不低于预征率的征收率核定征收土地增值税：

（一）依照法律、行政法规的规定应当设置但未设置账簿的；

（二）擅自销毁账簿或者拒不提供纳税资料的；

（三）虽设置账簿，但账目混乱或者成本资料、收入凭证、费用凭证残缺不全，难以确定转让收入或扣除项目金额的；

（四）符合土地增值税清算条件，未按照规定的期限办理清算手续，经税务机关责令限期清算，逾期仍不清算的；

（五）申报的计税依据明显偏低，又无正当理由的。

第八条　清算后再转让房地产的处理

在土地增值税清算时未转让的房地产，清算后销售或有偿转让的，纳税人应按规定进行土地增值税的纳税申报，扣除项目金额按清算时的单位建筑面积成本费用乘以销售或转让面积计算。

单位建筑面积成本费用 = 清算时的扣除项目总金额 ÷ 清算的总建筑面积

五、《国家税务总局关于印发〈土地增值税清算管理规程〉的通知》（国税发〔2009〕91 号）

第十七条　清算审核时，应审核房地产开发项目是否以国家有关部门审批、备案的项目为单位进行清算；对于分期开发的项目，是否以分期项目为单位清算；对不同类型房地产是否分别计算增值额、增值率，缴纳土地增值税。

第十八条　审核收入情况时，应结合销售发票、销售合同（含房管部门网上备案登记资料）、商品房销售（预售）许可证、房产销售分户明细表及其他有关资料，重点审核销售明细表、房地产销售面积与项目可售面积的数据关联性，以核实计税收入；对销售合同所载商品房面积与有关部门实际测量面积不一致，而发生补、退房款的收入调整情况进行审核；对销售价格进行评估，审核有无价格明显偏低情况。

必要时，主管税务机关可通过实地查验，确认有无少计、漏计事项，确认有无将开发产品用于职工福利、奖励、对外投资、分配给股东或投资人、抵偿债务、换取其他单位和个人的非货币性资产等情况。

第十九条　非直接销售和自用房地产的收入确定

（一）房地产开发企业将开发产品用于职工福利、奖励、对外投资、分配给股东或投资人、抵偿债务、换取其他单位和个人的非货币性资产等，发生所有权转移时应视同销售房地产，其收入按下列方法和顺序确认：

1. 按本企业在同一地区、同一年度销售的同类房地产的平均价格确定；

2. 由主管税务机关参照当地当年、同类房地产的市场价格或评估价值确定。

（二）房地产开发企业将开发的部分房地产转为企业自用或用于出租等商业用途时，如果产权未发生转移，不征收土地增值税，在税款清算时不列收入，不扣除相应的成本和费用。

第二十条　土地增值税扣除项目审核的内容包括：

（一）取得土地使用权所支付的金额。

（二）房地产开发成本，包括：土地征用及拆迁补偿费、前期工程费、建筑安装工程费、基础设施费、公共配套设施费、开发间接费用。

（三）房地产开发费用。

（四）与转让房地产有关的税金。

（五）国家规定的其他扣除项目。

第二十一条　审核扣除项目是否符合下列要求：

（一）在土地增值税清算中，计算扣除项目金额时，其实际发生的支出应当取得但未取得合法凭据的不得扣除。

（二）扣除项目金额中所归集的各项成本和费用，必须是实际发生的。

（三）扣除项目金额应当准确地在各扣除项目中分别归集，不得混淆。

（四）扣除项目金额中所归集的各项成本和费用必须是在清算项目开发中直接发生的或应当分摊的。

（五）纳税人分期开发项目或者同时开发多个项目的，或者同一项目中建造不同类型房地产的，应按照受益对象，采用合理的分配方法，分摊共同的成本费用。

（六）对同一类事项，应当采取相同的会计政策或处理方法。会计核算与税务处理规定不一致的，以税务处理规定为准。

第二十二条　审核取得土地使用权支付金额和土地征用及拆迁补偿费时应当重点关注：

（一）同一宗土地有多个开发项目，是否予以分摊，分摊办法是否合理、合规，具体金额的计算是否正确。

（二）是否存在将房地产开发费用记入取得土地使用权支付金额以及土地征用及拆迁补偿费的情形。

（三）拆迁补偿费是否实际发生，尤其是支付给个人的拆迁补偿款、拆迁（回迁）合同和签收花名册或签收凭证是否一一对应。

第二十三条　审核前期工程费、基础设施费时应当重点关注：

（一）前期工程费、基础设施费是否真实发生，是否存在虚列情形。

（二）是否将房地产开发费用记入前期工程费、基础设施费。

（三）多个（或分期）项目共同发生的前期工程费、基础设施费，是否按项目合理分摊。

第二十四条　审核公共配套设施费时应当重点关注：

（一）公共配套设施的界定是否准确，公共配套设施费是否真实发生，有无预提的公共配套设施费情况。

（二）是否将房地产开发费用记入公共配套设施费。

（三）多个（或分期）项目共同发生的公共配套设施费，是否按项目合理分摊。

第二十五条　审核建筑安装工程费时应当重点关注：

（一）发生的费用是否与决算报告、审计报告、工程结算报告、工程施工合同记载的内容相符。

（二）房地产开发企业自购建筑材料时，自购建材费用是否重复计算扣除项目。

（三）参照当地当期同类开发项目单位平均建安成本或当地建设部门公布的单位定额成本，验证建筑安装工程费支出是否存在异常。

（四）房地产开发企业采用自营方式自行施工建设的，还应当关注有无虚列、多列施工人工费、材料费、机械使用费等情况。

（五）建筑安装发票是否在项目所在地税务机关开具。

第二十六条　审核开发间接费用时应当重点关注：

（一）是否存在将企业行政管理部门（总部）为组织和管理生产经营活动而发生的管理费用记入开发间接费用的情形。

（二）开发间接费用是否真实发生，有无预提开发间接费用的情况，取得的凭证是否合法有效。

第二十七条　审核利息支出时应当重点关注：

（一）是否将利息支出从房地产开发成本中调整至开发费用。

（二）分期开发项目或者同时开发多个项目的，其取得的一般性贷款的利息支出，是否按照项目合理分摊。

（三）利用闲置专项借款对外投资取得收益，其收益是否冲减利息支出。

第二十八条　代收费用的审核。

对于县级以上人民政府要求房地产开发企业在售房时代收的各项费用，审核其代收费用是否计入房价并向购买方一并收取；当代收费用计入房价时，审核有无将代收费用计入加计扣除以及房地产开发费用计算基数的情形。

第二十九条　关联方交易行为的审核。

在审核收入和扣除项目时，应重点关注关联企业交易是否按照公允价值和营业常规进行业务往来。

应当关注企业大额应付款余额，审核交易行为是否真实。

六、《财政部　国家税务总局关于土地增值税若干问题的通知》（财税〔2006〕21号）

第一条　关于纳税人建造普通标准住宅出售和居民个人转让普通住宅的征免税问题

《条例》第八条中“普通标准住宅”和《财政部　国家税务总局关于调整房地产市场若干税收政策的通知》（财税字〔1999〕210号）第三条中“普通住宅”的认定，一律按各省、自治区、直辖市人民政府根据《国务院办公厅转发建设部等部门关于做好稳定住房价格工作意见的通知》（国办发〔2005〕26号）制定并对社会公布的“中小套型、中低价位普通住房”的标准执行。纳税人既建造普通住宅，又建造其他商品房的，应分别核算土地增值额。

在本文件发布之日前已向房地产所在地地方税务机关提出免税申请，并经税务机关按各省、自治区、直辖市人民政府原来确定的普通标准住宅的标准审核确定，免征土地增值税的普通标准住宅，不做追溯调整。

第二条　关于转让旧房准予扣除项目的计算问题

纳税人转让旧房及建筑物，凡不能取得评估价格，但能提供购房发票的，经当地税务部门确认，《条例》第六条第（一）（三）项规定的扣除项目的金额，可按发票所载金额并从购买年度起至转让年度止每年加计5%计算。对纳税人购房时缴纳的契税，凡能提供契税完税凭证的，准予作为“与转让房地产有关的税金”予以扣除，但不作为加计5%的基数。

对于转让旧房及建筑物，既没有评估价格，又不能提供购房发票的，地方税务机关可以根据《中华人民共和国税收征收管理法》（以下简称《税收征管法》）第35条的规定，实行核定征收。

第三条　关于土地增值税的预征和清算问题

各地要进一步完善土地增值税预征办法，根据本地区房地产业增值水平和市场发展情况，区别普通住房、非普通住房和商用房等不同类型，科学合理地确定预征率，并适时调整。工程项目竣工结算后，应及时进行清算，多退少补。

对未按预征规定期限预缴税款的，应根据《税收征管法》及其实施细则的有关规定，从限定的缴纳税款期限届满的次日起，加收滞纳金。

对已竣工验收的房地产项目，凡转让的房地产的建筑面积占整个项目可售建筑面积的比例在85%以上的，税务机关可以要求纳税人按照转让房地产的收入与扣除项目金额配比的原则，对已转让的房地产进行土地增值税的清算。具体清算办法由各省、自治区、直辖市和计划单列市地方税务局规定。

第四条　关于因城市实施规划、国家建设需要而搬迁，纳税人自行转让房地产的征免税问题

《中华人民共和国土地增值税暂行条例实施细则》第十一条第四款所称：因“城市实施规划”而搬迁，是指因旧城改造或因企业污染、扰民（指产生过量废气、废水、废渣和噪音，使城市居民生活受到一定危害），而由政府或政府有关主管部门根据已审批通过的城市规划确定进行搬迁的情况；因“国家建设的需要”而搬迁，是指因实施国务院、省级人民政府、国务院有关部委批准的建设项目而进行搬迁的情况。

第五条　关于以房地产进行投资或联营的征免税问题

对于以土地（房地产）作价入股进行投资或联营的，凡所投资、联营的企业从事房地产开发的，或者房地产开发企业以其建造的商品房进行投资和联营的，均不适用《财政部　国家税务总局关于土地增值税一些具体问题规定的通知》（财税字〔1995〕048号）第一条暂免征收土地增值税的规定。

七、《国家税务总局关于房地产开发企业土地增值税清算管理有关问题的通知》（国税发〔2006〕187号）

第一条　土地增值税的清算单位

土地增值税以国家有关部门审批的房地产开发项目为单位进行清算，对于分期开发的项目，以分期项目为单位清算。

开发项目中同时包含普通住宅和非普通住宅的，应分别计算增值额。

第二条　土地增值税的清算条件

（一）符合下列情形之一的，纳税人应进行土地增值税的清算：

1. 房地产开发项目全部竣工、完成销售的；

2. 整体转让未竣工决算房地产开发项目的；

3. 直接转让土地使用权的。

（二）符合下列情形之一的，主管税务机关可要求纳税人进行土地增值税清算：

1. 已竣工验收的房地产开发项目，已转让的房地产建筑面积占整个项目可售建筑面积的比例在85%以上，或该比例虽未超过85%，但剩余的可售建筑面积已经出租或自用的；

2. 取得销售（预售）许可证满三年仍未销售完毕的；

3. 纳税人申请注销税务登记但未办理土地增值税清算手续的；

4. 省税务机关规定的其他情况。

第三条　非直接销售和自用房地产的收入确定

（一）房地产开发企业将开发产品用于职工福利、奖励、对外投资、分配给股东或投资人、抵偿债务、换取其他单位和个人的非货币性资产等，发生所有权转移时应视同销售房地产，其收入按下列方法和顺序确认：

1. 按本企业在同一地区、同一年度销售的同类房地产的平均价格确定；

2. 由主管税务机关参照当地当年、同类房地产的市场价格或评估价值确定。

（二）房地产开发企业将开发的部分房地产转为企业自用或用于出租等商业用途时，如果产权未发生转移，不征收土地增值税，在税款清算时不列收入，不扣除相应的成本和费用。

第四条　土地增值税的扣除项目

（一）房地产开发企业办理土地增值税清算时计算与清算项目有关的扣除项目金额，应根据土地增值税暂行条例第六条及其实施细则第七条的规定执行。除另有规定外，扣除取得土地使用权所支付的金额、房地产开发成本、费用及与转让房地产有关税金，须提供合法有效凭证；不能提供合法有效凭证的，不予扣除。

（二）房地产开发企业办理土地增值税清算所附送的前期工程费、建筑安装工程费、基础设施费、开发间接费用的凭证或资料不符合清算要求或不实的，地方税务机关可参照当地建设工程造价管理部门公布的建安造价定额资料，结合房屋结构、用途、区位等因素，核定上述四项开发成本的单位面积金额标准，并据以计算扣除。具体核定方法由省税务机关确定。

（三）房地产开发企业开发建造的与清算项目配套的居委会和派出所用房、会所、停车场（库）、物业管理场所、变电站、热力站、水厂、文体场馆、学校、幼儿园、托儿所、医院、邮电通讯等公共设施，按以下原则处理：

1. 建成后产权属于全体业主所有的，其成本、费用可以扣除；

2. 建成后无偿移交给政府、公用事业单位用于非营利性社会公共事业的，其成本、费用可以扣除；

3. 建成后有偿转让的，应计算收入，并准予扣除成本、费用。

（四）房地产开发企业销售已装修的房屋，其装修费用可以计入房地产开发成本。

房地产开发企业的预提费用，除另有规定外，不得扣除。

（五）属于多个房地产项目共同的成本费用，应按清算项目可售建筑面积占多个项目可售总建筑面积的比例或其他合理的方法，计算确定清算项目的扣除金额。

第五条　土地增值税清算应报送的资料

符合本通知第二条第（一）项规定的纳税人，须在满足清算条件之日起90日内到主管税务机关办理清算手续；符合本通知第二条第（二）项规定的纳税人，须在主管税务机关限定的期限内办理清算手续。

纳税人办理土地增值税清算应报送以下资料：

（一）房地产开发企业清算土地增值税书面申请、土地增值税纳税申报表；

（二）项目竣工决算报表、取得土地使用权所支付的地价款凭证、国有土地使用权出让合同、银行贷款利息结算通知单、项目工程合同结算单、商品房购销合同统计表等与转让房地产的收入、成本和费用有关的证明资料；

（三）主管税务机关要求报送的其他与土地增值税清算有关的证明资料等。

纳税人委托税务中介机构审核鉴证的清算项目，还应报送中介机构出具的《土地增值税清算税款鉴证报告》。

第六条　土地增值税清算项目的审核鉴证

税务中介机构受托对清算项目审核鉴证时，应按税务机关规定的格式对审核鉴证情况出具鉴证报告。对符合要求的鉴证报告，税务机关可以采信。

税务机关要对从事土地增值税清算鉴证工作的税务中介机构在准入条件、工作程序、鉴证内容、法律责任等方面提出明确要求，并做好必要的指导和管理工作。

第七条　土地增值税的核定征收

房地产开发企业有下列情形之一的，税务机关可以参照与其开发规模和收入水平相近的当地企业的土地增值税税负情况，按不低于预征率的征收率核定征收土地增值税：

（一）依照法律、行政法规的规定应当设置但未设置账簿的；

（二）擅自销毁账簿或者拒不提供纳税资料的；

（三）虽设置账簿，但账目混乱或者成本资料、收入凭证、费用凭证残缺不全，难以确定转让收入或扣除项目金额的；

（四）符合土地增值税清算条件，未按照规定的期限办理清算手续，经税务机关责令限期清算，逾期仍不清算的；

（五）申报的计税依据明显偏低，又无正当理由的。

第八条　清算后再转让房地产的处理

在土地增值税清算时未转让的房地产，清算后销售或有偿转让的，纳税人应按规定进行土地增值税的纳税申报，扣除项目金额按清算时的单位建筑面积成本费用乘以销售或转让面积计算。

单位建筑面积成本费用 = 清算时的扣除项目总金额 ÷ 清算的总建筑面积

八、《财政部　国家税务总局关于调整房地产交易环节税收政策的通知》（财税〔2008〕137 号）

第三条　对个人销售住房暂免征收土地增值税。

九、《财政部　国家税务总局关于城市和国有工矿棚户区改造项目有关税收优惠政策的通知》（财税〔2010〕42 号）

第二条　企事业单位、社会团体以及其他组织转让旧房作为改造安置住房房源且增值额未超过扣除项目金额 20% 的，免征土地增值税。

十、《国家税务总局关于土地增值税清算有关问题的通知》（国税函〔2010〕220号）

第六条　关于拆迁安置土地增值税计算问题

（一）房地产企业用建造的本项目房地产安置回迁户的，安置用房视同销售处理，按《国家税务总局关于房地产开发企业土地增值税清算管理有关问题的通知》（国税发〔2006〕187号）第三条第（一）款规定确认收入，同时将此确认为房地产开发项目的拆迁补偿费。房地产开发企业支付给回迁户的补差价款，计入拆迁补偿费；回迁户支付给房地产开发企业的补差价款，应抵减本项目拆迁补偿费。

（二）开发企业采取异地安置，异地安置的房屋属于自行开发建造的，房屋价值按国税发〔2006〕187号第三条第（一）款的规定计算，计入本项目的拆迁补偿费；异地安置的房屋属于购入的，以实际支付的购房支出计入拆迁补偿费。

（三）货币安置拆迁的，房地产开发企业凭合法有效凭据计入拆迁补偿费。

十一、《财政部、税务总局关于继续实施企业改制重组有关土地增值税政策的公告》（财政部、国家税务总局公告2021年第21号）

一、企业按照《中华人民共和国公司法》有关规定整体改制，包括非公司制企业改制为有限责任公司或股份有限公司，有限责任公司变更为股份有限公司，股份有限公司变更为有限责任公司，对改制前的企业将国有土地使用权、地上的建筑物及其附着物（以下称房地产）转移、变更到改制后的企业，暂不征土地增值税。

本公告所称整体改制是指不改变原企业的投资主体，并承继原企业权利、义务的行为。

二、按照法律规定或者合同约定，两个或两个以上企业合并为一个企业，且原企业投资主体存续的，对原企业将房地产转移、变更到合并后的企业，暂不征土地增值税。

三、按照法律规定或者合同约定，企业分设为两个或两个以上与原企业投资主体相同的企业，对原企业将房地产转移、变更到分立后的企业，暂不征土地增值税。

四、单位、个人在改制重组时以房地产作价入股进行投资，对其将房地产转移、变更到被投资的企业，暂不征土地增值税。

五、上述改制重组有关土地增值税政策不适用于房地产转移任意一方为房地产开发企业的情形。

广东省层面文件：

《国家税务总局广东省税务局土地增值税清算管理规程》

（国家税务总局广东省税务局公告2019年第5号）

第二十条　主管税务机关应对土地增值税清算项目实行分类管理。

对符合本规程第六条规定的项目，纳税人应当在满足条件之日起90日内向主管税务机关办理清算申报手续。

对符合本规程第七条规定的项目，主管税务机关应加强跟踪管理，定期评估，对确定需要进行清算的项目，及时下达清算通知。对销售比例达到85%且满三年或者虽未满三年但销售比例达到95%的项目，主管税务机关原则上应在符合条件之日起60日内下达清算通知，纳税人应在收到清算通知之日起90日内办理清算申报手续。

第二十八条　审核扣除项目是否符合下列要求：

（一）扣除项目金额应当准确地在各扣除项目中分别归集，不得混淆。

（二）扣除项目金额中所归集的各项成本和费用，必须是在清算项目开发中直接发生的或应当分摊的。

（三）同一清算单位内发生的成本、费用，能按照受益对象直接归集的，按照直接成本法计入相应房地产类型扣除；不能按照受益对象直接归集的成本、费用，原则上按照不同类型房地产可售建筑面积比例计算分摊；对占地相对独立的不同类型房地产，可按占地面积法计算分摊取得土地使用权所支付的金额、土地征用及拆迁补偿费。

（四）对同一类事项，应当采取相同的会计政策或处理方法。会计核算与税务处理规定不一致的，以税务处理规定为准。

（五）对于分期开发的房地产项目，各期成本费用的归集分配方式应保持一致；如未保持一致的，应根据有关规定作相应调整。

第四十条　在土地增值税清算过程中，发现纳税人有下列情形之一的，可按核定方式对房地产项目进行清算。

（一）依照法律、行政法规的规定应当设置但未设置账簿的；

（二）擅自销毁账簿或者拒不提供纳税资料的；

（三）虽设置账簿，但账目混乱或者成本资料、收入凭证、费用凭证残缺不全，难以确定转让收入或扣除项目金额的；

（四）符合土地增值税清算条件，未按照规定的期限办理清算手续，经税务机关责令限期清算，逾期仍不清算的；

（五）申报的计税依据明显偏低，又无正当理由的。

主管税务机关应加强核定征收项目的调查核实，严格控制核定征收的范围，纳税人直接转让国有土地使用权的，原则上不得核定征收。实施核定征收的项目，须经上一级税务机关核准。

广州市层面文件：

《广州市地方税务局关于印发2014年土地增值税清算工作有关问题的处理指引的通知》

（穗地税函〔2014〕175号）

第二条　关于项目管理费、境外设计费的扣除问题

房地产开发企业委托第三方公司进行房地产项目开发管理，支付的有关项目管理费用，能证明直接属于该开发项目、贯穿于工程开发建设的全过程，且在财务核算时与行政管理部门、财务部门及销售部门发生的管理费用、财务费用及销售费用分开核算的，经主管税务机关审核后，允许作为开发间接费用予以扣除。

对房地产开发企业委托境外设计公司发生的境外设计费，真实、合理且能提供合法、有效凭证的，允许扣除。

第三条　关于项目建设用地红线外支出的扣除总问题

纳税人为取得土地使用权，在项目建设用地红线外为政府建设公共设施或其他工程发生的支出，根据《国家税务总局关于房地产开发企业土地增值税清算管理的有关问题的通知》（国税发〔2006〕187号）第四条第（一）项确定的相关性原则，纳税人如果能提供国土房管部门的协议、补充协议，或者相关政府主管部门出具的证明文件的，允许作为取得土地使用权所支付的金额予以扣除。

第四条　关于公共配套成本的扣除问题

（一）对于满足下列条件之一，建成后产权属于全体业主共有的公共配套设施，其成本、费用可以扣除：

1. 物权法等相关规定已明确为全体业主共有的；

2. 房管部门在房地产登记簿上记载“某建筑区划内的全体业主共有”的；

3. 房管部门出具的证明材料证明为全体业主共有的；

4. 经业主委员会书面说明由全体业主共有的。

（二）对于满足下列条件之一，建成后无偿移交给政府、公用事业单位用于非营利性社会公共事业的公共配套设施，其成本费用可以扣除。

1. 纳税人与政府、公用事业部门签订了移交文书；

2. 属于政府、公用事业单位原因不能及时接收的，接收单位或者政府部门出具相关证明并经清算小组合议通过的。

（三）对于建成后以成本核算价移交的公共配套设施，应计入可售建筑面积与已售建筑面积，以移交价格确定为清算收入，并准予扣除成本、费用。

（四）对于建成后产权属于房地产开发企业的经营性配套设施，有偿转让的，应计算收入，并准予扣除成本、费用；出租或自用的，不予扣除成本、费用。

第五条　关于扣除项目金额计算分摊的问题

（一）房地产项目土地及房地产开发成本能按照清算单位或房地产类型核算并准确归集的，清算时按照清算单位或房地产类型直接归集。

（二）房地产项目土地及房地产开发成本不能按清算单位或房地产类型核算并准确归集的，按照以下方法分摊计算扣除项目金额。

1. 同一清算单位内的共同成本、费用按照如下方式分摊：

（1）对于出租或自用的房地产，清算时按出租或自用房地产建筑面积计算不予扣除的扣除项目金额。

（2）按已售房地产建筑面积和可售房地产建筑面积比例，计算允许扣除的扣除项目。对于房地产开发企业清算单位内部分可售房地产用于出租或自用的，则上述可售房地产建筑面积为已减去出租或自用的可售房地产建筑面积。

2. 不同清算单位间的共同成本、费用按照如下方式分摊：

（1）“取得土地使用权所支付的金额、土地征用及拆迁补偿费”按照清算单位土地面积比例计算分摊。

（2）“建筑安装工程费、前期工程费、基础设施费、公共配套设施费、开发间接费用”按清算单位总可售建筑面积比例计算分摊。不能按照总可售建筑面积比例计算分摊的（如有未建项目，无法确定建筑面积时）按清算单位土地面积比例计算分摊。

（三）在部分分期项目已完成清算后发生的，但属于全体项目共同受益的公共配套设施费，只在未完成清算的分期项目之间计算分摊，已完成清算的分期项目不再参与分摊。

第六条　关于一方出地、一方出资，合作开发房地产项目且不成立合营企业的土地增值税计算问题

（一）出地方已取得国有土地使用权证，需出资方办理转让加名手续的

1. 房屋建成后，合作双方按约定比例分房自用的，出地方发生了以转让部分土地使用

权为代价换取部分房地产所有权的行为，出资方发生了以转让部分房地产所有权为代价换取部分土地使用权的行为。根据《关于土地增值税一些具体问题规定的通知》（财税字〔1995〕48 号）第一条规定，对出地方向出资方转让土地使用权、出资方向出地方转让房地产所有权的行为，免征土地增值税。

2. 对出地方分回房产后再转让的，适用旧房转让的规定计算征收土地增值税。对出资方分回房产后再转让的，适用新建房转让的规定计算征收土地增值税。

3. 出资方进行土地增值税清算时，应以房屋建成后交付使用时点，出地方分回房地产的市场公允值计入出资方的土地成本，同时作为出资方的收入。

（二）出地方需联合出资方共同与国土部门签订土地使用权出让合同的

1. 房屋建成后，合作双方按约定比例分房自用的，属于共有产权的分割，没有发生出地方“以地换房”、出资方“以房换地”的行为，不征收土地增值税。

2. 出地方分回房产后再转让的，适用旧房转让的规定计算土地增值税。对出资方分回房产后再转让的，适用新建房转让的规定计算征收土地增值税。

3. 出资方进行土地增值税清算时，出地方分回开发产品（不含土地）的建安成本计入出资方的土地成本，且出地方分得的房地产不作为出资方的收入。

第七条　关于旧房评估价格中地价的扣除问题

纳税人转让旧房的扣除项目金额包括房屋建筑物的评估价格、取得土地使用权所支付的地价款和按国家统一规定缴纳的有关费用以及在转让环节缴纳的税金。其中，对取得土地使用权所支付的地价款，纳税人应提供国土房管部门出具的相关凭据确定，不能提供的，可参照取得土地使用权时的基准地价确定。

深圳市层面文件：

《国家税务总局深圳市税务局土地增值税征管工作规程》

第一章　总则

第一条　为加强土地增值税征收管理，根据《中华人民共和国税收征收管理法》及其实施细则、《中华人民共和国土地增值税暂行条例》及其实施细则等有关法律法规，制定本规程。

第二条　土地增值税的主管税务机关是房地产所在地的区税务局（含深汕合作区税务局）。各区税务局负责辖区内房地产开发项目、自建房、存量房等土地增值税具体管理，包括土地增值税项目管理、预征申报、清算受理、清算审核、土地增值税申报、税收优惠管理等工作。各稽查局负责查处我市范围内土地增值税偷、逃、抗等税收违法行为。

第二章　房地产项目管理

第三条　主管税务机关应加强房地产开发项目的日常税收管理，实施项目管理。主管税务机关应从纳税人取得土地使用权开始，按项目分别建立档案、设置台账，对纳税人项目立项、规划设计、施工、预售、竣工验收、工程结算、项目清盘等房地产开发全过程情况实行跟踪监控，做到税务管理与纳税人项目开发同步。

第四条　纳税人进行房地产开发，以规划部门审批的建设用地规划许可证中的项目名称办理项目登记。城市更新项目可结合城市更新项目批复、社会投资项目备案证等情况办理项目登记。

对于分期开发的项目，主管税务机关可结合建设工程规划许可证、建筑工程施工许可证、预售许可证以及纳税人会计核算情况，经集体合议后，确认按分期建设的项目进行项目登记。

纳税人项目登记后，因有关事项发生变化，确需变更的，应于有关事项发生变化之日起30日内向主管税务机关申请变更项目登记，并报送有关材料，主管税务机关应通过集体合议的方式确认是否变更项目登记。

第五条　纳税人应按照登记的项目申报缴纳土地增值税。纳税人同时开发多个项目的，应按项目合理归集有关收入、成本、费用；分期开发项目的，应按照分期开发项目合理归集有关收入、成本、费用。

第六条　纳税人在取得房地产项目建设用地规划许可证等项目立项、规划材料之日起30日内向主管税务机关办理项目信息登记，并向主管税务机关提供以下资料：

（一）房地产项目建设用地规划许可证、建设工程规划许可证或城市更新项目批复、社会投资项目备案证等项目立项、规划资料；

（二）土地出让（转让）合同、国有土地使用权证等权属资料；

（三）项目开发计划（包含开发时间、竣工时间、分期开发计划、项目分期的方法及理由等）；合作开发相关资料（包含合作方、分配比例、分配方式等）。

第七条　纳税人在取得以下资料之日起30日内，向主管税务机关提供：

（一）建筑工程预算书、施工合同、建筑工程施工许可证；

（二）房地产预售（销售）许可证、月度销售情况表；

（三）工程造价情况备案表、工程量清单；

（四）工程竣工结算、工程竣工综合验收备案材料。

税务机关已通过政府部门信息共享获取上述第六条和第七条所列项目资料的，无须纳税人报送。

第八条　主管税务机关应建立与辖区城市更新、规划国土等部门的沟通机制，定期获取房地产项目立项批复、预售销售明细情况，掌握房地产项目税源情况；定期将已办理项目登记名单与政府立项审批部门审批立项名单进行比对，对应进行项目登记未登记的纳税人，及时通知纳税人办理项目登记。对未按照规定办理项目登记的，可按照《中华人民共和国税收征收管理法》等有关规定进行处罚。

第三章　项目预缴申报管理

第九条　房地产项目土地增值税征收采取“先预征、后清算、多退少补”的方式。即在项目全部竣工结算前开发销售和转让房地产取得的收入先按预征率征收税款，待工程全部竣工，办理结算后再进行清算，多退少补。

第十条　纳税人转让房地产的土地增值税应税收入不含增值税，房地产项目预缴土地增值税的纳税义务发生时间以转让房地产合同签订时间为准。房地产开发企业采取预收款方式销售自行开发的房地产项目的，可按照以下方法计算土地增值税预征计征依据：土地增值税的计征依据＝预收款－应预缴增值税税款，并在收取款项次月纳税期限内缴纳。未按预征规定期限预缴税款的，根据《中华人民共和国税收征收管理法》等有关规定，从限定的缴纳税款期限届满的次日起，加收滞纳金。

第十一条　房地产开发企业转让经政府部门批准建设的保障性住房暂不预征土地增值税，应在取得收入的次月15日内到主管税务机关备案。

第四章　项目清算申报管理

第十二条　土地增值税清算，是指符合清算条件的纳税人依照税收法律、法规、规章及其他有关土地增值税的规定，自行计算房地产开发项目应当缴纳的土地增值税额，根据已预缴土地增值税数额，确定补缴或退税额，填写《土地增值税清算申报表》，向主管税务机关提供有关资料，办理土地增值税清算申报，结清该房地产开发项目应当缴纳土地增值税税款的行为。

纳税人应如实申报缴纳土地增值税，并对清算申报的真实性、准确性和完整性负法律责任。

第十三条　房地产开发项目以在主管税务机关登记的项目为单位进行清算。

第十四条　符合下列情形之一的，纳税人应当进行土地增值税的清算：

（一）房地产开发项目全部竣工、完成销售的；

（二）整体转让未竣工决算房地产开发项目的；

（三）直接转让土地使用权的。

第十五条　对符合下列情形之一的，主管税务机关可要求纳税人进行土地增值税清算：

（一）已竣工验收的房地产开发项目，已转让的房地产建筑面积占整个项目可售建筑面积的比例在85%以上，或该比例虽未超过85%，但剩余的可售建筑面积已经出租或自用的；

（二）取得销售（预售）许可证满三年仍未销售完毕的（起始时间为最后一张预售许可证取得时间）；

（三）申请注销税务登记但未办理土地增值税清算手续的；

（四）经主管税务机关日常征管工作中发现问题，认为需要进行土地增值税清算的。

第十六条　对于符合第十四条规定的项目，纳税人应当在满足第十四条规定之日起90日内向主管税务机关进行土地增值税清算申报。

第十七条　对符合第十五条情形的项目，主管税务机关应在该项目符合第十五条情形起一年内制定清算计划，清算计划须经过集体合议。

对于确定需要进行清算的房地产开发项目，主管税务机关应及时通知纳税人清算。纳税人应当在收到清算通知之日起90日内办理清算申报。

第十八条　纳税人在办理土地增值税清算申报时，应提供下列资料：

（一）《土地增值税纳税申报表》及其附表；

（二）房地产开发项目清算说明，包括房地产开发项目销售、视同销售、共同成本费用的计算和分摊方法、关联方交易、融资、房地产清算项目税款缴纳、保障房建设、公共配套设施处理、减免税以及房屋可售建筑面积、非可售建筑面积的具体构成情况；

（三）与转让房地产的收入、成本和费用有关的资料，包括项目竣工决算报表、取得土地使用权所支付的地价款凭证、国有土地使用权出让合同、银行贷款利息结算通知单、项目工程合同结算单、商品房购销合同统计表等材料，主管税务机关需要相应项目记账凭证的，纳税人还应提供记账凭证复印件；

（四）纳税人可委托涉税专业服务机构代理申报、审核鉴证。已委托涉税专业服务机构代理申报、审核鉴证的纳税人，应报送涉税专业服务机构出具的清算鉴证报告；必要时主管税务机关可要求专业服务机构提供清算鉴证报告的审核工作底稿。

第十九条　主管税务机关收到纳税人清算资料后，对符合清算条件的项目，且报送的清算资料完备的，予以受理并出具受理通知书。

纳税人符合清算条件，但报送的清算资料不全的，主管税务机关应发出限期提供资料通知书，通知纳税人在收到通知书之日起15日内补齐清算资料。纳税人在限期内补齐全部资料的，予以受理。逾期未能补齐资料的，确因客观原因造成资料难以补齐的，由纳税人书面确认后，予以受理。对未按照规定期限报送清算材料的，可按照《中华人民共和国税收征收管理法》等有关规定进行处罚。

第二十条　纳税人办理土地增值税清算申报时，计算与清算项目有关的扣除项目金额，应当根据《中华人民共和国土地增值税暂行条例》以及相关法律法规的规定执行。除另有规定外，扣除取得土地使用权所支付的金额、房地产开发成本、费用及与转让房地产有关税金，应当提供合法有效凭证；不能提供合法有效凭证的，不予扣除。

第二十一条　纳税人办理清算申报时，对同一开发项目或同一分期项目中既建有普通标准住宅又建有非普通标准住宅、其他类型房地产的，如纳税人申请享受免征普通标准住宅的土地增值税优惠政策，应分别计算增值额、增值率以及应缴的土地增值税。

第五章　清算管理

第二十二条　主管税务机关根据纳税人的清算申报以及提供的相关资料进行土地增值税项目审核，依法征收土地增值税。

主管税务机关受理纳税人《土地增值税清算申报表》及其附表等相关材料后，应成立项目清算审核组，对销售收入、土地成本、开发成本、开发费用、税金等进行专业审核，清算审核组应记录审核过程，并按照档案管理要求进行保存。

第二十三条　主管税务机关应在项目清算受理之日起90日内对纳税人土增税申报情况完成清算审核，并将审核结果书面通知纳税人，纳税人应在收到通知书之日起30日内办理补、退税。如清算审核在90日内完成确有困难的，经区税务局批准，可延期90日完成。

第二十四条　按本规程第十四条规定应当进行清算的纳税人以及主管税务机关依据本规程第十五条规定通知清算的纳税人，在规定期限届满未办理清算申报的，主管税务机关应责令纳税人限期改正，要求其在30日内进行清算申报；逾期仍未申报的，按照《中华人民共和国税收征收管理法》等规定处理；涉嫌偷税的，应当移交稽查部门进行处理。

各稽查局发现按本规程第十四条规定应当进行清算的纳税人未在规定期限内清算、已清算房地产开发项目未如实清算等涉及税收违法行为的，应就土地增值税缴纳情况进行查处。

第六章　核定清算管理

第二十五条　主管税务机关在日常管理、各稽查局在税务稽查工作中，发现纳税人有下列情况之一的，可以核定征收土地增值税：

（一）依照法律、行政法规的规定应当设置但未设置账簿的；

（二）虽设置账簿，但账目混乱或者成本资料、收入凭证、费用凭证残缺不全，难以确定转让收入或扣除项目金额的；

（三）擅自销毁账簿的；

（四）拒不提供收入、成本、费用等纳税资料的；

（五）符合土地增值税清算条件，未按照规定期限办理清算手续，经税务机关责令限期清算，逾期仍拒不清算的；

（六）申报的计税依据明显偏低，又无正当理由的。

对核定征收的房地产开发项目，不得享受任何土地增值税减免税优惠。

第二十六条 确定销售收入。主管税务机关从国土产权管理部门取得该房地产项目全部转让合同金额，确定转让房地产实际取得的销售收入。

第二十七条 核定征收率或核定开发成本、开发费用。

（一）主管税务机关可以参照房地产开发行业中经营规模、开发模式相近的纳税人在同一地区、同一年度开发的房地产项目的税负水平核定征收率。

（二）主管税务机关可按照以下方法核定开发成本、开发费用：

1. 确定土地价款。以国土产权管理部门提供的土地价款或同期该地块基准地价为准。

2. 核定开发成本。成本核定可选择以下方式确定：

（1）房地产开发企业上报政府相关部门审定或备案的房地产投资总规模、土地成本、工程造价成本等相关数据或者房地产开发企业在国土产权管理部门办理产权初始登记中有关土地成本以及开发成本等相关数据。

（2）参照住房建设部门公布的建筑工程造价成本。

（3）同一地区、同一类型、同一年度、销售档次相近的房地产开发成本。

3. 核定开发费用。开发费用 =（土地价款 + 已核定开发成本）×10%

第二十八条 对采取核定清算的房地产项目，由主管税务机关经集体合议后确定。纳税人直接转让国有土地使用权的，原则上不得核定征收。

第二十九条 主管税务机关启动核定清算程序后，应当在 90 日内完成核定清算，并将核定结果书面通知纳税人，纳税人应在收到通知书之日起 30 日内办理补、退税。

第七章 清算后尾盘管理

第三十条 在土地增值税清算时未转让的房地产，清算后再转让的，纳税人应按月汇总，并在次月纳税期限内申报缴纳土地增值税。

第三十一条 清算后尾盘申报时，扣除项目金额按清算时的单位建筑面积成本费用（不含与转让房地产有关的税金）乘以清算后转让的面积再加上清算后转让时缴纳的与转让房地产有关的税金计算。

单位建筑面积成本费用（不含与转让房地产有关的税金）= 房地产开发项目总扣除项目金额（不含与转让房地产有关的税金）÷ 房地产开发项目的总可售建筑面积

第三十二条 主管税务机关应加强清算后尾盘管理，辅导纳税人进行尾盘申报。

第八章 旧房转让征收管理

第三十三条 纳税人转让从房地产二级市场购入超过 1 年（不含 1 年）的房产、自建房使用超过 1 年（不含 1 年）的房产以及从房地产三级市场购入的房产，适用旧房转让土地增值税政策。

从事房地产开发的纳税人将开发产品转为自用、出租等用途超过 1 年（不含 1 年）的，转让时适用旧房转让土地增值税政策。

第三十四条 纳税人以旧房及建筑物的评估价作为扣除项目的，按政府批准设立的房地产评估机构评定的重置成本价乘以成新度折扣率后的价格作为扣除项目。

扣除项目具体包括：建筑物重置成本价乘以成新度折扣率，取得土地使用权所支付的地价款，按国家统一规定交纳的有关费用，以及在转让环节缴纳的税金。按评估价作为扣除项目，评估价是指建筑物的评估价，不包含土地价款。

第三十五条　纳税人转让旧房及建筑物，凡不能取得评估价格，但能提供购房发票的，经主管税务机关确认，可以按发票所载金额并从购买年度起至转让年度止，每年加计5%计算扣除项目。“每年”是指按购房发票所载日期起至售房发票开具之日止，每满12个月计1年；超过1年，未满12个月但超过6个月的，可以视同1年。

扣除项目具体包括：购买原价、加计扣除数额、按国家统一规定交纳的有关费用，以及在转让环节缴纳的税金。

第三十六条　纳税人转让从房地产二级市场购入未超过1年（含1年）、自建房使用未超过1年（含1年）的房产，不适用旧房转让土地增值税政策。

扣除项目具体包括：取得土地使用权支付的地价、购买原价、自建房建造价格、按国家统一规定交纳的有关费用，以及转让环节缴纳的税金。

第三十七条　对转让旧房过程中有下列情形之一的，可以按照核定征收方式计征土地增值税：

（一）未能提供合法、有效的房屋购买合同和构成房屋原值的相关凭证，不能正确计算房屋原值的；

（二）未能提供支付合理费用的相关凭证，不能正确计算合理费用的。

第三十八条　核定征收包括核定扣除项目、核定征收率：

（一）核定扣除项目，指纳税人不能提供购房发票，主管税务机关在确定其加计扣除基数时可以依据不动产证登记价格或在国土产权管理部门查询的原购买价格核定。

属于自建房（含适用旧房政策的房地产开发产品）的，主管税务机关可以依据房产建造价格以及原地价款，核定加计扣除的基数。

（二）核定征收率，指按照核定征收率计算应当缴纳的土地增值税。核定征收率仅适用于个人转让存量房土地增值税征收，具体核定征收率可适用《深圳市地方税务局关于土地增值税核定征收有关问题的通知》（深地税发〔2009〕460号）的有关规定。

第九章　附则

第三十九条　本规程规定的“集体合议”机制由各区税务局自行确定，合议成员至少包括3人。

第四十条　本规程自2020年1月1日起施行。

第四十一条　本规程由国家税务总局深圳市税务局负责解释。

Ⅱ营业税/增值税相关政策

一、《国家税务总局关于土地使用者将土地使用权归还给土地所有者行为营业税问题的通知》（国税函〔2008〕277号）

纳税人将土地使用权归还给土地所有者时，只要出具县级（含）以上地方人民政府收回土地使用权的正式文件，无论支付征地补偿费的资金来源是否为政府财政资金，该行为均属于土地使用者将土地使用权归还给土地所有者的行为，按照《国家税务总局关于印发〈营业税税目注释（试行稿）〉的通知》（国税发〔1993〕149号）规定，不征收营业税。

二、《国家税务总局关于纳税人开发回迁安置用房有关营业税问题的公告》（国家税务总局公告2014年第2号）

纳税人以自己名义立项，在该纳税人不承担土地出让价款的土地上开发回迁安置房，并向原居民无偿转让回迁安置房所有权的行为，按照《中华人民共和国营业税暂行条例实施细则》（财政部　国家税务总局令第52号）第五条之规定，视同销售不动产征收营业税，其计税营业额按财政部　国家税务总局令第52号第二十条第一款第（三）项的规定予以核定，但不包括回迁安置房所处地块的土地使用权价款。

三、《纳税人转让不动产增值税征收管理暂行办法》（税总2016年第14号）

第五条　个人转让其购买的住房，按照以下规定缴纳增值税：

（一）个人转让其购买的住房，按照有关规定全额缴纳增值税的，以取得的全部价款和价外费用为销售额，按照5%的征收率计算应纳税额。

（二）个人转让其购买的住房，按照有关规定差额缴纳增值税的，以取得的全部价款和价外费用扣除购买住房价款后的余额为销售额，按照5%的征收率计算应纳税额。

个体工商户应按照本条规定的计税方法向住房所在地主管地税机关预缴税款，向机构所在地主管国税机关申报纳税；其他个人应按照本条规定的计税方法向住房所在地主管地税机关申报纳税。

四、《国家税务总局关于发布〈房地产开发企业销售自行开发的房地产项目增值税征收管理暂行办法〉的公告》（税总2016年第18号）

第四条　房地产开发企业中的一般纳税人（以下简称一般纳税人）销售自行开发的房地产项目，适用一般计税方法计税，按照取得的全部价款和价外费用，扣除当期销售房地产项目对应的土地价款后的余额计算销售额。销售额的计算公式如下：

销售额 = （全部价款和价外费用 - 当期允许扣除的土地价款） ÷ （1 + 11%）

第五条　当期允许扣除的土地价款按照以下公式计算：

当期允许扣除的土地价款 = （当期销售房地产项目建筑面积 ÷ 房地产项目可供销售建筑面积） × 支付的土地价款

当期销售房地产项目建筑面积，是指当期进行纳税申报的增值税销售额对应的建筑面积。

房地产项目可供销售建筑面积，是指房地产项目可以出售的总建筑面积，不包括销售房地产项目时未单独作价结算的配套公共设施的建筑面积。

支付的土地价款，是指向政府、土地管理部门或受政府委托收取土地价款的单位直接支付的土地价款。

五、《财政部　国家税务总局关于全面推开营业税改征增值税试点的通知》（财税〔2016〕36号）附件一

第十四条　下列情形视同销售服务、无形资产或者不动产：

（一）单位或者个体工商户向其他单位或者个人无偿提供服务，但用于公益事业或者以社会公众为对象的除外。

（二）单位或者个人向其他单位或者个人无偿转让无形资产或者不动产，但用于公益事业或者以社会公众为对象的除外。

（三）财政部和国家税务总局规定的其他情形。

六、《财政部　国家税务总局关于全面推开营业税改征增值税试点的通知》（财税〔2016〕36号）附件三

第一条　下列项目免征增值税

（三十七）土地所有者出让土地使用权和土地使用者将土地使用权归还给土地所有者。

（三十八）县级以上地方人民政府或自然资源行政主管部门出让、转让或收回自然资源使用权（不含土地使用权）。

七、《财政部　国家税务总局关于进一步明确全面推开营改增试点有关劳务派遣服务、收费公路通行费抵扣等政策的通知》（财税〔2016〕47号）

三、其他政策

（一）纳税人提供人力资源外包服务，按照经纪代理服务缴纳增值税，其销售额不包括受客户单位委托代为向客户单位员工发放的工资和代理缴纳的社会保险、住房公积金。向委托方收取并代为发放的工资和代理缴纳的社会保险、住房公积金，不得开具增值税专用发票，可以开具普通发票。

一般纳税人提供人力资源外包服务，可以选择适用简易计税方法，按照5%的征收率计算缴纳增值税。

（二）纳税人以经营租赁方式将土地出租给他人使用，按照不动产经营租赁服务缴纳增值税。

纳税人转让2016年4月30日前取得的土地使用权，可以选择适用简易计税方法，以取得的全部价款和价外费用减去取得该土地使用权的原价后的余额为销售额，按照5%的征收率计算缴纳增值税。

（三）一般纳税人2016年4月30日前签订的不动产融资租赁合同，或以2016年4月30日前取得的不动产提供的融资租赁服务，可以选择适用简易计税方法，按照5%的征收率计算缴纳增值税。

（四）一般纳税人提供管道运输服务和有形动产融资租赁服务，按照《营业税改征增值税试点过渡政策的规定》（财税〔2013〕106号）第二条有关规定适用的增值税实际税负超过3%部分即征即退政策，在2016年1月1日至4月30日期间继续执行。

八、《国家税务总局关于在境外提供建筑服务等有关问题的公告》（国家税务总局公告2016年第69号）

四、纳税人提供建筑服务，被工程发包方从应支付的工程款中扣押的质押金、保证金，未开具发票的，以纳税人实际收到质押金、保证金的当天为纳税义务发生时间。

九、《财政部　国家税务总局关于明确金融　房地产开发　教育辅助服务等增值税政策的通知》（财税〔2016〕140号）

第一条　《销售服务、无形资产、不动产注释》（财税〔2016〕36号）第一条第（五）项第1点所称"保本收益、报酬、资金占用费、补偿金"，是指合同中明确承诺到期本金可全部收回的投资收益。金融商品持有期间（含到期）取得的非保本的上述收益，不属于利息或利息性质的收入，不征收增值税。

第二条　纳税人购入基金、信托、理财产品等各类资产管理产品持有至到期，不属于《销售服务、无形资产、不动产注释》（财税〔2016〕36号）第一条第（五）项第4点所称的金融商品转让。

第三条　证券公司、保险公司、金融租赁公司、证券基金管理公司、证券投资基金以及其他经人民银行、银监会、证监会、保监会批准成立且经营金融保险业务的机构发放贷款后，自结息日起90天内发生的应收未收利息按现行规定缴纳增值税，自结息日起90天后发生的应收未收利息暂不缴纳增值税，待实际收到利息时按规定缴纳增值税。

第四条　资管产品运营过程中发生的增值税应税行为，以资管产品管理人为增值税纳税人。

第五条　纳税人2016年1—4月份转让金融商品出现的负差，可结转下一纳税期，与2016年5—12月份转让金融商品销售额相抵。

第六条　《财政部　国家税务总局关于全面推开营业税改征增值税试点的通知》（财税〔2016〕36号）所称"人民银行、银监会或者商务部批准""商务部授权的省级商务主管部门和国家经济技术开发区批准"从事融资租赁业务（含融资性售后回租业务）的试点纳税人（含试点纳税人中的一般纳税人），包括经上述部门备案从事融资租赁业务的试点纳税人。

第七条　《营业税改征增值税试点有关事项的规定》（财税〔2016〕36号）第一条第（三）项第10点中"向政府部门支付的土地价款"，包括土地受让人向政府部门支付的征地和拆迁补偿费用、土地前期开发费用和土地出让收益等。

房地产开发企业中的一般纳税人销售其开发的房地产项目（选择简易计税方法的房地产老项目除外），在取得土地时向其他单位或个人支付的拆迁补偿费用也允许在计算销售额时扣除。纳税人按上述规定扣除拆迁补偿费用时，应提供拆迁协议、拆迁双方支付和取得拆迁补偿费用凭证等能够证明拆迁补偿费用真实性的材料。

第八条　房地产开发企业（包括多个房地产开发企业组成的联合体）受让土地向政府部门支付土地价款后，设立项目公司对该受让土地进行开发，同时符合下列条件的，可由项目公司按规定扣除房地产开发企业向政府部门支付的土地价款。

（一）房地产开发企业、项目公司、政府部门三方签订变更协议或补充合同，将土地受让人变更为项目公司；

（二）政府部门出让土地的用途、规划等条件不变的情况下，签署变更协议或补充合同时，土地价款总额不变；

（三）项目公司的全部股权由受让土地的房地产开发企业持有。

十、《财政部　税务总局关于明确无偿转让股票等增值税政策的公告》（财政部、国家税务总局公告 2020 年第 40 号）

三、土地所有者依法征收土地，并向土地使用者支付土地及其相关有形动产、不动产补偿费的行为，属于《营业税改征增值税试点过渡政策的规定》（财税〔2016〕36 号印发）第一条第（三十七）项规定的土地使用者将土地使用权归还给土地所有者的情形。

十一、《财政部　税务总局关于延长部分税收优惠政策执行期限的公告》（财政部、国家税务总局公告 2021 年第 6 号）

一、《财政部　税务总局关于设备器具扣除有关企业所得税政策的通知》（财税〔2018〕54 号）等 16 个文件规定的税收优惠政策凡已经到期的，执行期限延长至 2023 年 12 月 31 日。

三、《财政部　税务总局关于易地扶贫搬迁税收优惠政策的通知》（财税〔2018〕135 号）、《财政部　税务总局关于福建平潭综合实验区个人所得税优惠政策的通知》（财税〔2014〕24 号）规定的税收优惠政策，执行期限延长至 2025 年 12 月 31 日。

Ⅲ个人所得税相关政策

一、《财政部　国家税务总局关于城镇拆迁有关税收政策的通知》（财税〔2005〕45号）

第一条　对被拆迁人按照国家有关城镇房屋拆迁管理办法规定的标准取得的拆迁补偿款，免征个人所得税。

二、《国家税务总局关于个人住房转让所得征收个人所得税有关问题的通知》（国税发〔2006〕108号）

第二条　对转让住房收入计算个人所得税应纳税所得额时，纳税人可凭原购房合同、发票等有效凭证，经税务机关审核后，允许从其转让收入中减除房屋原值、转让住房过程中缴纳的税金及有关合理费用。

（一）房屋原值具体为：

1. 商品房：购置该房屋时实际支付的房价款及交纳的相关税费。

2. 自建住房：实际发生的建造费用及建造和取得产权时实际交纳的相关税费。

3. 经济适用房（含集资合作建房、安居工程住房）：原购房人实际支付的房价款及相关税费，以及按规定交纳的土地出让金。

4. 已购公有住房：原购公有住房标准面积按当地经济适用房价格计算的房价款，加上原购公有住房超标准面积实际支付的房价款以及按规定向财政部门（或原产权单位）交纳的所得收益及相关税费。

已购公有住房是指城镇职工根据国家和县级（含县级）以上人民政府有关城镇住房制度改革政策规定，按照成本价（或标准价）购买的公有住房。

经济适用房价格按县级（含县级）以上地方人民政府规定的标准确定。

5. 城镇拆迁安置住房：根据《城市房屋拆迁管理条例》（国务院令第305号）和《建设部关于印发〈城市房屋拆迁估价指导意见〉的通知》（建住房〔2003〕234号）等有关规定，其原值分别为：

（1）房屋拆迁取得货币补偿后购置房屋的，为购置该房屋实际支付的房价款及交纳的相关税费；

（2）房屋拆迁采取产权调换方式的，所调换房屋原值为《房屋拆迁补偿安置协议》注明的价款及交纳的相关税费；

（3）房屋拆迁采取产权调换方式，被拆迁人除取得所调换房屋，又取得部分货币补偿的，所调换房屋原值为《房屋拆迁补偿安置协议》注明的价款和交纳的相关税费，减去货币补偿后的余额；

（4）房屋拆迁采取产权调换方式，被拆迁人取得所调换房屋，又支付部分货币的，所调换房屋原值为《房屋拆迁补偿安置协议》注明的价款，加上所支付的货币及交纳的相关税费。

（二）转让住房过程中缴纳的税金：是指纳税人在转让住房时实际缴纳的营业税、城市维护建设税、教育费附加、土地增值税、印花税等税金。

（三）合理费用：是指纳税人按照规定实际支付的住房装修费用、住房贷款利息、手续费、公证费等费用。

1. 支付的住房装修费用。纳税人能提供实际支付装修费用的税务统一发票，并且发票上所列付款人姓名与转让房屋产权人一致的，经税务机关审核，其转让的住房在转让前实际发生的装修费用，可在以下规定比例内扣除：

（1）已购公有住房、经济适用房：最高扣除限额为房屋原值的 15%；

（2）商品房及其他住房：最高扣除限额为房屋原值的 10%。

纳税人原购房为装修房，即合同注明房价款中含有装修费（铺装了地板，装配了洁具、厨具等）的，不得再重复扣除装修费用。

2. 支付的住房贷款利息。纳税人出售以按揭贷款方式购置的住房的，其向贷款银行实际支付的住房贷款利息，凭贷款银行出具的有效证明据实扣除。

3. 纳税人按照有关规定实际支付的手续费、公证费等，凭有关部门出具的有效证明据实扣除。

三、《财政部　国家税务总局关于个人无偿受赠房屋有关个人所得税问题的通知》（财税〔2009〕78 号）

第一条　以下情形的房屋产权无偿赠与，对当事双方不征收个人所得税：

（一）房屋产权所有人将房屋产权无偿赠与配偶、父母、子女、祖父母、外祖父母、孙子女、外孙子女、兄弟姐妹；

（二）房屋产权所有人将房屋产权无偿赠与对其承担直接抚养或者赡养义务的抚养人或者赡养人；

（三）房屋产权所有人死亡，依法取得房屋产权的法定继承人、遗嘱继承人或者受遗赠人。

第二条　赠与双方办理免税手续时，应向税务机关提交以下资料：

（一）《国家税务总局关于加强房地产交易个人无偿赠与不动产税收管理有关问题的通知》（国税发〔2006〕144 号）第一条规定的相关证明材料；

（二）赠与双方当事人的有效身份证件；

（三）属于本通知第一条第（一）项规定情形的，还须提供公证机构出具的赠与人和受赠人亲属关系的公证书（原件）。

（四）属于本通知第一条第（二）项规定情形的，还须提供公证机构出具的抚养关系或者赡养关系公证书（原件），或者乡镇政府或街道办事处出具的抚养关系或者赡养关系证明。

税务机关应当认真审核赠与双方提供的上述资料，资料齐全并且填写正确的，在提交的《个人无偿赠与不动产登记表》上签字盖章后复印留存，原件退还提交人，同时办理个人所得税不征税手续。

第三条　除本通知第一条规定情形以外，房屋产权所有人将房屋产权无偿赠与他人的，受赠人因无偿受赠房屋取得的受赠所得，按照“经国务院财政部门确定征税的其他所得”项目缴纳个人所得税，税率为20%。

第四条　对受赠人无偿受赠房屋计征个人所得税时，其应纳税所得额为房地产赠与合同上标明的赠与房屋价值减除赠与过程中受赠人支付的相关税费后的余额。赠与合同标明的房屋价值明显低于市场价格或房地产赠与合同未标明赠与房屋价值的，税务机关可依据受赠房屋的市场评估价格或采取其他合理方式确定受赠人的应纳税所得额。

第五条　受赠人转让受赠房屋的，以其转让受赠房屋的收入减除原捐赠人取得该房屋的实际购置成本以及赠与和转让过程中受赠人支付的相关税费后的余额，为受赠人的应纳税所得额，依法计征个人所得税。受赠人转让受赠房屋价格明显偏低且无正当理由的，税务机关可以依据该房屋的市场评估价格或其他合理方式确定的价格核定其转让收入。

四、《财政部　国家税务总局关于城市和国有工矿棚户区改造项目有关税收优惠政策的通知》（财税〔2010〕42号）

第五条　个人取得的拆迁补偿款及因拆迁重新购置安置住房，可按有关规定享受个人所得税和契税减免。

五、《财政部　国家税务总局　住房和城乡建设部关于调整房地产交易环节契税个人所得税优惠政策的通知》（财税〔2010〕94号）

第二条　对出售自有住房并在1年内重新购房的纳税人不再减免个人所得税。

六、《关于个人取得有关收入适用个人所得税应税所得项目的公告》（财政部　税务总局公告2019年第74号）

第一条　个人为单位或他人提供担保获得收入，按照“偶然所得”项目计算缴纳个人所得税。

第二条　房屋产权所有人将房屋产权无偿赠与他人的，受赠人因无偿受赠房屋取得的受赠收入，按照“偶然所得”项目计算缴纳个人所得税。按照《财政部　国家税务总局关于个人无偿受赠房屋有关个人所得税问题的通知》（财税〔2009〕78号）第一条规定，符合以下情形的，对当事双方不征收个人所得税：

（一）房屋产权所有人将房屋产权无偿赠与配偶、父母、子女、祖父母、外祖父母、孙子女、外孙子女、兄弟姐妹；

（二）房屋产权所有人将房屋产权无偿赠与对其承担直接抚养或者赡养义务的抚养人或者赡养人；

（三）房屋产权所有人死亡，依法取得房屋产权的法定继承人、遗嘱继承人或者受遗赠人。

前款所称受赠收入的应纳税所得额按照《财政部　国家税务总局关于个人无偿受赠房

屋有关个人所得税问题的通知》（财税〔2009〕78 号）第四条规定计算。

第三条　企业在业务宣传、广告等活动中，随机向本单位以外的个人赠送礼品（包括网络红包，下同），以及企业在年会、座谈会、庆典以及其他活动中向本单位以外的个人赠送礼品，个人取得的礼品收入，按照“偶然所得”项目计算缴纳个人所得税，但企业赠送的具有价格折扣或折让性质的消费券、代金券、抵用券、优惠券等礼品除外。

前款所称礼品收入的应纳税所得额按照《财政部　国家税务总局关于企业促销展业赠送礼品有关个人所得税问题的通知》（财税〔2011〕50 号）第三条规定计算。

第四条　个人按照《财政部　税务总局　人力资源社会保障部　中国银行保险监督管理委员会　证监会关于开展个人税收递延型商业养老保险试点的通知》（财税〔2018〕22 号）的规定，领取的税收递延型商业养老保险的养老金收入，其中 25% 部分予以免税，其余 75% 部分按照 10% 的比例税率计算缴纳个人所得税，税款计入“工资、薪金所得”项目，由保险机构代扣代缴后，在个人购买税延养老保险的机构所在地办理全员全额扣缴申报。

Ⅳ企业所得税相关政策

一、《国家税务总局关于企业处置资产所得税处理问题的通知》（国税函〔2008〕828号）

根据《中华人民共和国企业所得税法实施条例》第二十五条规定，现就企业处置资产的所得税处理问题通知如下：

第一条　企业发生下列情形的处置资产，除将资产转移至境外以外，由于资产所有权属在形式和实质上均不发生改变，可作为内部处置资产，不视同销售确认收入，相关资产的计税基础延续计算。

（一）将资产用于生产、制造、加工另一产品；

（二）改变资产形状、结构或性能；

（三）改变资产用途（如自建商品房转为自用或经营）；

（四）将资产在总机构及其分支机构之间转移；

（五）上述两种或两种以上情形的混合；

（六）其他不改变资产所有权属的用途。

第二条　企业将资产移送他人的下列情形，因资产所有权属已发生改变而不属于内部处置资产，应按规定视同销售确定收入。

（一）用于市场推广或销售；

（二）用于交际应酬；

（三）用于职工奖励或福利；

（四）用于股息分配；

（五）用于对外捐赠；

（六）其他改变资产所有权属的用途。

第三条　企业发生本通知第二条规定情形时，属于企业自制的资产，应按企业同类资产同期对外销售价格确定销售收入；属于外购的资产，可按购入时的价格确定销售收入。

二、《国家税务总局关于印发〈房地产开发经营业务企业所得税处理办法〉的通知》（国税发〔2009〕31号）

第五条　开发产品销售收入的范围为销售开发产品过程中取得的全部价款，包括现金、现金等价物及其他经济利益。企业代有关部门、单位和企业收取的各种基金、费用和附加等，凡纳入开发产品价内或由企业开具发票的，应按规定全部确认为销售收入；未纳入开发产品价内并由企业之外的其他收取部门、单位开具发票的，可作为代收代缴款项进行管理。

第六条　企业通过正式签订《房地产销售合同》或《房地产预售合同》所取得的收入，应确认为销售收入的实现，具体按以下规定确认：

（一）采取一次性全额收款方式销售开发产品的，应于实际收讫价款或取得索取价款凭据（权利）之日，确认收入的实现。

（二）采取分期收款方式销售开发产品的，应按销售合同或协议约定的价款和付款日确认收入的实现。付款方提前付款的，在实际付款日确认收入的实现。

（三）采取银行按揭方式销售开发产品的，应按销售合同或协议约定的价款确定收入额，其首付款应于实际收到日确认收入的实现，余款在银行按揭贷款办理转账之日确认收入的实现。

（四）采取委托方式销售开发产品的，应按以下原则确认收入的实现：

1. 采取支付手续费方式委托销售开发产品的，应按销售合同或协议中约定的价款于收到受托方已销开发产品清单之日确认收入的实现。

2. 采取视同买断方式委托销售开发产品的，属于企业与购买方签订销售合同或协议，或企业、受托方、购买方三方共同签订销售合同或协议的，如果销售合同或协议中约定的价格高于买断价格，则应按销售合同或协议中约定的价格计算的价款于收到受托方已销开发产品清单之日确认收入的实现；如果属于前两种情况中销售合同或协议中约定的价格低于买断价格，以及属于受托方与购买方签订销售合同或协议的，则应按买断价格计算的价款于收到受托方已销开发产品清单之日确认收入的实现。

3. 采取基价（保底价）并实行超基价双方分成方式委托销售开发产品的，属于由企业与购买方签订销售合同或协议，或企业、受托方、购买方三方共同签订销售合同或协议的，如果销售合同或协议中约定的价格高于基价，则应按销售合同或协议中约定的价格计算的价款于收到受托方已销开发产品清单之日确认收入的实现，企业按规定支付受托方的分成额，不得直接从销售收入中减除；如果销售合同或协议约定的价格低于基价的，则应按基价计算的价款于收到受托方已销开发产品清单之日确认收入的实现。属于由受托方与购买方直接签订销售合同的，则应按基价加上按规定取得的分成额于收到受托方已销开发产品清单之日确认收入的实现。

4. 采取包销方式委托销售开发产品的，包销期内可根据包销合同的有关约定，参照上述 1 至 3 项规定确认收入的实现；包销期满后尚未出售的开发产品，企业应根据包销合同或协议约定的价款和付款方式确认收入的实现。

第七条　企业将开发产品用于捐赠、赞助、职工福利、奖励、对外投资、分配给股东或投资人、抵偿债务、换取其他企事业单位和个人的非货币性资产等行为，应视同销售，于开发产品所有权或使用权转移，或于实际取得利益权利时确认收入（或利润）的实现。确认收入（或利润）的方法和顺序为：

（一）按本企业近期或本年度最近月份同类开发产品市场销售价格确定；

（二）由主管税务机关参照当地同类开发产品市场公允价值确定；

（三）按开发产品的成本利润率确定。开发产品的成本利润率不得低于 15%，具体比例由主管税务机关确定。

第八条　企业销售未完工开发产品的计税毛利率由各省、自治区、直辖市国家税务局、地方税务局按下列规定进行确定：

（一）开发项目位于省、自治区、直辖市和计划单列市人民政府所在地城市城区和郊区的，不得低于15%。

（二）开发项目位于地及地级市城区及郊区的，不得低于10%。

（三）开发项目位于其他地区的，不得低于5%。

（四）属于经济适用房、限价房和危改房的，不得低于3%。

第九条　企业销售未完工开发产品取得的收入，应先按预计计税毛利率分季（或月）计算出预计毛利额，计入当期应纳税所得额。开发产品完工后，企业应及时结算其计税成本并计算此前销售收入的实际毛利额，同时将其实际毛利额与其对应的预计毛利额之间的差额，计入当年度企业本项目与其他项目合并计算的应纳税所得额。

在年度纳税申报时，企业须出具对该项开发产品实际毛利额与预计毛利额之间差异调整情况的报告以及税务机关需要的其他相关资料。

第十条　企业新建的开发产品在尚未完工或办理房地产初始登记、取得产权证前，与承租人签订租赁预约协议的，自开发产品交付承租人使用之日起，出租方取得的预租价款按租金确认收入的实现。

第十一条　企业在进行成本、费用的核算与扣除时，必须按规定区分期间费用和开发产品计税成本、已销开发产品计税成本与未销开发产品计税成本。

第十二条　企业发生的期间费用、已销开发产品计税成本、营业税金及附加、土地增值税准予当期按规定扣除。

第十三条　开发产品计税成本的核算应按第四章的规定进行处理。

第十四条　已销开发产品的计税成本，按当期已实现销售的可售面积和可售面积单位工程成本确认。可售面积单位工程成本和已销开发产品的计税成本按下列公式计算确定：

可售面积单位工程成本＝成本对象总成本÷成本对象总可售面积

已销开发产品的计税成本＝已实现销售的可售面积×可售面积单位工程成本

第十五条　企业对尚未出售的已完工开发产品和按照有关法律、法规或合同规定对已售开发产品（包括共用部位、共用设施设备）进行日常维护、保养、修理等实际发生的维修费用，准予在当期据实扣除。

第十六条　企业将已计入销售收入的共用部位、共用设施设备维修基金按规定移交给有关部门、单位的，应于移交时扣除。

第十七条　企业在开发区内建造的会所、物业管理场所、电站、热力站、水厂、文体场馆、幼儿园等配套设施，按以下规定进行处理：

（一）属于非营利性且产权属于全体业主的，或无偿赠与地方政府、公用事业单位的，可将其视为公共配套设施，其建造费用按公共配套设施费的有关规定进行处理。

（二）属于营利性的，或产权归企业所有的，或未明确产权归属的，或无偿赠与地方政府、公用事业单位以外其他单位的，应当单独核算其成本。除企业自用应按建造固定资产进行处理外，其他一律按建造开发产品进行处理。

第十八条　企业在开发区内建造的邮电通讯、学校、医疗设施应单独核算成本，其中，由企业与国家有关业务管理部门、单位合资建设，完工后有偿移交的，国家有关业务管理部门、单位给予的经济补偿可直接抵扣该项目的建造成本，抵扣后的差额应调整当期应纳税所得额。

第十九条　企业采取银行按揭方式销售开发产品的，凡约定企业为购买方的按揭贷款提供担保的，其销售开发产品时向银行提供的保证金（担保金）不得从销售收入中减除，也不得作为费用在当期税前扣除，但实际发生损失时可据实扣除。

第二十条　企业委托境外机构销售开发产品的，其支付境外机构的销售费用（含佣金或手续费）不超过委托销售收入10%的部分，准予据实扣除。

第二十一条　企业的利息支出按以下规定进行处理：

（一）企业为建造开发产品借入资金而发生的符合税收规定的借款费用，可按企业会计准则的规定进行归集和分配，其中属于财务费用性质的借款费用，可直接在税前扣除。

（二）企业集团或其成员企业统一向金融机构借款分摊集团内部其他成员企业使用的，借入方凡能出具从金融机构取得借款的证明文件，可以在使用借款的企业间合理的分摊利息费用，使用借款的企业分摊的合理利息准予在税前扣除。

第二十二条　企业因国家无偿收回土地使用权而形成的损失，可作为财产损失按有关规定在税前扣除。

第二十三条　企业开发产品（以成本对象为计量单位）整体报废或毁损，其净损失按有关规定审核确认后准予在税前扣除。

第二十四条　企业开发产品转为自用的，其实际使用时间累计未超过12个月又销售的，不得在税前扣除折旧费用。

第二十五条　计税成本是指企业在开发、建造开发产品（包括固定资产，下同）过程中所发生的按照税收规定进行核算与计量的应归入某项成本对象的各项费用。

第二十六条　成本对象是指为归集和分配开发产品开发、建造过程中的各项耗费而确定的费用承担项目。计税成本对象的确定原则如下：

（一）可否销售原则。开发产品能够对外经营销售的，应作为独立的计税成本对象进行成本核算；不能对外经营销售的，可先作为过渡性成本对象进行归集，然后再将其相关成本摊入能够对外经营销售的成本对象。

（二）分类归集原则。对同一开发地点、竣工时间相近、产品结构类型没有明显差异的群体开发的项目，可作为一个成本对象进行核算。

（三）功能区分原则。开发项目某组成部分相对独立，且具有不同使用功能时，可以作为独立的成本对象进行核算。

（四）定价差异原则。开发产品因其产品类型或功能不同等而导致其预期售价存在较大差异的，应分别作为成本对象进行核算。

（五）成本差异原则。开发产品因建筑上存在明显差异可能导致其建造成本出现较大差异的，要分别作为成本对象进行核算。

（六）权益区分原则。开发项目属于受托代建的或多方合作开发的，应结合上述原则分别划分成本对象进行核算。

成本对象由企业在开工之前合理确定，并报主管税务机关备案。成本对象一经确定，不能随意更改或相互混淆，如确需改变成本对象的，应征得主管税务机关同意。

第二十七条　开发产品计税成本支出的内容如下：

（一）土地征用费及拆迁补偿费。指为取得土地开发使用权（或开发权）而发生的各项费用，主要包括土地买价或出让金、大市政配套费、契税、耕地占用税、土地使用费、土地闲置费、土地变更用途和超面积补交的地价及相关税费、拆迁补偿支出、安置及动迁支出、回迁房建造支出、农作物补偿费、危房补偿费等。

（二）前期工程费。指项目开发前期发生的水文地质勘查、测绘、规划、设计、可行性研究、筹建、场地通平等前期费用。

（三）建筑安装工程费。指开发项目开发过程中发生的各项建筑安装费用。主要包括开发项目建筑工程费和开发项目安装工程费等。

（四）基础设施建设费。指开发项目在开发过程中所发生的各项基础设施支出，主要包括开发项目内道路、供水、供电、供气、排污、排洪、通讯、照明等社区管网工程费和环境卫生、园林绿化等园林环境工程费。

（五）公共配套设施费：指开发项目内发生的、独立的、非营利性的，且产权属于全体业主的，或无偿赠与地方政府、政府公用事业单位的公共配套设施支出。

（六）开发间接费。指企业为直接组织和管理开发项目所发生的，且不能将其归属于特定成本对象的成本费用性支出。主要包括管理人员工资、职工福利费、折旧费、修理费、办公费、水电费、劳动保护费、工程管理费、周转房摊销以及项目营销设施建造费等。

第二十八条　企业计税成本核算的一般程序如下：

（一）对当期实际发生的各项支出，按其性质、经济用途及发生的地点、时间进行整理、归类，并将其区分为应计入成本对象的成本和应在当期税前扣除的期间费用。同时，还应按规定对在有关预提费用和待摊费用进行计量与确认。

（二）对应计入成本对象中的各项实际支出、预提费用、待摊费用等合理的划分为直接成本、间接成本和共同成本，并按规定将其合理的归集、分配至已完工成本对象、在建成本对象和未建成本对象。

（三）对期前已完工成本对象应负担的成本费用按已销开发产品、未销开发产品和固定资产进行分配，其中应由已销开发产品负担的部分，在当期纳税申报时进行扣除，未销开发产品应负担的成本费用待其实际销售时再予扣除。

（四）对本期已完工成本对象分类为开发产品和固定资产并对其计税成本进行结算。其中，属于开发产品的，应按可售面积计算其单位工程成本，据此再计算已销开发产品计税成本和未销开发产品计税成本。对本期已销开发产品的计税成本，准予在当期扣除，未销开发产品计税成本待其实际销售时再予扣除。

（五）对本期未完工和尚未建造的成本对象应当负担的成本费用，应分别建立明细台账，待开发产品完工后再予结算。

第二十九条　企业开发、建造的开发产品应按制造成本法进行计量与核算。其中，应计入开发产品成本中的费用属于直接成本和能够分清成本对象的间接成本，直接计入成本对象，共同成本和不能分清负担对象的间接成本，应按受益的原则和配比的原则分配至各成本对象，具体分配方法可按以下规定选择其一：

（一）占地面积法。指按已动工开发成本对象占地面积占开发用地总面积的比例进行分配。

1. 一次性开发的，按某一成本对象占地面积占全部成本对象占地总面积的比例进行分配。

2. 分期开发的，首先按本期全部成本对象占地面积占开发用地总面积的比例进行分配，然后再按某一成本对象占地面积占期内全部成本对象占地总面积的比例进行分配。

期内全部成本对象应负担的占地面积为期内开发用地占地面积减除应由各期成本对象共同负担的占地面积。

（二）建筑面积法。指按已动工开发成本对象建筑面积占开发用地总建筑面积的比例进行分配。

1. 一次性开发的，按某一成本对象建筑面积占全部成本对象建筑面积的比例进行分配。

2. 分期开发的，首先按期内成本对象建筑面积占开发用地计划建筑面积的比例进行分配，然后再按某一成本对象建筑面积占期内成本对象总建筑面积的比例进行分配。

（三）直接成本法。指按期内某一成本对象的直接开发成本占期内全部成本对象直接开发成本的比例进行分配。

（四）预算造价法。指按期内某一成本对象预算造价占期内全部成本对象预算造价的比例进行分配。

第三十条　企业下列成本应按以下方法进行分配：

（一）土地成本，一般按占地面积法进行分配。如果确需结合其他方法进行分配的，应商税务机关同意。

土地开发同时连结房地产开发的，属于一次性取得土地分期开发房地产的情况，其土地开发成本经商税务机关同意后可先按土地整体预算成本进行分配，待土地整体开发完毕再行调整。

（二）单独作为过渡性成本对象核算的公共配套设施开发成本，应按建筑面积法进行分配。

（三）借款费用属于不同成本对象共同负担的，按直接成本法或按预算造价法进行分配。

（四）其他成本项目的分配法由企业自行确定。

第三十二条　除以下几项预提（应付）费用外，计税成本均应为实际发生的成本。

（一）出包工程未最终办理结算而未取得全额发票的，在证明资料充分的前提下，其发票不足金额可以预提，但最高不得超过合同总金额的10%。

（二）公共配套设施尚未建造或尚未完工的，可按预算造价合理预提建造费用。此类公共配套设施必须符合已在售房合同、协议或广告、模型中明确承诺建造且不可撤销，或按照法律法规规定必须配套建造的条件。

（三）应向政府上交但尚未上交的报批报建费用、物业完善费用可以按规定预提。物业完善费用是指按规定应由企业承担的物业管理基金、公建维修基金或其他专项基金。

第三十三条　企业单独建造的停车场所，应作为成本对象单独核算。利用地下基础设施形成的停车场所，作为公共配套设施进行处理。

三、《国家税务总局关于发布〈企业政策性搬迁所得税管理办法〉的公告》（税总2012年第40号）

第三条　企业政策性搬迁，是指由于社会公共利益的需要，在政府主导下企业进行整体搬迁或部分搬迁。企业由于下列需要之一，提供相关文件证明资料的，属于政策性搬迁：

（一）国防和外交的需要；

（二）由政府组织实施的能源、交通、水利等基础设施的需要；

（三）由政府组织实施的科技、教育、文化、卫生、体育、环境和资源保护、防灾减灾、文物保护、社会福利、市政公用等公共事业的需要；

（四）由政府组织实施的保障性安居工程建设的需要；

（五）由政府依照《中华人民共和国城乡规划法》有关规定组织实施的对危房集中、基础设施落后等地段进行旧城区改建的需要；

（六）法律、行政法规规定的其他公共利益的需要。

第五条　企业的搬迁收入，包括搬迁过程中从本企业以外（包括政府或其他单位）取得的搬迁补偿收入，以及本企业搬迁资产处置收入等。

第六条　企业取得的搬迁补偿收入，是指企业由于搬迁取得的货币性和非货币性补偿收入。具体包括：（一）对被征用资产价值的补偿；（二）因搬迁、安置而给予的补偿；（三）对停产停业形成的损失而给予的补偿；（四）资产搬迁过程中遭到毁损而取得的保险赔款；（五）其他补偿收入。

第七条　企业搬迁资产处置收入，是指企业由于搬迁而处置企业各类资产所取得的收入。企业由于搬迁处置存货而取得的收入，应按正常经营活动取得的收入进行所得税处理，不作为企业搬迁收入。

第八条　企业的搬迁支出，包括搬迁费用支出以及由于搬迁所发生的企业资产处置支出。

第九条　搬迁费用支出，是指企业搬迁期间所发生的各项费用，包括安置职工实际发生的费用、停工期间支付给职工的工资及福利费、临时存放搬迁资产而发生的费用、各类资产搬迁安装费用以及其他与搬迁相关的费用。

第十条　资产处置支出，是指企业由于搬迁而处置各类资产所发生的支出，包括变卖及处置各类资产的净值、处置过程中所发生的税费等支出。企业由于搬迁而报废的资产，如无转让价值，其净值作为企业的资产处置支出。

第十五条　企业在搬迁期间发生的搬迁收入和搬迁支出，可以暂不计入当期应纳税所得额，而在完成搬迁的年度，对搬迁收入和支出进行汇总清算。

第十九条　企业同时符合下列条件的，视为已经完成搬迁：（一）搬迁规划已基本完成；（二）当年生产经营收入占规划搬迁前年度生产经营收入50%以上。

第二十一条　企业以前年度发生尚未弥补的亏损的，凡企业由于搬迁停止生产经营无所得的，从搬迁年度次年起，至搬迁完成年度前一年度止，可作为停止生产经营活动年度，从法定亏损结转弥补年限中减除；企业边搬迁、边生产的，其亏损结转年度应连续计算。

四、《国家税务总局关于企业政策性搬迁所得税有关问题的公告》（国家税务总局公告2013年第11号）

一、凡在国家税务总局2012年第40号公告生效前已经签订搬迁协议且尚未完成搬迁清算的企业政策性搬迁项目，企业在重建或恢复生产过程中购置的各类资产，可以作为搬迁支出，从搬迁收入中扣除。但购置的各类资产，应剔除该搬迁补偿收入后，作为该资产的计税基础，并按规定计算折旧或费用摊销。凡在国家税务总局2012年第40号公告生效后签订搬迁协议的政策性搬迁项目，应按国家税务总局2012年第40号公告有关规定执行。

二、企业政策性搬迁被征用的资产，采取资产置换的，其换入资产的计税成本按被征用资产的净值，加上换入资产所支付的税费（涉及补价，还应加上补价款）计算确定。

五、《财政部　国家税务总局关于企业参与政府统一组织的棚户区改造有关企业所得税政策问题的通知》（财税〔2013〕65号）

第一条　企业参与政府统一组织的工矿（含中央下放煤矿）棚户区改造、林区棚户区改造、垦区危房改造并同时符合一定条件的棚户区改造支出，准予在企业所得税前扣除。

第二条　本通知所称同时符合一定条件的棚户区改造支出，是指同时满足以下条件的棚户区改造支出：

（一）棚户区位于远离城镇、交通不便，市政公用、教育医疗等社会公共服务缺乏城镇依托的独立矿区、林区或垦区；

（二）该独立矿区、林区或垦区不具备商业性房地产开发条件；

（三）棚户区市政排水、给水、供电、供暖、供气、垃圾处理、绿化、消防等市政服务或公共配套设施不齐全；

（四）棚户区房屋集中连片户数不低于50户，其中，实际在该棚户区居住且在本地区无其他住房的职工（含离退休职工）户数占总户数的比例不低于75%；

（五）棚户区房屋按照《房屋完损等级评定标准》和《危险房屋鉴定标准》评定属于危险房屋、严重损坏房屋的套内面积不低于该片棚户区建筑面积的25%；

（六）棚户区改造已纳入地方政府保障性安居工程建设规划和年度计划，并由地方政府牵头按照保障性住房标准组织实施；异地建设的，原棚户区土地由地方政府统一规划使用或者按规定实行土地复垦、生态恢复。

第三条　在企业所得税年度纳税申报时，企业应向主管税务机关提供其棚户区改造支出同时符合本通知第二条规定条件的书面说明材料。

六、《国家税务总局关于发布〈企业所得税税前扣除凭证管理办法〉的公告》（国家税务总局公告2018年第28号）

第九条　企业在境内发生的支出项目属于增值税应税项目（以下简称“应税项目”）的，对方为已办理税务登记的增值税纳税人，其支出以发票（包括按照规定由税务机关代开的发票）作为税前扣除凭证；对方为依法无须办理税务登记的单位或者从事小额零星经营业务的个人，其支出以税务机关代开的发票或者收款凭证及内部凭证作为税前扣除凭证，收款凭证应载明收款单位名称、个人姓名及身份证号、支出项目、收款金额等相关信息。

小额零星经营业务的判断标准是个人从事应税项目经营业务的销售额不超过增值税相关政策规定的起征点。

税务总局对应税项目开具发票另有规定的，以规定的发票或者票据作为税前扣除凭证。

第十条　企业在境内发生的支出项目不属于应税项目的，对方为单位的，以对方开具的发票以外的其他外部凭证作为税前扣除凭证；对方为个人的，以内部凭证作为税前扣除凭证。

企业在境内发生的支出项目虽不属于应税项目，但按税务总局规定可以开具发票的，可以发票作为税前扣除凭证。

V 契税相关政策

一、《中华人民共和国契税暂行条例细则》（财法字〔1997〕52 号）

第十五条　根据条例第六条的规定，下列项目减征、免征契税：

（一）土地、房屋被县级以上人民政府征用、占用后，重新承受土地、房屋权属的，是否减征或者免征契税，由省、自治区、直辖市、人民政府确定。

（二）纳税人承受荒山、荒沟、荒丘、荒滩土地使用权，用于农、林、牧、渔业生产的，免征契税。

（三）依照我国有关法律规定以及我国缔结或参加的双边和多边条约或协定的规定应当予以免税的外国驻华使馆、领事馆、联合国驻华机构及其外交代表、领事官员和其他外交人员承受土地、房屋权属的，经外交部确认，可以免征契税。

备注：《中华人民共和国契税法》于 2020 年 8 月 11 日通过，自 2021 年 9 月 1 日起施行。新施行的《契税法》第七条：省、自治区、直辖市可以决定对下列情形免征或者减征契税：

（一）因土地、房屋被县级以上人民政府征收、征用，重新承受土地、房屋权属；

（二）因不可抗力灭失住房，重新承受住房权属。

前款规定的免征或者减征契税的具体办法，由省、自治区、直辖市人民政府提出，报同级人民代表大会常务委员会决定，并报全国人民代表大会常务委员会和国务院备案。

二、《财政部　国家税务总局关于国有土地使用权出让等有关契税问题的通知》（财税〔2004〕134 号）

第一条　出让国有土地使用权的，其契税计税价格为承受人为取得该土地使用权而支付的全部经济利益。

（一）以协议方式出让的，其契税计税价格为成交价格。成交价格包括土地出让金、土地补偿费、安置补助费、地上附着物和青苗补偿费、拆迁补偿费、市政建设配套费等承受者应支付的货币、实物、无形资产及其他经济利益。

没有成交价格或者成交价格明显偏低的，征收机关可依次按下列两种方式确定：

1. 评估价格：由政府批准设立的房地产评估机构根据相同地段、同类房地产进行综合评定，并经当地税务机关确认的价格。

2. 土地基准地价：由县以上人民政府公示的土地基准地价。

（二）以竞价方式出让的，其契税计税价格，一般应确定为竞价的成交价格，土地出让金、市政建设配套费以及各种补偿费用应包括在内。

第二条　先以划拨方式取得土地使用权，后经批准改为出让方式取得该土地使用权的，应依法缴纳契税，其计税依据为应补缴的土地出让金和其他出让费用。

第三条　已购公有住房经补缴土地出让金和其他出让费用成为完全产权住房的，免征土地权属转移的契税。

三、《财政部　国家税务总局关于城镇拆迁有关税收政策的通知》（财税〔2005〕45号）

第二条　对拆迁居民因拆迁重新购置住房的，对购房成交价格中相当于拆迁补偿款的部分免征契税，成交价格超过拆迁补偿款的，对超过部分征收契税。

四、《国家税务总局关于免征土地出让金出让国有土地使用权征收契税的批复》（国税函〔2005〕436号）

根据《中华人民共和国契税暂行条例》及其细则的有关规定，对承受国有土地使用权所应支付的土地出让金，要计征契税。不得因减免土地出让金，而减免契税。

五、《国家税务总局关于城镇房屋拆迁契税优惠政策适用对象的批复》（国税函〔2005〕903号）

按照《财政部　国家税务总局关于城镇房屋拆迁有关契税政策的通知》（财税〔2005〕45号）的精神，城镇房屋拆迁契税优惠政策适用的对象，应为被拆迁房屋的所有权人或共有权人以及领取拆迁补偿款的被拆迁公有住房的承租人。

六、《财政部　国家税务总局关于调整房地产交易环节税收政策的通知》（财税〔2008〕137号）

第一条　对个人首次购买90平方米及以下普通住房的，契税税率暂统一下调到1%。首次购房证明由住房所在地县（区）住房建设主管部门出具。

七、《国家税务总局关于改变国有土地使用权出让方式征收契税的批复》（国税函〔2008〕662号）

根据现行契税政策规定，对纳税人因改变土地用途而签订土地使用权出让合同变更协议或者重新签订土地使用权出让合同的，应征收契税。计税依据为因改变土地用途应补缴的土地收益金及应补缴政府的其他费用。

八、《国家税务总局关于明确国有土地使用权出让契税计税依据的批复》（国税函〔2009〕603号）

根据《财政部　国家税务总局关于土地使用权出让等有关契税问题的通知》（财税〔2004〕134号）规定，出让国有土地使用权，契税计税价格为承受人为取得该土地使用权而支付的全部经济利益。对通过“招、拍、挂”程序承受国有土地使用权的，应按照土地成交总价款计征契税，其中的土地前期开发成本不得扣除。

九、《财政部　国家税务总局关于城市和国有工矿棚户区改造项目有关税收优惠政策的通知》（财税〔2010〕42号）

第三条　对经营管理单位回购已分配的改造安置住房继续作为改造安置房源的，免征契税。

第四条　个人首次购买90平方米以下改造安置住房，可按1%的税率计征契税；购买超过90平方米，但符合普通住房标准的改造安置住房，按法定税率减半计征契税。

第五条　个人取得的拆迁补偿款及因拆迁重新购置安置住房，可按有关规定享受个人所得税和契税减免。

十、《财政部　国家税务总局　住房和城乡建设部关于调整房地产交易环节契税个人所得税优惠政策的通知》（财税〔2010〕94号）

第一条　关于契税政策

（一）对个人购买普通住房，且该住房属于家庭（成员范围包括购房人、配偶以及未成年子女，下同）唯一住房的，减半征收契税。对个人购买90平方米及以下普通住房，且该住房属于家庭唯一住房的，减按1%税率征收契税。

征收机关应查询纳税人契税纳税记录；无记录或有记录但有疑义的，根据纳税人的申请或授权，由房地产主管部门通过房屋登记信息系统查询纳税人家庭住房登记记录，并出具书面查询结果。如因当地暂不具备查询条件而不能提供家庭住房登记查询结果的，纳税人应向征收机关提交家庭住房实有套数书面诚信保证。诚信保证不实的，属于虚假纳税申报，按照《中华人民共和国税收征收管理法》的有关规定处理。

具体操作办法由各省、自治区、直辖市财政、税务、房地产主管部门共同制定。

（二）个人购买的普通住房，凡不符合上述规定的，不得享受上述优惠政策。

十一、《财政部　国家税务总局关于企业以售后回租方式进行融资等有关契税政策的通知》（财税〔2012〕82号）

第一条　对金融租赁公司开展售后回租业务，承受承租人房屋、土地权属的，照章征税。对售后回租合同期满，承租人回购原房屋、土地权属的，免征契税。

第二条　以招拍挂方式出让国有土地使用权的，纳税人为最终与土地管理部门签订出让合同的土地使用权承受人。

第三条　市、县级人民政府根据《国有土地上房屋征收与补偿条例》有关规定征收居民房屋，居民因个人房屋被征收而选择货币补偿用以重新购置房屋，并且购房成交价格不超过货币补偿的，对新购房屋免征契税；购房成交价格超过货币补偿的，对差价部分按规定征收契税。居民因个人房屋被征收而选择房屋产权调换，并且不缴纳房屋产权调换差价的，对新换房屋免征契税；缴纳房屋产权调换差价的，对差价部分按规定征收契税。

第四条　企业承受土地使用权用于房地产开发，并在该土地上代政府建设保障性住房的，计税价格为取得全部土地使用权的成交价格。

第五条　单位、个人以房屋、土地以外的资产增资，相应扩大其在被投资公司的股权持有比例，无论被投资公司是否变更工商登记，其房屋、土地权属不发生转移，不征收契税。

第六条　个体工商户的经营者将其个人名下的房屋、土地权属转移至个体工商户名下，或个体工商户将其名下的房屋、土地权属转回原经营者个人名下，免征契税。

合伙企业的合伙人将其名下的房屋、土地权属转移至合伙企业名下，或合伙企业将其名下的房屋、土地权属转回原合伙人名下，免征契税。

十二、《中华人民共和国契税法》（主席令第五十二号）

第二条　本法所称转移土地、房屋权属，是指下列行为：

（一）土地使用权出让；

（二）土地使用权转让，包括出售、赠与、互换；

（三）房屋买卖、赠与、互换。

前款第二项土地使用权转让，不包括土地承包经营权和土地经营权的转移。以作价投资（入股）、偿还债务、划转、奖励等方式转移土地、房屋权属的，应当依照本法规定征收契税。

第四条　契税的计税依据：

（一）土地使用权出让、出售，房屋买卖，为土地、房屋权属转移合同确定的成交价格，包括应交付的货币以及实物、其他经济利益对应的价款；

（二）土地使用权互换、房屋互换，为所互换的土地使用权、房屋价格的差额；

（三）土地使用权赠与、房屋赠与以及其他没有价格的转移土地、房屋权属行为，为税务机关参照土地使用权出售、房屋买卖的市场价格依法核定的价格。纳税人申报的成交价格、互换价格差额明显偏低且无正当理由的，由税务机关依照《中华人民共和国税收征收管理法》的规定核定。

第六条　有下列情形之一的，免征契税：

（一）国家机关、事业单位、社会团体、军事单位承受土地、房屋权属用于办公、教学、医疗、科研、军事设施；

（二）非营利性的学校、医疗机构、社会福利机构承受土地、房屋权属用于办公、教学、医疗、科研、养老、救助；

（三）承受荒山、荒地、荒滩土地使用权用于农、林、牧、渔业生产；

（四）婚姻关系存续期间夫妻之间变更土地、房屋权属；

（五）法定继承人通过继承承受土地、房屋权属；

（六）依照法律规定应当予以免税的外国驻华使馆、领事馆和国际组织驻华代表机构承受土地、房屋权属。

根据国民经济和社会发展的需要，国务院对居民住房需求保障、企业改制重组、灾后重建等情形可以规定免征或者减征契税，报全国人民代表大会常务委员会备案。

广东省层面：

十三、《广东省契税实施办法》（广东省人民政府令第 41 号）

第八条　有下列情形之一的，减征或者免征契税：

（一）国家机关、事业单位、社会团体、军事单位承受土地、房屋用于办公、教学、医疗、科研和军事设施的，免征：

1. 用于办公的，是指办公室（楼）以及其他直接用于办公的土地、房屋；

2. 用于教学的，是指教室（教学楼）以及其他直接用于教学的土地、房屋；

3. 用于医疗的，是指门诊部以及其他直接用于医疗的土地、房屋；

4. 用于科研的，是指科学试验的场所以及其他直接用于科研的土地、房屋；

5. 用于军事设施的，是指地上和地下的军事指挥作战工程；军用的机场、港口、码头；军用的库房、营区、训练场、试验场；军用的通信、导航、观测台站以及其他直接用于军事设施的土地、房屋。

前款所称其他直接用于办公、教学、医疗、科研的以及其他直接用于军事设施的土地、房屋的具体范围是指国家机关、事业单位、社会团体、军事单位用于非营利性的食堂、学生宿舍、实验室、档案资料室、库房、会议室、接待室、图书馆、住院部、体育场所等。

（二）城镇职工按规定第一次购买公有住房的，免征。

本办法所称城镇职工按规定第一次购买公有住房的，是指经县以上人民政府批准，具有城镇常住户口的职工按住房制度改革政策在省规定标准面积以内第一次购买的公有住房。超过省规定标准面积的部分，应按照规定缴纳契税。

（三）因不可抗力灭失住房而重新购买住房的，酌情准予减征或者免征。

本办法所称不可抗力，是指自然灾害、战争等不能预见、不能避免并不能克服的客观情况。

（四）土地、房屋被县级以上人民政府征用、占用后，重新承受土地、房屋权属，其成交价格或补偿面积没有超出规定补偿标准的，免征契税；超出的部分应按本办法的规定缴纳契税。

（五）纳税人承受荒山、荒沟、荒丘、荒滩土地使用权，用于农、林、牧、渔业生产的，免征契税。

（六）依照我国有关法律规定以及我国缔结或参加的双边和多边条约或协定的规定应当予以免税的外国驻华使馆、领事馆、联合国驻华机构及其外交代表、领事官员和其他外交人员承受土地、房屋权属的，经外交部确认，可以免征契税。

（七）财政部规定的其他减征、免征契税的项目。

十四、《关于解释〈广东省契税实施办法〉第八条第四项的批复》（粤府函〔2007〕127号）

被征收方的土地、房屋被县级以上人民政府征用、占用后，异地或原地重新承受土地、房屋权属，其成交价格或补偿面积没有超出规定补偿标准的，免征契税；超出的部分应按规定缴纳契税。

Ⅵ印花税相关政策

一、《财政部　国家税务总局〈关于印花税若干政策的通知〉》（财税〔2006〕162号）

第一条　对纳税人以电子形式签订的各类应税凭证按规定征收印花税。

第二条　对发电厂与电网之间、电网与电网之间（国家电网公司系统、南方电网公司系统内部各级电网互供电量除外）签订的购售电合同按购销合同征收印花税。电网与用户之间签订的供用电合同不属于印花税列举征税的凭证，不征收印花税。

第三条　对土地使用权出让合同、土地使用权转让合同按产权转移书据征收印花税。

第四条　对商品房销售合同按照产权转移书据征收印花税。

二、《财政部　国家税务总局关于调整房地产交易环节税收政策的通知》（财税〔2008〕137号）

第二条　对个人销售或购买住房暂免征收印花税。

三、《财政部　国家税务总局关于城市和国有工矿棚户区改造项目有关税收优惠政策的通知》（财税〔2010〕42号）

第一条　对改造安置住房经营管理单位、开发商与改造安置住房相关的印花税以及购买安置住房的个人涉及的印花税予以免征。

在商品住房等开发项目中配套建造安置住房的，依据政府部门出具的相关材料和拆迁安置补偿协议，按改造安置住房建筑面积占总建筑面积的比例免征城镇土地使用税、印花税。

四、备注：《中华人民共和国印花税法》于2021年6月10日通过，自2022年7月1日起施行。

参考文献

［1］秦虹，苏鑫．城市更新［M］．北京：中信出版集团，2018.

［2］梁文涛．税法［M］．北京：中国人民大学出版社，2020.

［3］司马晓．深圳城市更新探索与实践［M］．北京：中国建筑工业出版社，2019.

［4］李建华，查晓斌．城市更新法律实务　拆除重建类城市更新操作指引［M］．北京：北京大学出版社，2020.

［5］唐燕，杨东，祝贺．城市更新制度建设：广州、深圳、上海的比较［M］．北京：清华大学出版社，2019.

［6］王虹，章成蓉，陈立．税法与税务筹划（第3版）［M］．北京：经济管理出版社，2017.

［7］王红妮．税法［M］．北京：清华大学出版社，2018.

［8］李华．征地及拆迁补偿支出财税处理研讨［J］．商业会计，2019（14）．

［9］杨健．新收入准则下回迁安置房的收入确认探讨［J］．财务与会计，2018（09）．

［10］孙盼盼．企业政策性搬迁会计核算及涉税处理探讨［J］．商业会计，2020（12）．

［11］孙丹．企业政策性搬迁的涉税风险［J］．财务与会计，2015（02）．

［12］曾荣晖，裘蓉芳．城市更新背景下的承租人权益保护机制研究［J］．法制博览，2019（29）．

［13］黄讷新．房地产开发“回迁房”补偿财税处理难点探析［J］．现代商贸工业，2017（10）．

［14］董宏．房地产企业全流程全税种实务操作与案例分析［M］．北京：中国市场出版社，2019.

［15］纪宏奎，周琴．拆迁补偿置房产如何缴纳契税［J］．税收征纳，2013（11）．

［16］翟继光．《中华人民共和国增值税、营业税、消费税暂行条例》释义与适用指南［M］．北京：立信会计出版社，2008.

［17］史耀斌，孙瑞标，刘炤．《中华人民共和国企业所得税法》释义及适用指南［M］．北京：法律出版社，2007.

［18］蔡昌．房地产企业全程会计核算与税务处理（第3版）［M］．北京：中国市场出版社，2017.

［19］黄山．城市更新项目法律实务及操作指南［M］．北京：法律出版社，2020.

［20］刘佐．中国税制概览［M］．北京：经济科学出版社，2016.

［21］杨小强．税法总论［M］．长沙：湖南人民出版社，2002.